6살부터 초등6학년까지

영어 잘하는 아이는 엄마가 만든다

지은이 김미영
펴낸이 정규도
펴낸곳 (주)다락원

초판 1쇄 발행 2012년 9월 27일

책임편집 허윤영
디자인 윤지은, 김교빈, 이수민

다락원 경기도 파주시 문발로 211
내용 문의 (02)736-2031 내선 308
구입 문의 (02)736-2031 내선 112~114
Fax (02)732-2037
출판등록 1977년 9월 16일 제300-1977-23호

Copyright © 2012, 김미영

저자 및 출판사의 허락 없이 이 책의 일부 또는
전부를 무단 복제·전재·발췌할 수 없습니다.
잘못된 책은 바꿔 드립니다.

값 14,800원

ISBN 978-89-277-0046-3 23740

http://www.darakwon.co.kr
다락원 홈페이지를 방문하시면 상세한 출판 정보와 함께
MP3 자료 등 다양한 어학 정보를 얻으실 수 있습니다.

6살부터 초등6학년까지

영어 잘하는 아이는 엄마가 만든다

김미영 지음

다락원

여는 글

영어만 잘하는 아이가 아니라
'영어도' 잘하는 아이로 키우자

전 영어를 참 힘들게 배웠습니다. 학교 수업시간에 영어 선생님이 들려주는 회화 테이프와 영어책이 학습자료의 전부였던 시절, 사전을 찾아가며 영어소설의 문장을 하나하나 해석하는 방식으로 영어를 공부했습니다. 그 때문에 말하기를 익히는 데는 정말 오랜 시간이 걸렸습니다.

그렇게 힘들게 영어를 배웠기 때문인지 몰라도 어린 나이에 영어를 잘하는 아이들을 보면 참 부럽고 기특합니다. 그것도 외국에서 살다 온 아이가 아닌 순수 국내파가 영어를 잘하는 걸 보면 더 반갑고 대견하고, 내가 가르치지 않은 아이라도 그냥 자랑스럽습니다.

그러니 아이를 직접 키우는 부모의 마음은 오죽할까 싶습니다. 여건만 된다면야 목숨을 걸고라도 내 아이를 영어 잘하는 아이로 만들고 싶어할 것입니다. '내 아이만큼은 절대 영어로 고생시키지 말아야지' 하는 게 대다수 엄마의 각오죠. 그래서 어린아이를 데리고 이 학원 저 학원 기웃거려 보기도 하고, 이런저런 자녀 영어교육 성공기를 읽을 때마다 아이에게 그 엄마들의 학습법을 적용해보기도 합니다. 그러다가 아이가 내뱉는 영어 몇 마디에 탄성을 지르기도 하고, 때론 아이를 닦달하면서 단어를 무조건 외우게도 하고, 한편 이러다 아이가 영어를 싫어하게 되면 어쩌나 조바심을 내기도 했을 것입니다.

그러나 그 모든 눈물 어린 노력에도 불구하고 내 아이가 영어를 잘하게 되기를 바라는 엄마의 바람은 쉽게 이루어지지 않습니다. '어릴 때 시작하면 언젠가는 되겠지'라든가 '영어학원에 맡기면 어떻게든 되겠지'라는 부모의 막연한 생각과는 달리, 얼마나 많은 아이가 잘못된 학습법으로 고생만 하면서 시간과 돈을 허비하고 있는지 안다면 놀랄 겁니다. 많은 돈을 들여 몇 년씩 영어를 배웠다면서 가장 기초적인 문장 하나 제대로 말하지 못하는 아이들이 허다합니다. 기껏해야 자기 이름과 나이를 말하고 간단한 숫자를 세거나 사물 이름 몇 가지를 말할 뿐이죠. 그것도 영어로 물으면 아예 알아듣지 못하는 아이들도 많습니다.

상황이 이렇다 보니 언제부터인가 영어교육에 새로운 양상이 나타나기 시작했습니다. 그중 하나가 가능하면 아이가 좀 더 어렸을 때 영어를 가르치자는 주장입니다. 이런 추세를 타고 서너 살 된 아이들에게 영어를 가르치는 유치원이 생겼는가 하면, 아이가 모국어를 습득하기도 전에 영어부터 심어주려는 엄마들의 모임도 늘고 있습니다.

극단적으로는, '놀이 영어'에 만족하지 못하는 학부모들의 갈증을 해결해 주겠다며 소위 스파르타식 학습법이 다시 등장하기도 했습니다. 어린아이들에게 하루에 단어를 이삼십 개씩 죽어라 외우게 시키고 아이 혼자서는 도저히 감당할 수 없을 정도로 많은 숙제를 내주는 학원들이 우후죽순처럼 생겨나고 있죠.

어릴 때 영어공부를 시작하면 정말 영어를 잘할 수 있을까요? 또, 무조건 아이들의 학습량만 늘리면 영어를 잘할 수 있을까요? 절대 그렇지 않습니다. 아이가 모국어를 습득하기도 전에 영어부터 배우면 아이의 영어와 모국어 능력이 모두 저하되어 언어 능력 자체를 절름발이로 만들 수 있으며, 사교육 시장에 아이의 영어공부를 무조건 내맡기면 아이는 자신에게 맞지도 않은 학습법의 희생양이 될 수 있습니다.

어느 부모도 아이가 영어만을 잘하기를 바라지는 않을 것입니다. 현실적으로 영어만 잘하는 것은 의미가 없죠. 아이들에게 영어를 가르치는 목적은 아이가 나중에 자신의 재능을 펼쳐나가는 데 있어서 영어를 날개로 달고 훨씬 더 높이 더 멀리 날 수 있도록 하기 위함이니까요. 즉, '영어만'이 아니라 '영어도' 잘하는 아이로 자라기를 바라는 것이죠. 그러나 영어 한 가지를 잡겠다고 중요한 것을 포기하는 경우를 보면 조연과 주연이 바뀐 느낌이 듭니다. 영어를 얻으려다가 자칫 영어마저 놓치는 결과를 낳을 수도 있습니다.

영어는 대한민국에서 태어난 아이라면 누구나 넘어야 하는 큰 산임에 틀림없습니다. 어떻게 하면 아이가 영어라는 산을 쉽게 넘을 수 있을까요? 중요한 것은 아이의 나이나 학습량이 아니라 올바른 학습법입니다. 아이에게 알맞은 영어학습법은 아이가 영어라는 산을 넘을 수 있게 도와주는 효과적인 도구가 될 것입니다.

이 책은 유아부터 고등학생까지 다양한 연령대의 아이들에게 영어를 가르친 경험을 바탕으로 여러 학습유형과 실질적인 교육방법을 정리한 것입니다. 7년 전 이 책의 전신인 〈영어 가르치는 엄마들의 교과서〉가 출간되었을 때와 비교하면 요즘은 엄마들이 더 많은 정보를 접하고 있습니다. 아이에게 영어를 직접 가르쳐보려고 시도하는 엄마들의 동아리도 많이 생겨났습니다. 그러나 아직도 옆집 엄마의 말에 흔들리며 갈피를 못 잡는 엄마들도 많습니다. 이 책은 그런 부모들을 위한 길잡이가 될 것입니다.

또한, 이번 개정판 〈영어 잘하는 아이는 엄마가 만든다〉에는 영어교육의 새로운 흐름을 반영하여 글쓰기 지도법을 추가했습니다. 요즘 영어인증시험에서는 듣기, 말하기, 읽기뿐만 아니라 글쓰기 능력도 강조되고 있는데요. 글쓰기 지도를 어떻게 해야 할지 몰라 헤매는 부모들을 위해 다양한 글쓰기 지도법을 소개했습니다.

더불어, 약간의 영어실력을 지닌 엄마라면 주변에 널린 자료를 활용하여 쉽고 효율적으로 영어를 가르칠 수 있게 구체적인 교육방법을 제시했습니다. 영어 때문에 고생하는 아이들과 안타까워하는 부모들에게 이 책이 큰 힘이 되었으면 하는 바람입니다.

김미영

구성과 활용

1 **이 책은 권두부록과 5개의 장, 그리고 권말부록으로 구성되어 있습니다.**

- **권두부록**에는 본격적으로 책을 읽기에 앞서 엄마들이 아이의 학습방향을 설정할 수 있게 도움을 주는 코너를 마련했습니다. 아이의 영어공부 시작 시기를 판단하기 위한 체크리스트, 아이의 성향별 공부법, 현재의 영어수준을 진단할 수 있는 플로차트를 제공합니다. 플로차트의 결과에 따른 이 책의 학습 순서 및 효과적인 활용법도 제시하고 있습니다.
- **1장**에는 영어 가르치는 엄마들이 꼭 알아야 할 지침 10가지를 실었습니다. 아이의 영어공부의 틀을 잡는 데 지침이 되므로 이 부분을 빼놓지 말고 꼭 읽어보세요.
- **2장, 3장**에는 6세부터 초등 고학년 아이들에게 적용할 수 있는 '영어공부법 12단계'를 소개했습니다. 아이가 취학 전이거나 초등 저학년인 경우 2장에 있는 내용부터 하면 되고, 초등 고학년이면 3장에 소개된 방법을 적용하면 됩니다. 학습의 첫 순서는 권두부록에 있는 '아이의 영어수준을 진단하기 위한 플로차트'(18~19쪽)에서 나온 결과에 따라 결정하면 좋습니다. 하지만 아이가 좋아하는 활동부터 해도 상관없습니다. 학습이 진행되면 전에 했던 STEP들의 활동을 겹쳐서 반복하세요. 첫날 STEP 1을 했다면 다음날은 STEP 1의 일부분을 복습하고서 STEP 2를 공부하는 식이죠. 반복 학습을 통해 아이가 전에 배운 내용을 완전히 습득하는 것이 중요합니다.
- **4장**에는 쉽고 재미있는 글쓰기 활동을 소개하고 있습니다. 요즘 추세인 글쓰기 학습에 어떻게 접근해야 하는지 알 수 있습니다.
- **5장**에는 아이들이 처음 영어를 배울 때 힘들어하는 10가지의 문법 항목을 재미있게 배울 수 있는 문법놀이를 소개했습니다. 문법을 따로 떼어서 공부하기보다는 2장, 3장 활동을 하면서 틈틈이 한두 개씩 하는 것이 더 효과적입니다.
- **권말부록**의 '우리 아이 영어공부에 관한 Q&A'에서는 자녀의 영어교육과 관련해 엄마들이 많이 하는 질문에 대한 답을 찾을 수 있습니다. '아이들 교육자료 추천 목록'에서는 아이들의 학습단계와 수준에 맞는 책, 비디오, DVD를 추천하고 있습니다. '영어 가르치는 엄마들의 영어표현'에는 책에서 소개한 활동을 할 때 필요한 영어표현을 모두 모았고, 책에 실린 표현 외에도 유용하게 쓸 수 있는 표현들을 정리했습니다.

2 **이 책에 소개된 영어책을 최대한 활용하세요.**

- 이 책에 소개된 영어책은 그동안 많은 영어교육 전문가와 엄마들이 시행착오를 거치며 좋다고 인정한 책들입니다. 이 책들만 제대로 활용해도 영어의 기초는 문제없어요.
- 아이가 특별히 좋아하는 책이 있다면 이 책에서 소개하는 방법을 빌려 그 책으로 학습하면 좋습니다. 아이가 좋아하는 책이 우선입니다.

3 **권말부록인 '영어 가르치는 엄마들의 영어표현'과 무료 MP3 자료를 잘 활용하세요.**

- '영어 가르치는 엄마들의 영어표현'의 무료 MP3 파일을 다락원 사이트에서 제공하고 있습니다. 다운 받아 반복해서 듣고 연습하여 활동할 때 쓰세요.
- 활동할 때 매번 영어표현만을 써야 하는 것은 아닙니다. 우리말로 활동을 이끌면서 영어표현을 보태도 됩니다.

 **목차**

■ 엄마가 먼저 알아야 할 **우리 아이 영어공부 기초 지식**
　아이의 준비도 진단 체크리스트 • 15
　아이의 성향에 따른 공부법 • 16
　아이의 영어수준을 진단하기 위한 플로차트 • 18

1장 | 영어 가르치는 엄마들의 10가지 지침

1 일찍 시작할수록 좋다는 환상을 버려라 • 22
　조기 영어교육 열풍에 아이만 시달린다 | 시기보다 방법이 중요하다 | 시작 시기를 판단하는 4가지 기준

2 부족한 영어 시간, 집에서 채워라 • 30
　'기간'이 아니라 '시간'을 늘려라 | 하루 30분이 중요하다 | 절대 서두르지 마라

3 듣기, 말하기, 읽기, 쓰기를 골고루 시켜라 • 34
　환경에 따라 학습법도 달라져야 한다 | 우리나라에서는 무엇보다 읽기가 중요하다 | 정확성과 표현력은 쓰기로 길러라

4 '영어를' 가르치지 말고 '영어로' 가르쳐라 • 40
　중요한 건 영어를 도구로 활용하는 마음 | 영어와 다른 과목을 접목하라

5 몸으로 익히게 하라 • 44
　아이들은 경험을 통해 영어를 배운다 | 영어로 말해야만 하는 상황을 유도하라 | 교과서 영어의 한계를 경험을 통해 극복하라

6 한 가지 내용을 여러 활동으로 반복하라 • 49
　언어학습의 해답은 반복에 있다 | 반복 학습, 이렇게 시켜라

7 문법은 외우지 말고 습관이 되게 하라 • 54
　문법공부는 왜 해야 하는가? | 단어가 아닌 문장으로 표현하는 연습을 시켜라 | 말하기, 읽기와 쓰기로 문법을 익혀라

8 옆집 엄마와 이야기하지 마라 • 60
　엄마가 흔들리면 아이의 영어도 흔들린다 | 아이의 영어, 조급증에 울고 인내심에 웃는다 | 부모의 이기심이 아이의 영어공부를 망친다

| 9 | 진도를 영어실력과 혼동하지 마라 · 64
공부의 분량에 집착하지 마라 | 속성으로 해치울 수 있는 공부는 없다

| 10 | 영어연수와 조기 유학의 환상을 버려라 · 69
충분히 준비하고 보내라 | '영어만 배우면 그만'이라는 생각을 버려라 |
연수나 유학 보낼 때 이것만은 꼭 챙겨라

2장 | 6세~초등 1학년 영어공부법 12단계

| STEP 1 | 하루 1분 생활표현이 영어를 살찌운다 · 80
인사말로 영어의 첫 문을 연다 | 날씨·요일·날짜 표현을 매일 써본다 |
May[Can] I ~? 와 Please, Thank you.를 생활화한다

| STEP 2 | 알파벳과 단어 익히기부터 시작한다 · 87
알파벳은 하루 한 글자씩 소리와 함께 가르쳐라 | 다양한 놀이를 통해 알파벳을 익힌다 |
단어는 통문자 학습법으로 익혀라

| STEP 3 | 동요로 영어표현을 익힌다 · 98
동요는 아이를 즐거운 영어학습으로 이끄는 훌륭한 자료

| STEP 4 | 그림동화책으로 영어동화의 세계를 열어라 · 105
영어를 시작할 때 안성맞춤인 교재 고르기 | 그림과 단어를 보며 말하기 연습을 한다 |
원어민 음성녹음을 듣고 손가락으로 짚어가며 읽는다 | 엄마의 목소리로 읽어준다 |
게임과 퀴즈로 동화 속 단어와 표현을 익힌다

| STEP 5 | 1등 읽기 책 〈런투리드〉 시리즈 100배 활용하기 · 111
주제별 학습법으로 효과를 높여라 | 일주일에 1권씩, 한 달에 4권을 오버랩해 읽기 |
책에 나오는 표현에 단어 대치하기 | 놀이를 통해 책에 나오는 표현 확장하기

| STEP 6 | 미니북 만들기로 글쓰기의 맛을 들여라 · 122
쉬운 동화책을 응용한다

| STEP 7 | 과학 리더스 시리즈로 영어와 과학을 배운다 · 128
영어로 과학을 학습한다 | 그림을 통해 기본 정보를 이해한다 | 포스트잇을 활용하여
단어를 익힌다 | 표현을 구체적인 활동과 함께 익힌다 | 같은 주제의 그림책을 두세
권 골라 같이 읽는다 | 과학에 관한 그림사전을 만든다

| STEP 8 | 전래동화는 읽기와 말하기의 부스터(Booster) · 134
전래동화는 표현이 반복되어 효과 만점 | 전래동화를 읽기 전에 음성녹음을 들려준다 |
전래동화를 소리 내어 읽어본다 | 역할극을 해본다

STEP 9 그림영어사전으로 단어 메모리를 늘려라 • 140
주제별로 나와 있는 그림영어사전을 선택한다 | 놀이를 통해 단어를 연습한다 | 하루 한 문장 쓰기로 쓰기 능력을 키운다

STEP 10 다른 리더스 시리즈에 도전해 읽기 능력을 높여라 • 145
소리 내어 하루에 한 번씩 읽는다 | 문제를 풀면서 동화에 대한 이해를 높인다

STEP 11 나만의 영어사전 만들기 • 148
그림영어사전 만들기 | 공책을 활용해 영어사전 만들기 | 메모리 카드를 활용해 영어사전 만들기 | 영어사전 활용하기

STEP 12 모방을 통해 새로운 창작을 시작하라 • 153
동화 속 그림과 표현을 베껴본다 | 나만의 그림책을 만들어본다 | 동화 속 주인공을 바꿔서 써보게 한다

3장 | 초등 2학년 이상 영어공부법 12단계

STEP 1 알파벳과 파닉스부터 시작한다 • 162
이때부터 알파벳은 일주일이면 충분하다 | 파닉스 기본 규칙을 먼저 익힌다 | 파닉스 교재와 동화책으로 책 읽기를 시도한다 | 영어사전 사용을 생활화한다 | 알파벳 카드로 단어 읽기를 연습한다

STEP 2 have, want, need 동사로 기본회화를 연습하라 • 171
쉬운 문장이라도 매일 말해보게 하라

STEP 3 쉬운 리딩 교재에 도전하라 • 173
초등학교 생활과 관련 있는 주제를 다루는 책을 선택한다 | 소리 내어 반복해서 읽기 | 책에 나온 단어로 문장 만드는 연습하기

STEP 4 그림영어사전 100배 활용하기 • 177
코스북과 함께 활용한다 | 〈Let's Go Picture Dictionary〉로 대화 연습하기 | 놀이를 통해 문장과 단어를 연습한다 | 그림영어사전에 나온 문구로 문장을 만들고 쓴다

STEP 5 영어방송 최대한 활용하기 • 184
매일 조금씩 꾸준히 시청하는 게 중요하다 | 엄마가 함께 방송을 보고 듣는다 | 한 프로그램을 반복해서 보게 한다 | 우리말 자막을 가린다

STEP 6 전래동화 100배 활용하기 • 187
〈Classic Tales〉 시리즈에 도전한다 | 〈Jazz Chant Fairy Tales〉로 영어의 리듬을 익힌다 | 음성녹음을 들으면서 동시에 따라 읽어보기

STEP 7 **말하기와 쓰기를 위한 문법 가르치기** · 191
말하기, 읽기, 쓰기를 병행할 수 있는 문법책을 골라라 | 단어 카드를 활용하여 문법 개념을 연습한다

STEP 8 **질문 카드를 활용해 말하기 연습하기** · 193
질문 카드로 매일 질문 연습하기 | 챗봇(Chat Bot) 활용하기

STEP 9 **영어일기 쓰기는 필수** · 198
영어일기는 말하기, 쓰기의 밑거름 | 아이에게 영어사전 사용법을 가르쳐준다 | 아이에게 생각할 수 있는 경험적 자료를 제공한다

STEP 10 **다독으로 어휘와 읽기실력 높이기** · 203
사전을 사용하지 말고 다독에 도전하라 | 수준에 맞는 읽기 교재 선택하기 | 의미 덩어리로 문장 읽기

STEP 11 **과학도서를 통해 새로운 차원으로 도약하기** · 210
과학도서를 통해 영어와 교과지식, 두 마리 토끼를 잡아라 | 과학도서 100배 활용하기

STEP 12 **영어인증시험 활용하기** · 214
시험의 워시백 효과를 노려라 | 영어인증시험 활용법

국가영어능력평가(NEAT) 알아보기 · 218

4장 | 영어 글쓰기 실력 높이기

1 **영어로 자기 소개하기** · 226
소개 내용 | 명함 만들기 | 자신을 소개하는 미니북 만들기 | 영어일기 첫 장에 자기 소개하기 | 인터넷 활용하기 | 그래머 체커(Grammar Checker) 활용하기

2 **좋아하는 것 묘사하기** · 232
기본 질문 유형 익히기 | 확장된 질문 익히기 | 챗봇 활용하기

3 **사물 묘사하기** · 237
전치사를 넣어 문장 쓰기 | 아이의 방 묘사하기

4 **그림 묘사하기** · 243
동화책 그림 묘사하기

5 **비교하기** · 247

| 6 | **영어일기 쓰기** • 251
빈칸 채우기부터 시작한다 | 한두 문장을 간단히 쓰기 시작한다 | 중심 사건에 대해 구체적으로 써보게 한다 | 영어일기의 기본 요소

| 7 | **사건 묘사하기** • 257
〈Picture Stories〉 활용하기

| 8 | **영어 독후감 쓰기** • 260
이야기에 대한 짧은 감상문 쓰기 | 이야기의 기본 구조 이해하기 | 독후감 양식 활용하기

| 9 | **이야기 창작하기** • 264
동화책에서 이야기의 구조 발견하기 | 브레인스토밍 활용하기 | 본격적으로 이야기 창작하기

| 10 | **영어 에세이 쓰기** • 269
영어 에세이의 기본 구조 | 브레인스토밍 활용하기 | 그래픽 오거나이저 활용하기 | 영어 에세이 쓸 때 주의할 점

5장 | 재미있는 문법공부법

| 1 | **There is와 There are 익히기** • 280
집안에 있는 물건 세어보며 말하기 | 그림 받아쓰기 놀이하기

| 2 | **have / has 익히기** • 282
고 피시 게임 하기 | 누구의 물건인지 말하기 | 물건 이름으로 빙고 게임 하기

| 3 | **현재진행형 익히기** • 287
동작 알아맞히기 놀이하기 | 누구인지 알아맞히기 놀이하기

| 4 | **현재시제 익히기** • 290
동물 이름 카드와 서식지 카드 매치시키기 | 동물의 특징 말하기 | 일과 말하기

| 5 | **의문문 익히기 (시점이 현재일 때)** • 295
스무고개 게임 하기 | 평서문을 의문문으로 바꾸기

| 6 | **부정문 익히기 (시점이 현재일 때)** • 299
No라고 말하지 않기 게임 하기 | 그림 그리고 지우기 놀이하기 | 동화 내용 바꾸기

| 7 | **대명사 익히기** • 303
대명사를 넣어 문장 바꾸기 | 누구의 물건인지 말하기 | 소유대명사로 문장 바꿔 쓰기

| 8 | **과거시제 익히기** • 307
동화 내용을 과거시제로 바꿔 말하기 | 이야기 잇기 놀이하기 | 불규칙동사로 빙고 게임 하기

| 9 | **미래시제 익히기** • 311
무엇을 할지 알아맞히기 놀이하기 | 물건 이름 알아맞히기 놀이하기 | 영어로 주간계획표 짜기

| 10 | **문장을 통합적으로 익히기** • 316
문장의 시제와 형태 바꿔 쓰기 | 시제 주사위 놀이하기

| 부록 1 | **우리 아이 영어공부에 관한 Q&A** • 319
| 부록 2 | **아이들 교육자료 추천 목록** • 335
단계별 & 수준별 추천 교재 목록
추천 비디오 & DVD 목록
| 부록 3 | **영어 가르치는 엄마들의 영어표현** • 349

엄마가 먼저 알아야 할
우리 아이 영어공부 기초 지식

아이에게 영어를 잘 가르치기 위해서는 엄마가 먼저 준비되어야 한다. 엄마가 의욕만 앞서서 아이의 상태를 객관적으로 보지 못하고 이 사람 저 사람의 말에 휘둘리면 아이는 점점 더 영어와 멀어지게 될 뿐이다. 아이의 상태를 제대로 알고, 아이에게 적합한 공부법을 파악한 후 이 책을 가장 효과적으로 이용할 수 있는 방법을 알아보자.

- 아이의 준비도 진단 체크리스트
- 아이의 성향에 따른 공부법
- 아이의 영어수준을 진단하기 위한 플로차트

아이가 영어공부를 시작할 적기인가?
아이의 준비도 진단 체크리스트

아이의 영어공부를 언제부터 시작하면 좋을까? 사실, 영어는 언제든 시작할 수 있다. 아이가 태어나서 소리에 반응을 보이는 순간부터 영어를 배울 수 있다. 영어 비디오를 보고 영어동요를 듣고 엄마가 읽어주는 영어동화책에 귀를 기울이는 모든 활동이 영어공부인 셈이다. 이렇게 평소 조금씩 영어의 맛을 보여주는 것 이외에 본격적으로 아이에게 듣기, 읽기, 말하기, 쓰기를 가르치기에 적절한 시기가 언제인지 궁금해하는 부모들이 많다. 언제 본격적으로 영어공부를 시작하면 좋을지 알고 싶다면 다음 체크리스트를 활용해보자.

질 문	YES	NO
1. 부모가 영어동화책을 읽어줄 때 거부감을 보이지 않는다.		
2. 영어동요를 곧잘 따라 부른다.		
3. 영어로 된 어린이용 영화를 볼 때 흥미를 보인다.		
4. 영어 단어를 따라 말하는 데 거부감을 보이지 않는다.		
5. 영어 글자에 관심을 두고 질문을 한다.		
6. 영어학원에 다니는 친구를 부러워하고 영어학원에 가고 싶어한다.		
7. 30분 정도 책상에 앉아 책을 읽거나 과제를 수행할 때 힘들어하지 않는다.		
8. 연필이나 색연필을 사용하여 글자를 따라 쓸 수 있다.		
9. 일반 유치원을 다닌 경험이 있다.		
10. 한글을 읽을 수 있다.		
체크한 개수		

체크한 개수를 세어보았을 때 Yes가 5개 이상이면 아이에게 영어를 가르치는 데 무리가 없다. 그러나 1번~5번 사이에 No가 4개~5개가 되면 너무 무리해서 영어를 가르치려 하기보다는 재미있는 영어동화책이나 애니메이션 등을 활용해 아이에게 영어에 대한 흥미를 심어주는 것이 좋다.

아이의 성향에 따른 공부법

아이의 성향에 따라 공부법은 달라질 수 있다. 물론, 아이가 영어공부에 흥미를 보이고 영어 잘하는 부모가 아이와 많은 시간을 보낼 수 있다면 어떤 학습방법으로든 최고의 학습효과를 볼 수 있을 것이다. 그러나 안타깝게도 아이의 성향은 천차만별이고, 아이의 성향은 아이에게 효과적인 공부법을 결정하는 데 큰 영향을 미친다. 따라서 어떤 학습법이 유행한다고 해서 아이에게 그 학습법만을 고집하는 것은 바람직하지 않다. 다음에 소개하는 체크리스트를 활용하여 성향에 맞는 공부법을 찾아보자.

다음 체크리스트에 있는 항목을 읽고 0, 1, 2 중 하나를 골라 점수를 매긴다. 아이의 성향과 전혀 맞지 않으면 0점, 성향과 정확히 일치하면 2점을 준다.

〈아이의 성향을 진단하기 위한 체크리스트〉

항목	점수	합계
1. 친구들과 활동을 할 때 자신이 주도하고 싶어한다.	0 1 2	1번~4번
2. 친구들과 이야기하는 것을 좋아한다.	0 1 2	
3. 친구가 많다.	0 1 2	총점 _____
4. 친구들을 잘 도와준다.	0 1 2	
5. 혼자 시간 보내는 것을 좋아한다.	0 1 2	5번~8번
6. 혼자 공부하는 것을 선호한다.	0 1 2	
7. 자신의 실수를 깨닫고 실수하지 않으려고 노력한다.	0 1 2	총점 _____
8. 혼자 TV나 영화를 잘 본다.	0 1 2	
9. 책 읽는 것을 매우 좋아한다.	0 1 2	9번~12번
10. 읽은 책의 내용을 잘 이해한다.	0 1 2	
11. 우리말 단어를 많이 알고 있다.	0 1 2	총점 _____
12. 친구들에게 곧잘 이야기를 들려준다.	0 1 2	
13. 오랫동안 조용히 앉아 있는 것을 힘들어한다.	0 1 2	13번~16번
14. 운동을 잘 한다.	0 1 2	
15. 블록놀이, 점토놀이 등 손으로 하는 작업을 좋아한다.	0 1 2	총점 _____
16. 신체 활동을 좋아한다.	0 1 2	
17. 미술 활동을 좋아한다.	0 1 2	17번~20번
18. 그림을 잘 그린다.	0 1 2	
19. 그림이 많은 책을 좋아한다.	0 1 2	총점 _____
20. 퍼즐 맞추기를 좋아한다.	0 1 2	

21. 숫자 놀이를 좋아한다.	0 1 2	21번~24번	
22. 머리로 숫자 계산을 잘한다.	0 1 2		
23. 컴퓨터로 하는 활동을 좋아한다.	0 1 2	총점 _____	
24. 호기심이 많고 질문을 많이 한다.	0 1 2		

- **1번~4번 총점이 가장 높다   우리 아이는 군중파!**
  친구들과 함께 활동하는 것을 즐기는 성향이 있다. 이런 아이는 일대일로 가르치기보다는 친구와 함께 영어를 공부하는 환경을 만들어주고 친구들과 게임을 하면서 영어공부를 하게 유도한다.

- **5~8번 총점이 가장 높다   우리 아이는 소나무파!**
  혼자 학습하는 것을 좋아하는 성향이 있다. 이 경우, 말을 많이 하지 않는다고 아이를 재촉하기보다는 아이가 스스로 말할 때까지 시간을 갖고 기다려야 한다. 학원 같은 경쟁적인 학습환경에 놓기보다는 책 읽기나 온라인 학습을 잘 활용하는 것이 좋다.

- **9~12번 총점이 가장 높다   우리 아이는 언어 사랑파!**
  언어학습을 즐기는 성향이 있다. 이 영역의 점수가 높은 아이는 언어를 배우는 데 관심과 동기가 높아 어떤 활동이든 적극 참여하는 경향이 있다. 이 책에서 제시한 학습단계를 적용하여 지속적인 영어 학습환경을 만들어준다.

- **13~16번 총점이 가장 높다   우리 아이는 신체 활용파!**
  같은 자리에 앉아 조용히 공부하는 것을 매우 어려워하는 성향이 있다. 이 경우, 조용히 앉아서 학습지를 풀기보다는 친구들과 신체를 활용한 게임을 하면서 영어를 배우는 것이 좋다. 다양한 신체 활동을 제공하는 학습 프로그램을 활용하자. 혼자 앉아서 하는 온라인 학습은 효과를 기대하기가 어렵다.

- **17~20번 총점이 가장 높다   우리 아이는 시각파!**
  시각자료를 특히 좋아하는 성향이 있다. 이 경우, 그림책이나 동영상을 잘 활용하면 학습효과를 높일 수 있다. 색채가 화려한 그림책, 팝업북, 그림사전을 잘 활용하도록 하자. 어휘 학습을 할 때는 직접 그림을 그려 단어장을 만들게 하고, 영어일기나 영어공책에 글을 쓸 때 색깔 펜을 이용하여 예쁘게 꾸며보게 한다.

- **21~24번 총점이 가장 높다   우리 아이는 분석파!**
  논리적 사고력이 높고 분석하기를 좋아하는 성향이 있다. 영어를 배울 때도 무조건 읽고 따라 하기보다는 논리적이고 분명한 문법 설명을 원한다. 언어가 항상 논리적인 것은 아니므로 어려움을 느끼기도 한다. 우리말과 비교하면서 영어를 설명해주는 것이 도움이 된다.

아이의 영어수준을 진단하기 위한 플로차트

아이의 영어수준에 따라 영어공부법이나 채택하는 교재가 달라진다. 모든 아이가 같은 수준에서 시작하는 것은 아니므로 아이의 현재 영어수준을 진단하는 일은 가장 좋은 영어공부법을 찾는 데 꼭 필요한 과정이다. 다음 플로차트를 활용하여 아이의 영어수준을 알아보고, 적절한 학습단계에서 영어공부를 시작하자.

1   기본 인사말(Hi! How are you? 등)을 주고받을 수 있다.
    No → 2장 STEP 1 '하루 1분 생활표현이 영어를 살찌운다'로 GO!
    Yes → 2번으로

2   알파벳을 읽을 수 있다.
    No → 2장 STEP 2 '알파벳과 단어 익히기부터 시작한다'로 GO!
    Yes → 3번으로

3   cat, men, doll, key, box, tub, run 등 짧은 단어와 간단한 문장을 읽을 수 있다.
    No → 3장 STEP 1 '알파벳과 파닉스부터 시작한다'로 GO!
      • 추천교재 〈Up and Away in Phonics 1, 2〉 〈I Am Sam〉 〈Hop on Pop〉
    Yes → 4번으로

4   색깔, 숫자, 신체 부위, 동물 등 일상적인 단어를 영어로 말하고 읽을 수 있다.
    No → 2장 STEP 4 '그림동화책으로 영어동화의 세계를 열어라'로 GO!
      • 추천교재 〈Go Away, Big Green Monster〉 〈Five Little Monkeys〉 〈We're Going on a Bear Hunt〉 〈Brown Bear, Brown Bear, What Do You See?〉 외
    Yes → 5번으로

5   〈런투리드 Learn to Read〉 시리즈 수준의 짧은 영어동화책을 혼자 읽을 수 있다.
    No → 2장 STEP 5 '1등 읽기 책 〈런투리드〉 시리즈 100배 활용하기'로 GO!
      • 추천교재 〈런투리드〉 시리즈
      2장 STEP 6 '미니북 만들기로 글쓰기의 맛을 들여라'로 GO!
    Yes → 6번으로

6 50~100단어(주제어) 정도의 영어동화를 읽을 수 있다.

No → 2장 STEP 7 '과학 리더스 시리즈로 영어와 과학을 배운다'로 GO!
- 추천교재 〈I Am a Seed〉 〈I Am Snow〉 외

2장 STEP 8 '전래동화는 읽기와 말하기의 부스터(Booster)'로 GO!
- 추천교재 〈키드명작동화〉

2장 STEP 10 '다른 리더스 시리즈에 도전해 읽기 능력을 높여라'로 GO!
- 추천교재 〈Hello Reader〉 시리즈의 〈Hiccups for Elephant〉 외

Yes → 7번으로

7 100~150단어 정도의 영어동화를 읽을 수 있다.

No → 3장 STEP 3 '쉬운 리딩 교재에 도전하라'로 GO!
- 추천교재 〈Start with English Readers〉 시리즈의 〈John and Paul Go to School〉 외

Yes → 8번으로

8 150~200단어 정도의 영어동화를 읽을 수 있다.

No → 3장 STEP 6 '전래동화 100배 활용하기'로 GO!
- 추천교재 〈Classic Tales〉 시리즈의 〈The Town Mouse and the Country Mouse〉 외

3장 STEP 7 '말하기와 쓰기를 위한 문법 가르치기'로 GO!
- 추천교재 〈Grammar Time 1, 2〉 〈Grammar One〉

3장 STEP 9 '영어일기 쓰기는 필수'로 GO !

Yes → 9번으로

9 200~250단어 정도의 영어동화를 읽을 수 있다.

No → 3장 STEP 10 '다독으로 어휘와 읽기실력 높이기'로 GO!
- 추천교재 〈I Can Read Book〉 시리즈의 〈Frog and Toad Are Friends〉 〈Owl At Home〉 외

Yes → 10번으로

10 250단어 이상의 영어동화를 읽을 수 있다.

No → 3장 STEP 10 '다독으로 어휘와 읽기실력 높이기'로 GO!
- 추천교재 〈Magic Tree House〉 시리즈, 〈Oxford Bookworms Library〉 시리즈, 〈Happy Readers〉 시리즈

Yes → 다양한 책을 읽으면서 어휘 수준을 높인다.

★

영어 가르치는 엄마들의 10가지 지침

1. 일찍 시작할수록 좋다는 환상을 버려라
2. 부족한 영어 시간, 집에서 채워라
3. 듣기, 말하기, 읽기, 쓰기를 골고루 시켜라
4. '영어를' 가르치지 말고 '영어로' 가르쳐라
5. 몸으로 익히게 하라
6. 한 가지 내용을 여러 활동으로 반복하라
7. 문법은 외우지 말고 습관이 되게 하라
8. 옆집 엄마와 이야기하지 마라
9. 진도를 영어실력과 혼동하지 마라
10. 영어연수와 조기 유학의 환상을 버려라

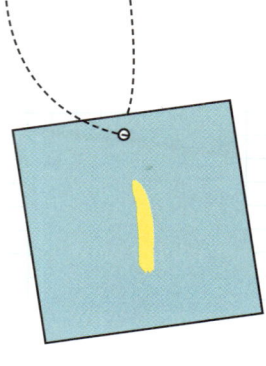

일찍 시작할수록 좋다는 환상을 버려라

조기 영어교육 열풍에 아이만 시달린다

교사　What's the weather like today? 오늘 날씨가 어때요?

아이들　Windy. 바람이 불어요.

교사　Yes, it's windy today. How does the wind blow?

　　　네, 오늘은 바람이 부네요. 바람은 어떻게 부나요?

　　　(교사와 아이들 모두 입으로 '후!'하면서 바람 부는 흉내를 낸다)

소연　…. (침묵)

교사　Soyeon! Are you tired? 소연! 피곤해요?

소연　…. (침묵)

교사　What's the weather like today, Soyeon?

　　　소연, 오늘 날씨가 어때요?

소연　…. (여전히 침묵)

지현　(소연의 귀에 속삭이며) It's windy. 바람이 불어요.

소연　…. (끝까지 침묵)

다섯 살인 소연이는 이런 식으로 한 달 내내 침묵을 지키고 있다. 옆에서 친구가 아무리 훈수를 두고, 선생님이 아무리 물어보아도 소연이의 입은 열릴 줄 모른다. 다른 아이들은 한두 마디씩 영어를 내뱉기 시작하는데 소연이는 어떤 활동에도 참여하지 않는다. 결국, 소연이 어머니에게 전화를 걸었다. 소연이 어머니가 들려준 소연이의 사연은 이러했다.

소연이 어머니는 영어공부는 무조건 어릴 때 시작하면 유리하다는 생각에 작년 소연이를 어느 영어 유치원에 입학시켰다. 그러니까 소연이가 네 살 때 처음 영어를 접한 것이다. 하지만 우리말도 서툰 네 살짜리 아이가 영어를 배운다 한들 얼마나 잘 배울 수 있었겠는가? 영어공부는 둘째 치고 어린 소연이에게는 엄마와 떨어져 낯선 장소에서 말도 통하지 않은 외국인과 시간을 보내야 한다는 것이 너무나 힘겨운 일이었을 것이다. 가르치는 원어민 교사 역시 우리말도 다 떼지 못한 아이들을 상대로 제대로 된 영어를 가르치긴 힘들었을 것이다.

그렇게 몇 개월을 영어 유치원에 보냈지만 소연이의 영어는 전혀 늘지 않았다. 그래도 소연이 어머니는 다들 이런 식으로 시작하겠거니, 언젠가는 아이의 귀가 뜨이고 말문이 열리겠거니 생각하면서 1년을 투자했다고 한다. 하지만 소연이는 무슨 상처를 받았는지 영어에 대한 거부감을 갖게 된 것 같았다. 결국, 소연이는 다니던 영어 유치원을 그만두고 일반 유치원에 다니면서 오후에는 이렇게 영어학원에 나오고 있었다. 늘지도 않는 영어에 매달리는 동안 일반 유치원에서 사회성을 배울 기회마저 놓쳐버린 소연이는 안타깝게도 또래의 다른 아이들에 비해 적응력도 떨어지는 편이었다.

소연이 어머니에게 영어는 더 있다가 배워도 늦지 않으니 아이를 좀 쉬게 내버려두라고 얘기해도, 그러다 남보다 더 뒤처지게 될까 봐 두렵다며 계속 학원에 보내겠다고 했다.

시기보다 방법이 중요하다

많은 부모가 과잉된 조기 영어교육에 대해서 비난하고 우려하다가도 자기 아이 상황이 되면 입장을 달리한다. 앞서 말한 소연이 어머니 같이 '다른 아이들은 다 하는데 우리 아이만 때를 놓쳐 뒤처지면 어떻게 하지?'라면서 초조해하고 영어는 하루라도 빨리 시작해야 한다고 믿는다. 이런 부모들의 심리를 꿰뚫은 영유아 교육전문업체들은 비디오, 오디오, 책 등 수많은 영어교재를 개발해 '영어교육은 빠를수록 좋다'는 쪽으로 분위기를 몰아가며 부모의 영어공부에 대한 조급증을 부추기고 있다.

● 아이 영어, 효율성을 따져라

아이가 한 살이라도 어릴 때 하루라도 빨리 영어를 가르쳐야 할까? 결론부터 말하자면 전혀 그렇지 않다. 물론, 아이의 자질이나 교육여건에 따라 일찍 영어공부를 시작해 큰 효과를 보는 아이도 있기는 하다. 그렇다고 일찍 시작한 아이가 영어를 잘한다고 성급하게 결론을 내려서는 안 된다.

일곱 살 아이가 일주일이면 습득할 단어와 문장을 다섯 살인 아이는 수개월에 걸쳐 터득한다. 일곱 살인 아이들은 몇 번만 연습하면 May I go to the bathroom?(화장실에 가도 돼요?) 같은 말을 자연스럽게 하지만 다섯 살인 아이들은 한 달 정도 지나서야 간신히 Bathroom, please.라고 한다. 그래도 일곱 살에 배운 아이보다 2년이나 먼저 말하기 시작하는 것이니 시간상으로 훨씬 유리한 것이 아니냐고 물을지도 모른다. 물론, 시간만을 놓고 보면 그렇다.

하지만 효율성을 놓고 따져보면 무조건 어릴 때 시작했다고 좋은 것이 아니라는 것을 알 수 있다. 출발은 영어를 일찍 배운 아이가 유리한 것처럼 보인다. 하지만 영어를 다섯 살 때 먼저 배운 아이가 2년에 걸쳐 간신히 배울 것을 초등학교

1학년 아이는 6개월에서 1년 만에 다 습득한다.

게다가 어린아이일수록 계속 반복해주지 않으면 금방 잊어버린다. 외국에서 영어를 곧잘 하던 아이가 우리나라에 오면 서너 달 만에 영어를 거의 잊어버리는 것만 봐도 그렇다. 따라서 다섯 살부터 영어를 시작했다면 계속 아이의 영어공부에 투자해야 배운 것을 유지할 수 있다. 일찍 시작하는 만큼 몇 배의 비용이 들고, 또 투자한 비용보다 그다지 큰 교육 효과를 얻지 못한다는 점을 유념하자.

시작 시기를 판단하는 4가지 기준

'남들이 하니까', '하루라도 일찍 시작해야 하니까'라는 생각으로 아이의 영어공부를 시작하는 것은 바람직하지 않다. 아이의 우리말 실력, 영어에 대한 호기심 정도와 영어공부에 대한 적극성, 그리고 사회성 등을 고려해 영어공부를 시작해야 학습의 효율성을 높일 수 있다. 또한, 그래야만 아이가 영어에 흥미를 갖고 꾸준히 공부할 수 있게 된다. 다음 사항들을 살펴 영어공부 시작의 적정 시기를 찾아보자.

● **아이가 추상적인 개념을 많이 알고 있는가?**

영어공부를 시작하려면 아이가 우리말을 제대로 구사할 뿐만 아니라 읽고 쓸 수 있어야 한다. '아이가 우리말을 배우기 전에 영어부터 배우면 훨씬 영어를 잘하지 않을까'라는 생각에 아이에게 '사과'라는 말 대신 apple을 먼저 가르치는 부모들도 있다. 그러나 이런 방법은 그다지 효과적이지 않을 뿐만 아니라 아이의 국어실력까지 망칠 수 있다. 우리말을 익히는 과정에서 아이는 언어구조에 대한 개념을 스스로 머릿속에 만든다. 그리고 이것은 외국어를 배울 때 매우 유리하게 작용한다.

실제로 초등학교 2~3학년생들을 가르칠 때 큰 즐거움과 보람을 느낀 적이 많다. 이 아이들은 추상적인 개념을 많이 알고 있고, 우리말로 읽고 쓸 줄 알기 때문에 영어의 듣기, 말하기, 읽기, 쓰기를 빠르고 쉽게 받아들인다. 특히, 시제 같은 어려운 개념을 가르칠 때 이러한 장점은 더욱 두드러진다.

What's this?(이것은 무엇인가요?) It's a desk.(그것은 책상이에요.) 같이 눈에 보이는 구체적인 대상으로 주고받을 수 있는 얘기는 지극히 제한적이다. 따라서 추상적인 단어와 개념을 배우지 않을 수 없는데, 외국어를 이해하기 위해서는 당연히 구체어와 추상어를 모두 포함해서 우리말의 개념 체계가 완벽하게 갖춰져 있어야만 하는 것이다.

지영이의 가을에 대한 그림과 글
초등학교 3학년인 지영이가 가을에 대해 설명했다. 지영이는 초등학교 1학년 때부터 매주 4시간씩 영어를 배웠다. 약간의 문법적인 오류가 보이기는 하지만 자기의 생각을 구체적인 단어를 써서 표현했다.

초등학교 3학년인 지영이는 자기가 그린 가을에 대한 그림을 거의 무리 없이 영어로 표현해냈다.

이는 계절에 대한 개념이 없는 서너 살 된 어린아이들에게는 거의 불가능한 작업일 것이다. 그리고 서너 살 때부터 영어를 배운 아이라고 해서 지영이와 비슷한 나이가 됐을 때 이보다 훨씬 나은 영어표현을 구사할 것이라고는 장담할 수 없다.

● 아이가 영어에 대한 호기심이 있는가?

아이의 영어에 대한 호기심이 극에 달했을 때를 잘 파악해야 한다. 적지 않은 부모들이 옆집 아이가 영어단어를 술술 말하는 것을 보고 아이에게 옆집 아이가 하는 것만큼 하라고 강요하기도 하는데, 이는 정말 피해야 할 일이다.

집에서 아이에게 영어동화책을 읽어주거나 영어로 된 비디오를 보여주었을 때 아이의 반응을 잘 살펴보자. 이때 아이가 거부감 없이 받아들이고 재미있어 하면 본격적으로 영어공부를 시작해도 좋다.

아이 스스로 영어학원을 보내 달라고 조르는 경우, 아이가 영어에 관심이 있는 것인지 아니면 단지 영어학원에 다니는 친구들이 부러워 조르는 것인지 판단해야 한다. 아이가 영어에 흥미를 느끼기 시작하는 것 같으면 무조건 학원에 데리고 가기보다는 엄마가 집에서 알파벳과 간단한 파닉스(phonics) 정도는 가르쳐주는 것이 좋다.

● 아이에게 어느 정도의 사회성이 있는가?

영어 유치원이나 학원 같은 곳을 보내 영어공부를 시작하게 하기 전에 먼저 단체생활을 경험하면서 아이가 어느 정도 사회성을 익혀놓게 하는 것이 좋다.

앞서 말한 소연이처럼 단체생활 경험이 없는 아이들은 처음 영어학원에 가면 두 가지 충격을 받게 된다. 엄마가 옆에 없고 또래 아이들만 우글거리는 낯선 환경에 대한 충격과 새로운 언어에 대한 충격이다. 영어를 배우기 위해서는 언어적 충격이야 어쩔 수 없이 극복해야 하겠지만, 갑작스런 단체생활에서 받는 충격은 아이를 움츠러들게 하므로 가능하면 최소화하는 것이 좋다.

● **아이가 새로운 것을 적극적이고 유연하게 받아들이는가?**
아이가 새로운 것을 적극 받아들일 준비가 되어 있어야 외국어를 쉽게 배울 수 있다. 어린아이들은 틀린 말이라도 서슴지 않고 내뱉는다. 실수를 지적받아도 별로 부끄러워하지 않는다. 반면 사춘기가 시작되는 5~6학년 아이들은 실수할까 봐 두려워하고, 친구들이 놀릴까 봐 혀를 굴리는 것을 꺼린다. 능력상의 문제가 아니라 정서적인 측면 때문에 외국어를 배우는 것이 어려워지는 것이다. 사춘기를 맞이한 아이들이 영어를 배우기 어려워하는 이유가 이 때문이다. 새로운 것을 수용하는 일에 있어 가장 적극적이고 유연한 시기는 대체로 사춘기 이전이라고 봐야 할 것이다.

지금까지 살펴본 내용을 종합해보면 아이에게 영어를 가르칠 가장 적절한 시기는 '여섯 살 이후부터 사춘기 이전'이다. 그중에도 특히 아홉 살 전후가 가장 적기라고 볼 수 있다.
우리말이 아직 어설픈 유아들에게는 영어보다 우리말로 된 동화책을 더 많이 읽어주면서 상상력과 지적 능력을 키워주는 것이 중요하다. 서너 살 된 아이들에게 영어를 가르치고 싶다면 아이가 좋아하는 영어동화나 동요 CD, 비디오 등 시청각 자료를 간간이 사용하는 정도로 만족해도 된다. 그리고 영어 유치원을 보내려면 적어도 여섯 살이 될 때까지 기다리는 것이 좋다. 그전에 일반 유치원을 다니면서 사회성을 키워 아이가 영어 환경에도 빨리 적응할 수 있게 하자. 아이의 지적능력과 언어능력을 충분히 개발시켜주고 나서 영어를 시작해도 절대로 늦지 않다. 또한, 인성교육을 잘 받고 상식과 상상력을 풍부하게 키운 아이가 외국어도 빨리 받아들여 영어를 제대로 잘할 수 있다.

부족한 영어 시간, 집에서 채워라

'기간'이 아니라 '시간'을 늘려라

준희   선생님, 전 영어를 1년이나 배웠는데 왜 이렇게 영어를 못하죠?

교사   준희야, 너 일주일에 영어를 몇 시간이나 공부하지?

준희   음, 학원에서 일주일에 80분씩, 세 번요.

교사   그거 총 몇 분인지 계산해봐.

준희   일주일에 240분요.

교사   한 달이면 960분이지. 시간으로 따지면 한 달에 16시간이야. 1년이면 192시간인데, 이걸 날짜로 따지면 며칠이나 될까?

준희   192시간을 24시간으로 나누면…, 애걔~ 8일밖에 안 되네요.

교사   그렇지. 1년을 배운 것 같지만 사실은 영어를 8일밖에 사용하지 않은 거야. 그런데 그것도 80분 동안 딴짓 안 하고 오로지 영어만 썼을까? 실제로 1년 동안 영어로 말한 시간은 많아야 4~5일 정도밖에 안 될걸.

6학년인 준희는 1년 전부터 영어를 배우기 시작했는데 여섯 살밖에 되지 않은 동생 때문에 요즘 스트레스에 시달리고 있다. 동생은 1년 동안 영어 유치원을 다녔는데 자기보다 훨씬 영어를 잘한다는 것이다. 시간 대비 효과로 보면 여섯 살 난 동생보다야 6학년인 준희가 훨씬 빨리 배우고 있었다. 하지만 동생은 1년 동안 거의 매일 대여섯 시간씩 영어를 쓰는 환경에서 지내다 보니 준희에 비해 영어를 조금 더 유창하게 말했다. 어린 동생이 영어를 한두 마디 하는 것에만 부모님이 감탄할 뿐 자기의 영어실력은 거들떠도 안 보니 준희는 속이 좀 상한 모양이었다.

아이부터 어른까지 거의 전 국민의 소원이 된 영어 달인 되기. 영어를 잘하기 위해 엄청난 비용과 시간을 투자하는데도 우리의 영어실력이 금방 나아지지 않는 이유는 무엇일까? 문법부터 배워서? 교육법이 잘못되어서? 우리말과 영어는 너무 달라서? 부분적으로는 이것들이 이유가 될 수 있겠지만, 가장 큰 문제는 영어를 연습하는 시간이 너무 짧다는 것이다.

우리가 중·고등학교에서 영어를 배운 시간을 모두 합쳐 실제로 공부한 시간을 따지면 한 달 정도밖에 안 된다고 한다. 거기서 오로지 말하기를 위해 연습한 시간은 얼마나 될까? 일주일도 채 되지 않을 것이다. 그런데도 많은 사람은 영어를 배운 기간만 따질 뿐, 제대로 영어에 노출된 시간은 생각하지 않는다.

그렇다면 질문을 바꿔보자. 어떻게 하면 영어를 잘할 수 있을까? 답은 간단하다. 영어 노출 시간을 늘리면 된다. 바로 여기에서 부모의 역할이 중요해진다.

가끔 영어학원에 다닌 적이 전혀 없는데도 영어를 제법 알아듣고 말하는 아이를 보게 된다. 그 배경에는 집에서 힘닿는 데까지 영어를 가르친 부모가 있다. 그렇다고 그 부모들이 특별하게 영어를 잘하는 것도 아니다. 그들은 나름대로 이것저것 자료를 찾아보고 스스로 공부해가면서 정성껏 아이들을 지도한다. 부모가 영어를 잘해서 평소에 집에서 아이와 영어로 대화를 나눌 수 있다면야

더할 나위 없이 효과적일 것이다. 하지만 그렇게 못한다 해도 중학교 수준 정도의 영어를 읽고 쓸 줄 안다면 어느 부모나 아이의 영어선생님이 될 수 있다. 아이에게 영어방송을 매일 듣게 하거나 영어동화를 꾸준히 소리 내어 읽도록 지도하는 것으로도 충분한 학습효과를 얻을 수 있다.

하루 30분이 중요하다

다른 과목도 마찬가지겠지만, 특히 영어는 매일 학습하는 것이 매우 중요하다. '오늘은 바쁘니까' 혹은 '오늘은 피곤하니까'라는 핑계를 대며 공부를 다음으로 미루면 아이의 영어실력이 자라길 기대할 수 없다.

매일 30분씩 일정한 시간을 정해놓고 영어를 함께 공부해보자. 처음에는 1시간 이상 영어공부를 하지 않는 것이 좋다. 아이들은 집중할 수 있는 시간이 짧기 때문에 오래 가르치면 오히려 역효과를 가져올 수 있다. 처음에는 30분에서 1시간으로 시작하다가 점점 시간을 늘려 가면 된다. 물론, 정해진 수업시간 외에도 일상생활 속에서 아이가 영어를 사용하게 유도하면 훨씬 효과적일 것이다.

매일 가르치기가 어려우면 일주일에 3번쯤 시간을 정해놓고 함께 공부해도 된다. 너무 피곤할 때에는 무리하게 하지 말고 영어 비디오나 방송을 아이와 함께 본다.

절대 서두르지 마라

간혹 단기간에 영어를 끝내겠다는 욕심을 부리는 부모가 있는데, 부모가 성급할수록 학습효과는 떨어진다. 여섯 살 된 아이에게 알파벳을 하루 만에 다 깨우치게 하겠다고 공부를 시켰다가 실패했다는 얘기를 종종 듣는다. 그래서 가르치는 것을 거의 포기하고 있었는데 어느 날 보니 신기하게도 아이가 알파벳을 하나씩 읽고 있더라는 것이다.

아이들은 당장은 받아들이지 못하는 것 같지만 실제로는 하나씩 익혀가고 있다. 좀 시간이 걸리는 것뿐이다. 하루에 알파벳 한 글자씩만 가르쳐도 충분하다. 그것을 참지 못하고 어린아이에게 암기를 강요하거나 너무 많은 학습량을 부과하면 아이의 두뇌는 과부하에 걸리고 만다. 아이들의 두뇌는 뽀송뽀송하게 말라 있는 스펀지 같아야 정보를 흡수할 수 있다. 만약 아이의 두뇌 스펀지가 엄마의 욕심 때문에 이미 축축하다면 더는 아무것도 빨아들일 수 없을 것이다. 더 많은 것을 아이의 머릿속에 담고 싶으면 여유를 갖고 아이의 뇌가 정보를 소화하는 속도에 맞추는 것이 중요하다.

듣기, 말하기, 읽기, 쓰기를 골고루 시켜라

환경에 따라 학습법도 달라져야 한다

"저는 우리 애가 읽기를 먼저 배우는 게 싫어요. 말만 잘하면 되지 꼭 그 어려운 읽기를 시켜야 하나요? 영어를 10년 넘게 배운 우리가 말 한마디 못하는 것도 학교에서 읽기와 쓰기만 집중적으로 배웠기 때문이라고 생각해요. 듣기, 말하기, 읽기, 쓰기 순서로 언어를 익힌다던데 일단은 읽기보다 말하기를 익히는 게 먼저 아닌가요?"

엄마들의 이런 주장은 나름대로 일리가 있다. 어린아이가 우리말을 배울 때 '듣기 → 말하기 → 읽기 → 쓰기' 순서로 터득하는 것처럼 외국어도 이 순서대로 배우게 하는 것이 바람직하지 않느냐는 것이다. 그 예로 외국으로 이민 간 아이들을 든다. 이민 간 아이들이 영어를 전혀 읽고 쓸 줄 몰라도 듣고 말하는 것은 쉽게 익힌다는 것이다.

하지만 그 아이들과 한국에서 영어를 배우는 아이들은 교육환경이 다르다. 또한, 우리말 습득 순서와 외국어 학습의 순서가 똑같아야 하는 것은 아니라는 점을 강조하고 싶다.

갓 태어난 아이는 가족이 하는 말을 듣고 이해하기까지 '침묵기'를 거친다. 그러다가 말을 이해하게 되면서 간단한 단어를 말하기 시작하고, 나중에는 문장으로 의사를 표현할 줄 알게 된다. 미국에 이민을 간 아이들도 마찬가지다. 처음부터 영어로 바로 말하기 시작하는 것이 아니라 밖에서 들려오는 말과 정보를 이해하기까지 침묵기를 거친 후 말을 하는 것이다.

그렇다면 한국에서 영어를 배우는 아이들을 생각해보자. 가족, 친구, 이웃 등 주변의 모든 사람이 우리말을 사용한다. 학원이나 학교에서 영어를 배우는 시간은 많아야 일주일에 10시간을 넘지 않는 것이 보통이다. 다시 말해, 미국에 있는 아이들은 '영어의 울타리' 안에서 시간을 보내는 데 반해 한국에 있는 아이들은 '한국어의 울타리' 안에서 시간을 보낸다는 것이다. 또한, 미국에서 영어를 배우는 한국 아이들은 미국 아이들과 어울리면서 자연스럽게 영어를 배울 기회가 많지만, 한국에서 영어를 배우는 아이들은 교실이라는 극히 제한된 공간에서 인위적인 학습 과정을 거칠 수밖에 없다. 이렇게 전혀 다른 교육환경에 있는 아이들에게 같은 교수법을 적용하는 것은 무리가 있다.

말을 하려면 우선 듣고 이해하는 것이 선행되어야 하지만, 언어발달이 '듣기 → 말하기 → 읽기 → 쓰기' 순서로 이루어진다고 해서 학습 또한 '듣기 → 말하기 → 읽기 → 쓰기' 순으로 진행될 필요는 없다. 그리고 언어발달순서에 따라 우리나라에서 아이들에게 영어를 가르치는 데는 한계가 있다.

우리나라에서는 무엇보다 읽기가 중요하다

한때 성인들 사이에 유행했던 학습방법 중에 '하루에 무조건 2시간씩 영어 듣기'가 있었다. 그런데 요즘 이 방법을 초등학생에게도 활용하는 사례가 늘고 있다.

이러한 '무작정 듣기 학습법'으로 성공한 아이들이 있긴 하지만 이 방법에는 치명적인 단점이 있다. 너무 지루해서 중도에 포기해버리는 경우가 많다는 것이다. 영어의 필요성을 인식하고 있는 고학년에게는 무작정 듣기가 효과가 있을지 모르지만, 유치원생이나 저학년 아이들에게는 그야말로 고문 같은 학습법이 아닐 수 없다.

연령별 특성을 고려하지 않고 어린아이에게 무조건 들려주기로 영어공부를 시키는 것은 학습효과가 매우 적다. 어려서 영어 테이프나 CD를 들으면서 영어공부를 했다는 아이들이 학원에 처음 와서 동문서답하는 경우가 많이 있다.

    교사   How are you? 안녕하세요?/기분이 어때요?
    아이   8 years old. 여덟 살이에요.
    교사   What's the weather like today? 오늘 날씨가 어때요?
    아이   Umm. Monday. 음, 월요일이에요.

아마도 위의 아이는 How are you?와 How old are you?(몇 살이에요?)를 혼동하고, today가 들어간 질문은 무조건 요일을 묻는 것으로 착각한 듯싶다.

'무작정 많이 듣다 보면 언젠가 귀가 뜨이고 말문이 터지겠지'라고 생각하겠지만, 일방적으로 쏟아 붓는 CD만으로는 절대로 영어를 배울 수 없다. 특히, 한국에서는 지금까지 듣기와 말하기 영역을 따로따로 구별해서 학습을 진행하는 경향이 있었는데, 이런 학습법은 이제 거의 무의미하다.

아이들에게는 영어를 주고받을 수 있는 대상이나 환경과의 접촉이 필요하다. 의미도 모르고 무작정 듣는 것보다 차라리 엄마랑 하루에 한 번이라도 영어로 대화를 주고받는 것이 더 효과적이다.

또한, 글을 모르는 아이가 습득할 수 있는 단어와 영어표현은 지극히 한정적일 수밖에 없다. 색깔, 가구, 음식, 동물, 가족, 옷, 장난감 등과 같이 눈으로 식별 가능한 단어들과 Sit down.(앉으세요.)/ Stand up.(일어나세요.) / I'm sleeping.(나는 자고 있어요.) / I like apples.(나는 사과를 좋아해요.) / This is my sister.(이쪽은 내 누나[여동생]예요.) / What's this?(이건 뭐죠?) / It's a pen.(그건 펜이에요.) 등과 같은 단순하고 일상적인 표현만으로는 대화를 제대로 나눌 수가 없다. 추상적인 단어와 다양하고 복잡한 표현을 알지 못하면 실생활에서는 거의 영어로 대화할 수가 없다.

그렇다면 아이들에게 추상적인 영어단어를 이해시키며 다양한 영어표현을 머릿속에 입력시킬 수 있는 방법은 무엇일까? 바로 읽기와 쓰기다. 아이가 한글을 읽고 쓰게 되면서 언어능력이 얼마나 급속도로 향상되었는지 떠올려보자. 한글을 배우고 나면 아이는 스스로 다양한 정보와 단어를 학습할 수 있게 된다. 그리고 표현 능력도 늘어난다. 영어에서도 마찬가지다. 읽기와 쓰기는 우리말뿐만 외국어 학습에 있어서도 매우 중요하다.

처음에는 그림을 보면서 단어의 뜻을 이해하던 아이들이 일단 단어를 읽게 되면 더욱 많은 단어를, 그것도 빨리 익힐 수 있게 된다. 또한, 읽을 줄 알면 혼자서도 공부를 할 수 있다. 혼자서 책을 읽을 수 있기 때문에 책을 읽으면서 좋은 영어표현을 저절로 알게 되고, 글을 알기 때문에 스스로 작문 연습도 할 수 있게 된다. 이렇듯 글을 알게 되면 집에서 책을 읽으면서 학교나 학원에서 하는 제한된 영어학습의 한계를 많이 극복할 수 있게 된다. 특히, 책 읽기는 영어 환경이 미비한 우리 아이들에게 아주 효과적인 학습방법이다.

외국에서 1년을 살다 온 초등학교 3학년 아이와 4년을 살다 온 여섯 살짜리 아이가 귀국하면 누가 더 오래 영어를 기억할까? 아이러니하게도 영어를 조금밖에 배우지 않은 초등학교 아이가 영어를 더 오래 기억한다. 그 아이는 학교에서 글을 익혔기 때문에 한국에 돌아와서도 글이라는 도구를 통해 영어를 기억할 수 있다. 반면 외국에서 유창하게 영어를 구사하던 아이라 할지라도 글을 익히지 않은 상태에서는 한국에 돌아오면 몇 달 만에 알고 있던 영어표현과 단어를 거의 다 까먹어 버린다. 그러니 글을 읽을 줄 안다는 것이 얼마나 중요한지 이해할 수 있을 것이다.

정확성과 표현력은 쓰기로 길러라

말하기만 배운 아이들은 긴 문장을 구사할 때 대부분 '콩글리시'라고 하는 불완전한 영어(broken English)를 많이 쓴다. 대화할 때 상대방(외국생활에서라면 현지인, 학원에서라면 원어민 교사)은 아이의 나이나 외국인이라는 점을 참작해 틀리게 말하더라도 상황이나 단어 몇 개로 짐작해 알아듣는다. 그러면서 아이는 잘못된 표현에 익숙해지는 것이다.

영어로 글을 쓰면 잘못 습득한 영어표현을 상당히 고쳐준다. 또한, 글쓰기 연습을 통해 말할 때의 정확성과 표현력도 좋아지게 할 수 있다.

그렇다고 처음부터 무조건 문장을 쓰도록 강조할 필요는 없다. 아이의 수준에 맞게 알파벳을 그리는 것(어린아이들은 글자를 쓴다기보다는 그리는 것에 가깝다)부터 시작해서, 단어를 쓰고 문장을 쓰고 동화를 재창작하는 수준까지 단계별로 쓰기를 가르치도록 한다. 특히, 동화를 재창작하거나 단락 정도 길이의 글을 영어로 쓸 수 있는 수준이 되면 영어일기를 쓰게 하자. 영어로 일기를 쓰면 문법이나 단어 공부도 저절로 되고 표현력도 향상된다. 우리말 문장실력을 키우기 위해 아이들에게 일기 쓰기를 강조하듯이 영어학습에서도 일기 쓰기는 매우 중요하다. 따라서 아이의 수준에 맞춰 영어일기를 반드시 쓰게 한다.

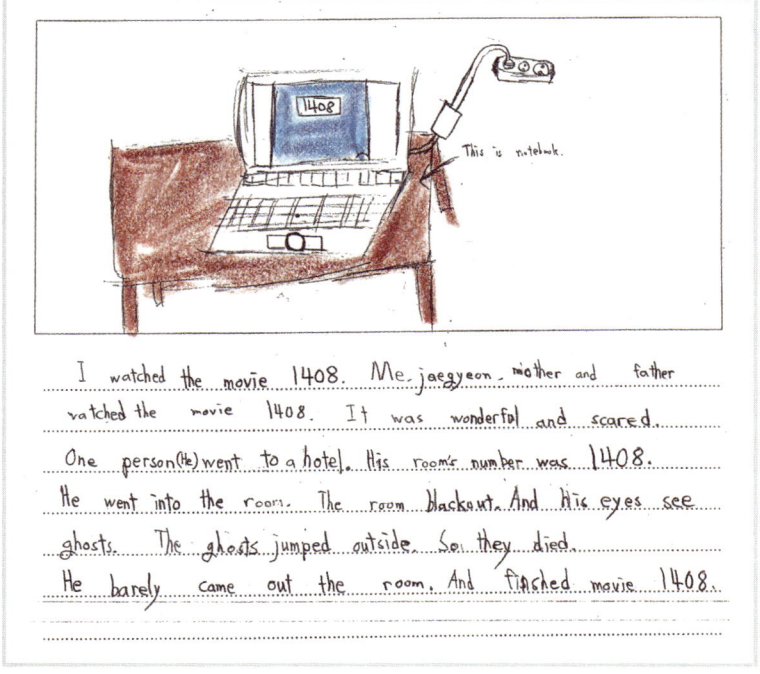

I watched the movie 1408. Me, jaegyeon, mother and father watched the movie 1408. It was wonderful and scared. One person(He) went to a hotel. His room's number was 1408. He went into the room. The room blackout. And His eyes see ghosts. The ghosts jumped outside. So, they died. He barely came out the room. And finished movie 1408.

지원이의 영어일기
초등학교 5학년인 지원이가 가족과 〈1408〉이라는 영화를 보고 쓴 일기. 비교적 정확한 문법으로 영화의 줄거리를 설명하고 있다.

'영어를' 가르치지 말고 '영어로' 가르쳐라

중요한 건 영어를 도구로 활용하는 마음

교사 (칠판에 거미와 개미를 그린 후 거미를 가리킨다) What's this? 이게 뭐죠?

아이 Spider. 거미요.

교사 Yes, it's a spider. Is a spider an insect?

네, 거미예요. 거미는 곤충일까요?

아이 Insect? What's that? Insect? 그게 뭐예요?

교사 Insects are kind of bugs, like butterflies, ants, and dragonflies. Do you think spiders are insects?

Insect란 나비나 개미, 잠자리 같은 일종의 곤충을 말해요. 거미도 곤충일까요?

아이 Yes! 네!

교사 Are you sure? Then, let's look at the ants. How many legs do they have? 정말요? 그럼 개미를 봅시다. 다리가 몇 개 있어요?

아이 One, two, … six. Six legs. 하나, 둘, … 여섯. 다리가 여섯 개예요.

교사 Then, look at the spiders. How many legs do they have?

그럼 거미를 보세요. 다리가 몇 개죠?

아이 One, two, … eight. Eight legs. 하나, 둘, … 여덟. 다리가 여덟 개예요.

앞의 대화는 영어로 과학수업을 하는 장면이다. 이 간단한 수업 하나에서 아이들이 몇 가지를 배우고 있는지 생각해보자. insect가 '곤충'이라는 뜻의 단어임을 알게 되었고 spider, butterfly, dragonfly 등의 곤충 이름, How many ~?라는 표현과 숫자를 세는 표현까지 배우고 있다. 어디 이뿐인가? 개미와 거미의 차이를 비교하면서 곤충이란 무엇인지 과학적 개념까지 익히고 있다. 이것이 바로 영어와 다른 과목을 접목하는 교육 방법이다.

그러나 학습량이나 진도 위주의 수업이면 다음과 같이 진행될 것이다.

교사는 insect에 관한 짧은 영어 이야기를 하나 골라 아이들에게 나눠주고 따라 읽게 한다. 그리고 나서 한국인 교사라면 주어, 동사와 같이 문법을 따져가며 문장을 우리말로 해석해줄 것이고, 원어민 교사라면 한번 따라 읽는 것으로 아이들이 다 이해했다고 보고 그냥 넘어갈 것이다. 내용에 대한 문제 몇 개를 푼 후 숙제로 단어를 외워오라고 하고 다음 시간에 시험을 보겠다고 한다. 그리고 다음 시간에는 다른 주제를 가르친다. 이 수업에서 아이들이 영어로 대화를 나눌 기회는 거의 주어지지 않는다. 그저 단어와 문법, 일방적인 내용 주입식 공부만 있을 뿐이다.

처음에 예로 든 수업은 영어를 도구로 활용해서 아이들이 다른 영역까지 배울 수 있도록 하는 것이고, 후자는 오로지 영어 자체를 가르치는 데 목적을 두고 문법과 단어 설명만 주로 하는 교수법이다.

둘 중 어느 수업에 아이들의 참여도와 집중도, 흥미가 높을지는 따로 설명하지 않아도 될 것이다. 전자의 수업에서는 아이들이 영어로 배움으로써 영어와 과학이라는 두 마리 토끼를 잡게 될 것이고, 후자의 수업에서는 아이들이 영어를 배우는 데만 매달리다가 자칫 영어까지 놓칠 수 있다.

영어와 다른 과목을 접목하라

영어로 수학, 과학, 사회, 미술 등 다른 과목을 가르치는 방법은 제대로 했을 때 큰 효과를 거둘 수 있다. 무엇보다 이 방법은 영어를 즐겁게 배우면서 일상생활에서 영어를 의미 있게 사용할 기회를 주기 때문에 더욱 효과적이다.

예를 들어 비교급은 일반적으로 형용사에 -er을 붙이고 최상급에는 -est를 붙인다는 것을 설명하고 규칙을 외우게 하는 것으로 끝나면 아이들은 금방 잊어버리고 말 것이다.

그렇다면 비교급을 태양계와 연결해 학습해 보자.

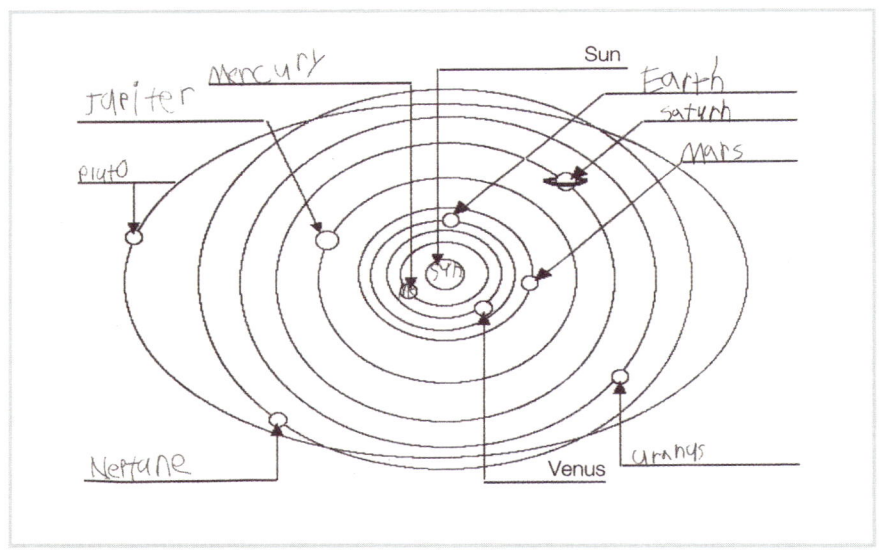

영어로 태양계를 배운 후 아이가 표시한 별의 위치
Jupiter is the biggest planet. 목성은 가장 큰 행성이에요.

태양계의 행성 중 가장 큰 행성(the biggest planet)과 가장 작은 행성(the smallest planet)이 무엇인지 영어로 설명해 보고 행성의 크기를 서로 비교하면서 smaller, bigger 등의 표현을 익힐 수 있을 것이다. 뿐만 아니라 행성의 이름까지 덤으로 익힐 수 있다.

영어교육 전문가가 아닌 엄마가 집에서 이런 식으로 아이의 영어를 가르치긴 힘들다고 생각할지도 모른다. 하지만 충분히 할 수 있다. 예를 들면 꽃씨를 심은 후 잎이 나고 줄기가 자라는 것을 보면서 root(뿌리), stem(줄기), leaf(잎)란 단어를 익힐 수 있다. 또는 빨간색과 노란색 물감을 섞어서(mix red and yellow) 주황색(orange)을 만들면서 색깔에 대해 가르칠 수 있다. 그리고 세계 지도를 놓고 동서남북(east, west, south, north)의 개념과 나라 이름을 알려줄 수 있을 것이다. 이 모든 것이 '영어로' 배우는 학습 방법에 속한다.

이 책의 2~4장에 소개한 방법들 대부분이 이런 학습법이다. 최대한 따라 하기 쉽게 내용을 설명했으니 참고하면 많은 도움이 될 것이다. 그래도 아이에게 영어를 가르칠 자신감이 생기지 않는다면 아이와 함께 공부한다는 생각으로 임하면 된다. 사실, 그 정도면 아이의 영어 선생님으로서 자격이 충분하다.

토플의 독해 지문을 보면 역사, 생물학, 화학, 지구과학, 음악, 예술, 고고학 등에 관한 내용이 주를 이루고 있다. 토플시험을 본 적이 있다면 영어로 다른 과목을 배우는 학습법이 나중에 아이에게 얼마나 큰 도움이 될 것인지 짐작할 수 있을 것이다.

몸으로 익히게 하라

아이들은 경험을 통해 영어를 배운다

교사　Jump up high! Jump up high! 높이 뛰어요! 높이 뛰어요!

정훈　점퍼파이! 점퍼파이! (교사를 따라 높이뛰기를 한다)

교사　Yes! Jump up high! 그렇죠! 높이 뛰어요!

　　　(교사와 아이들이 함께 한참을 뛴 후 가쁜 숨을 몰아쉰다)

정훈　One more time! 한 번 더! 점퍼파이! 점퍼파이!

일곱 살 정훈이는 일반 유치원에 다니며 일주일에 세 번씩 오후에는 영어 유치원에 와서 영어를 배운다. 정훈이와 같이 영어를 공부하는 아이들 모두 영어를 배우기 시작한 지 한 달 정도밖에 되지 않았다. 이 아이들은 나이가 어려서 알파벳도 잘 모르기 때문에 당연히 읽고 쓰는 것이 불가능하다. 하루에 알파벳 한 글자씩 소개해주면 그것을 색연필로 그려보는 게 고작이다. 어린아이들을 대상으로 한 수업은 대부분 노래 부르기, 동화 읽기, 학습놀이로 이루어진다.

재미있는 것은, 아이들은 Jump up high란 글자를 읽고 쓰지는 못하지만 '점퍼파이'라는 소리가 '높이 뛰세요'라는 뜻임을 안다는 것이다. 어른들 같으면 jump up, high의 뜻과 명령문에 대한 문법 설명까지 들은 후에야 이해했을 것이다. 교사가 뜻을 우리말로 설명해주지도 않았는데 어떻게 정훈이는 정확한 뜻을 알고 있는 것일까? 바로 경험을 통해 자연스럽게 그 의미를 터득한 것이다.

아이들에게는 경험이야말로 최고의 교사라고 할 수 있다. 자세한 문법 설명도 필요 없다. 사실, 문법 설명을 해줘도 이해하지 못할 것이다. 아이들은 정훈이처럼 경험을 통해 영어를 몸으로 체득하게 하면 그만이다. 물론 history(역사), realize(깨닫다) 같은 추상적인 단어들은 말로 설명해줄 필요가 있다. 하지만 색깔, 숫자, 눈에 보이는 사물, 동작 등은 아이에게 직접 보여주고 체득하게 하는 것이 가능하다. 어린아이들일수록 그렇게 익히게 하는 것이 좋다.

색깔은 색연필을, 숫자는 사물을, 동작은 온몸을 활용하면 된다. 물론, 어떤 이는 이렇게 반문할지도 모른다. 그냥 우리말로 설명해주면 쉬울 것을 복잡한 과정을 거칠 필요가 있느냐고. 하지만 그런 방법은 가르치는 사람의 편의를 생각한 것이지 배우는 아이의 필요나 학습효과는 고려하지 않은 발상이다.

어린아이들은 성인과 달리 영어를 '배워야 하기 때문에 배우는 것'이 아니라 '재미있으니까 배우는 것'이다. 따라서 과정이 재미가 없으면 영어를 배울 의욕을 잃어버리기 쉽다. 아이들에게 재미란 무엇일까? 몸을 움직이고 뛰어 노는 것이다. 아이들은 노래하면서 쿵쾅쿵쾅 뛰고, 마음대로 그림도 그리고, 이것저것 직접 만져보고 느끼면서 즐거움을 통해 영어를 배운다.

영어로 말해야만 하는 상황을 유도하라

영어를 공부하는 데 경험과 활동이 필요한 또 다른 이유는, 아이들은 영어를 반드시 써야만 하는 상황이 아니면 결코 쉽게 입을 열지 않기 때문이다. 어떤 경우가 '꼭 영어를 써야만 하는' 상황일까? 바로 영어가 아니고서는 자신이 원하는 것을 얻을 수 없는 상황이다. 예를 들면 영어로 말하지 않고서는 선생님과 대화를 할 수 없어서 크레파스도, 종이도, 장난감도 얻을 수 없는 상황이다. 훌륭한 선생님일수록 이런 상황을 인위적으로 잘 연출해낸다.

아이   선생님, 빨간 색연필 주세요.

교사   (일부러 이해하지 못한 척한다) What do you need? 뭐가 필요하다고요?

아이   빨간 색연필이요.

교사   (일부러 지우개를 집는다) Do you need an eraser? 지우개가 필요해요?

아이   빨간 색연필이요.

교사   (이번에는 파란 색연필을 집는다) Do you need a blue crayon?
파란 색연필이 필요하다고요?

아이   No! (한참 생각한 후) Red! 아뇨! 빨간색!

교사   Ah! You need a red crayon. Please say "A red crayon, please."
아! 빨간 색연필이 필요하군요. A red crayon, please.라고 말해봐요.

아이   A red crayon, please. 빨간 색연필 주세요.

위의 상황에서 아이가 우리말로 말한 대로 교사가 아이에게 빨간 색연필을 바로 줬다면 아이는 이전에 배웠던 색깔을 나타내는 영어단어를 굳이 기억 속에서 끄집어내려 애쓰지 않았을 것이다. 이미 자기가 원하는 것을 손에 넣었기 때문이다. 하지만 우리말이 통하지 않자 나름대로 방법을 찾기 시작하면서 자신이 배운 영어를 활용하게 된 것이다. 이런 경험이 몇 번 반복되면 무엇을 달라고 할 때 please라는 표현을 붙이는 게 좋다는 것까지 깨닫는다. 어디 이뿐인가? 빨간 색연필을 얻어내는 과정에서 eraser, blue crayon, I need 같은 표현까지 배운다. 많은 영어 유치원이 아이가 영어로 말하는 경험을 갖도록 유도하지 않고 자꾸만 쉽게 우리말로 설명하다가 영어를 제대로 가르치는 데 실패한다. 다시 한번 말하지만, 대부분의 아이는 자신들이 필요하지 않으면 절대로 영어로 말하려 하지 않는다. 게다가 아이들은 기억력이 짧아서 우리말로 설명했어도 반복해서 사용하지 않으면 금방 잊어버린다. 그러니 영어 유치원을 2년씩 다니고도 기본 단어나 조금 알고 있을 뿐, 제대로 된 문장 하나 만들지 못하는 아이들이 허다한 것이다. 따라서 아이를 영어 유치원에 보내볼까 고려하고 있다면 영어 유치원이 의미 있는 영어 경험을 풍부하게 제공하는지를 확인해야 한다.

교과서 영어의 한계를 경험을 통해 극복하라

많은 아이가 교과서나 영어교재 내용을 질문하면 대답을 제법 하다가도, 막상 배운 것에 대해 자신의 생각을 표현하라고 하면 제대로 못한다. 교과서와 현실이 따로 존재하는 것이다. 왜 이런 현상이 발생할까?

아이가 교실 상황을 벗어나 실생활에서 영어를 사용할 기회가 없었기 때문이다. 교재나 교과서를 볼 때는 예문과 모범 답안을 통해 지금까지 연습해온 영어의 문장 구조를 의식할 수 있다. 그러나 주제만 정해주고 그것에 관해 이야기해보라고 하면 모범 답안이 제시되어 있지 않기 때문에 생각나는 대로 이야기하게 된다. 이 과정에서 자신이 알고 있는 우리말의 문장 구조에 본능적으로 의지할 수밖에 없다. 그래서 우리말 문장 구조에 단어만 영어로 바꿔 대답을 해버리게 되는 것이다.

쉬운 예를 들어보자. 수업시간에 배운 교재를 펼치고 아이에게 한 여자아이가 백화점에서 신발 사는 그림을 보여주면서 What did she do yesterday?(이 아이가 어제 무엇을 했을까요?)라고 물어보면 She bought shoes in the store.(가게에서 신발을 샀어요.)라고 정확히 대답할 수 있다. 그런데 아이에게 어제 무얼 했는지 이야기해 보라고 하면 me yesterday shoes bought라는 식으로 대답하는 경우가 많다.

이처럼 자신이 배운 문장을 실생활에서 적용하여 활용해 보는 과정 없이 무조건 단어나 문장 암기만 시키는 것은 영어로 말하는 데 별로 도움이 되지 못한다. 한 달 동안 단 10개의 단어만을 배우더라도 그것을 얼마나 잘 활용해서 표현할 수 있는지가 중요하다. 집에서 아이에게 가능한 많은 경험을 제공하자. 영어라는 낯선 언어가 아이의 몸으로 서서히 스며드는 것을 느끼게 될 것이다.

한 가지 내용을 여러 활동으로 반복하라

언어학습의 해답은 반복에 있다

아이들은 반복을 통해 언어를 습득한다. 그렇다고 한 단어를 공책에 스무 번씩 쓰며 외우라는 뜻이 아니다. 단어의 뜻이나 스펠링을 아는 것만으로는 큰 의미가 없다. 말할 때 단어를 적절히 사용할 수 없으면 어떤 단어를 제대로 안다고 볼 수 없다. 한 단어라도 제대로 익히려면 실생활에서 수십 번 반복해서 듣고, 말하고, 읽고, 쓰는 활동이 필요하다. 반복은 운동선수에게는 기초체력훈련 같은 것이다.

그런데 반복의 중요성을 아는 사람은 많지만 어떻게 반복해야 하는지 아는 사람은 많지 않다. 아이에게 같은 단어를 10번 반복해서 따라 해보라고 하면 아이는 금방 지겨워하고 별로 효과도 보지 못할 것이다. 예를 들어 단어 하나를 배우더라도 그 단어로 단어 카드도 직접 만들어보고, 그 단어를 써서 대화도 해보고, 영어동화에서 그 단어를 찾아보는 등의 다양한 활동으로 반복 학습을 하는 것이 좋다. 반복 학습의 핵심은 이렇게 한 가지 내용을 여러 활동을 통해 되풀이하는 데 있다.

반복 학습, 이렇게 시켜라

하나의 주제나 내용을 배울 때 무수히 많은 활동을 통해 반복 학습을 할 수 있다. 예를 들어 모양에 관해 가르친다면 아래와 같은 방법으로 다양하게 반복할 수 있다. 여기에 10가지 예를 소개한다.

1. 모양 카드 만들기

circle(동그라미), square(정사각형), rectangle(직사각형), triangle(삼각형), heart(하트 모양), star(별 모양) 등 아이와 함께 종이를 오려 다양한 모양 카드를 만들면서 모양과 관련된 영어단어를 알려준다.

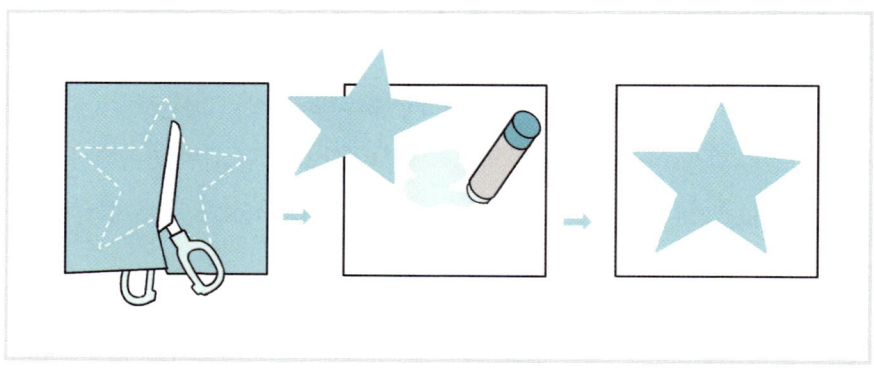

별 모양(star) 카드 만들기

2. 모양 카드 찾기

벽이나 가구에 모양 카드를 군데군데 붙여놓고 Where is a circle?(동그라미는 어디 있어요?)라고 물어본다. 아이는 엄마가 불러준 모양 카드를 찾아 Here it is.(여기요.)라고 대답한다.

3. 없어진 카드 찾기(기억력 놀이)

여러 모양의 카드를 늘어놓고 아이에게 보여준 다음에 그중 한 장의 카드를 감춘 다음 어떤 것이 없어졌는지 찾게 한다. 영어단어를 배우면서 집중력도 키울 수 있다.

4. 물건 모양 말하기

창문이나 방문, 가구나 생활도구의 모양을 말하게 한다. 예를 들어 엄마가 방문을 가리키면 아이가 The door is a rectangle.(문은 직사각형이에요.)이라고 말하는 것이다. The window is a square.(창문은 정사각형이에요.), The table is a circle.(탁자는 동그라미예요.)처럼 생활 속에서 다양하게 활용해볼 수 있을 것이다.

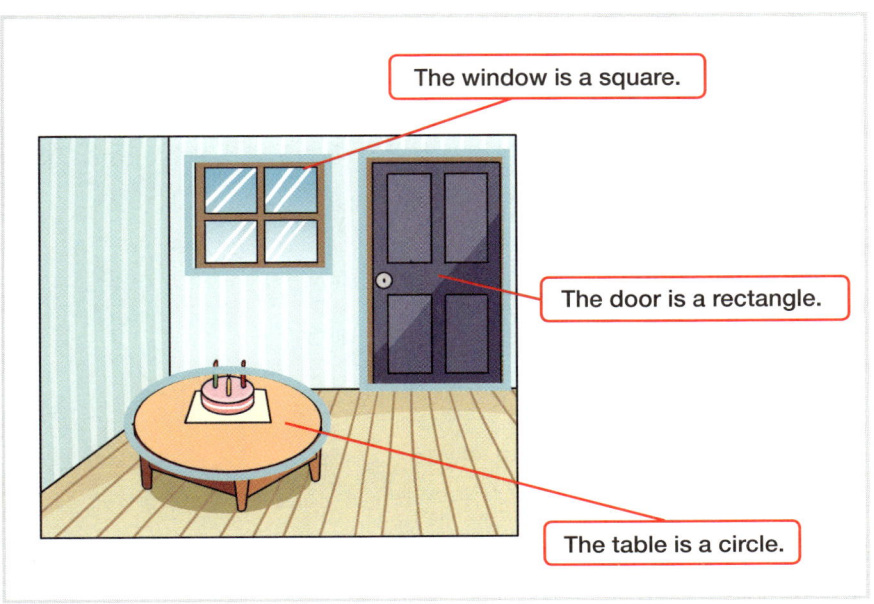

5. 단어 카드와 모양 카드 맞추기

먼저 아이와 함께 모양을 나타내는 단어를 적어서 단어 카드를 만들고, 모양을 그려 모양 카드를 만든다. 이 카드들을 글자와 모양이 보이게 바닥에 놓고 단어 카드와 모양 카드의 짝을 맞추는 게임을 한다. 가위바위보를 해서 이긴 사람에게 먼저 모양 카드와 단어 카드를 맞추게 하면 재미있게 단어를 익힐 수 있다.

6. 같은 카드 찾기(집중력 놀이)

단어 카드와 모양 카드를 섞어서 뒤집어놓은 다음 단어와 모양이 맞는 두 장의 카드를 찾아낸다. 서로 짝이 맞지 않으면 뽑은 카드를 원래의 위치에 뒤집어놓는다. (92쪽 '알파벳 카드와 그림 카드 짝 맞추기' 참조)

7. 모양에 관한 동화 읽기

척 머피(Chuck Murphy)의 〈Bow Wow〉 같은 동화는 모양에 관한 내용을 재미있게 배울 수 있도록 구성되어 있다.

8. 미니북 만들기

잡지에 실린 사진이나 그림 중에서 모양에 맞는 것을 찾아 오린다. 그런 다음 공책에 같은 모양끼리 붙여 미니북을 만든다.

9. 빙고 게임 하기

9칸(3×3) 또는 16칸(4×4)의 빙고판을 만들고 그 안에 여러 모양을 그린 후 서로 모양의 이름을 불러가며 빙고 게임을 한다.

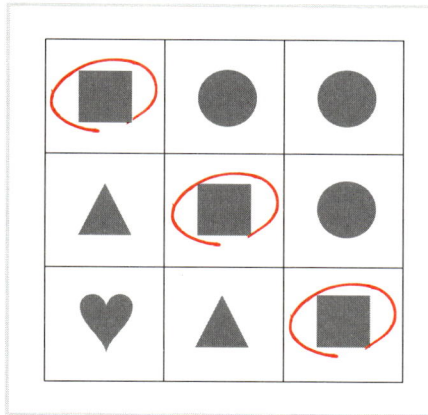

모양으로 빙고 게임 하기
모양을 말할 때 영어로 말해야 한다.

10. 모양에 관한 단어 쓰기

공책에 모양(예:●)을 그리거나 모양 카드를 보여준 다음 아이에게 모양 이름(예: circle)과 해당 모양을 한 물건 이름(예: ring)을 공책에 쓰게 한다.

이렇게 하나의 내용을 여러 방법을 통해 반복 학습을 시키면 아이들은 자신이 같은 것을 반복하고 있다고 생각하지 않고 즐겁게 학습하게 된다. 그리고 이런 활동들을 통해 듣기, 말하기, 읽기, 쓰기 네 가지 영역을 골고루 익힐 수 있다. 또한, 이 과정에서 다른 여러 표현과 단어까지 덤으로 배울 수 있으니 더욱 효과적이다.

성급한 부모 중에는 이것을 이해하지 못한 채 몇 개 되지도 않는 단어를 가지고 왜 그렇게 시간만 질질 끄느냐고 불평하기도 한다. 외우는 단어의 '양'으로만 보면 얼마 되지 않을지 모르지만, 그 단어들을 제대로 이해하고 완전히 내 것으로 삼아 능수능란하게 활용할 수 있게 된다는 점에서 그 효과는 새로운 단어를 매일 몇십 개씩 외우는 것과 비교할 수 없다.

문법은 외우지 말고 습관이 되게 하라

문법공부는 왜 해야 하는가?

회화 위주로 영어를 배운 아이 중에는 콩글리시를 사용하는 아이들이 많다. 모든 문장을 무조건 me나 my로 시작하거나, is를 남발하거나, 모든 표현을 this와 that을 넣어 편리하게(?) 끝내는 아이들이 얼마나 많은지 모른다.

물을 마시고 싶다고 Me water.(옳은 표현은 I'd like some water.)라고 하고, 연필이 없다는 것을 Me no pencil.(옳은 표현은 I don't have a pencil.)이라고 말한다. 그리고 이것은 자신의 의자가 아니라며 My is chair no.(옳은 표현은 This is not my chair.)라고 한다.

어제 뭐했느냐고 물으면 친구의 생일 파티에 갔다는 말을 이렇게 한다. Me yesterday me friend is birthday party.(옳은 표현은 I went to my friend's birthday party yesterday.) 그리고 He this and this and this eraser. And this me.와 같은 이상한 말을 하기도 하는데 정황을 살펴보면 아이는 '그 애가 저한테 이 지우개를 던졌어요.'를 표현하고 싶어하는 것이다. 이것은 He threw this eraser to me.라고 해야 한다. 이쯤 되면 말을 고쳐주고 싶어도 어디에서부터 시작해야 할지 암담하다. 영어를 2~3년 배웠다는 아이들도 이와 비슷한 유형의 엉망진창 영어를 수시로 내뱉는다. 바로 이런 이유 때문에 문법교육이 필요한 것이다.

영어 문법을 배우는 이유는 언어사용의 정확성을 기르기 위해서다. 그렇다고 예를 들어 I am eating apple.(나는 사과를 먹고 있어요.)이라는 문장에서 '관사 an이 빠졌다'는 세밀한 부분까지 다 지적하라는 말이 아니다. 적어도 '주어 + 동사 + 목적어'라는 영어의 기본 문장구조에 맞춰 자신의 의사표현은 할 수 있도록 해야 한다는 것이다.

그렇지만 문법 위주의 영어교육을 오랫동안 받은 우리도 외국인과 말 한마디 제대로 하지 못하는데 그것을 꼭 가르쳐야 하느냐고 묻는 부모들이 많다. 의식적으로 문법을 배우지 않았어도 우리말을 훌륭하게 구사할 수 있는 것처럼, 아이들도 영어를 일찍 시작하기만 하면 굳이 지루한 문법을 공부하지 않고서도 자연스럽게 영어문장을 습득할 수 있지 않겠느냐고 묻기도 한다.

주변을 둘러보면 간혹 실제로 그런 아이들도 있다. 하지만 그런 아이들은 외부에서 주어지는 대로 그대로 문장을 흡수하는 언어감각을 타고난 아주 드문 아이들이다. 천부적인 언어감각을 타고났거나 완벽한 이중언어를 구사하는 부모 밑에서 자라나는 1퍼센트의 아이들을 제외하고는 비영어권 환경에서 영어를 배우는 아이들이 자연스럽게 문법구조를 터득하는 것은 거의 불가능하다.

또한, '영어의 바다'에 사는 미국 체류자 자녀 및 조기 유학자녀의 상황과 '영어의 연못'조차 없는 한국 아이들의 상황을 동일시해서는 안 된다. 미국이라면 교실 밖에서도 얼마든지 영어를 익힐 수 있다. 또래도 있고 주변 이웃들도 있다. 하지만 한국은 영어에 노출될 기회가 한정되어 있다. 자연스럽게 문법을 내재화시키기 위해서는 여러 번 반복해서 듣고 사용해봐야 하는데 한국에서는 거의 불가능한 일이다. 따라서 우리 아이들의 영어공부에서 문법은 피해 갈 수 없는 영역이다.

문법이 중요하다고 해서 처음부터 be동사에는 무엇 무엇이 있고, 문장의 5형식은 무엇인지 등 과거 우리가 학교에서 배운 방식으로 가르치자는 것이 아니다. 이런 시험용 문법은 점점 무의미해지고 있다. 특히, 아이의 나이가 어릴수록 분석적으로 가르치는 문법은 효과가 없다.

iBT 토플에서는 아예 별도의 문법시험이 없어지고, 대신 쓰기와 말하기 시험을 통해 표현의 정확성을 평가한다. 즉, 문법용어나 규칙을 아무리 잘 알고 있어도 말을 하거나 글을 쓸 때 문법지식을 활용하지 못한다면 소용이 없다는 것이다.

정확한 문법의 활용은 한마디로 습관이다. 습관이란 규칙 몇 가지를 암기한다고 해서 하루아침에 만들어지는 것이 아니다. 평소 말할 때, 책을 읽을 때, 글을 쓸 때 법칙을 적용하고 시행착오를 겪으면서 오랜 시간이 걸려 문법을 정확하게 사용하는 습관이 만들어지는 것이다.

단어가 아닌 문장으로 표현하는 연습을 시켜라

자연스럽게 문법을 익히기 위해서는 평소 단어 단위가 아니라 문장으로 말하는 습관을 들이는 것이 중요하다. 단어로만 표현하면 정확하게 의사를 표현하기 어려운 것은 물론이고 잘못된 문법 습관을 고치기도 매우 어렵다.

특히, 한국에서 원어민 교사에게 영어를 배우면 단어 위주의 말 습관에 길들 수 있다는 점에 주의해야 한다. 원어민 교사들은 종종 아이들이 단어로만 말을 해도 일단 무슨 의미인지 짐작해서 알아듣는다. 그래서 아이가 Me no pencil.이라고 말하면 그 의미가 I don't have a pencil.(연필이 없어요.)이라는 것을 알고 아이 손에 연필을 쥐여주는 것이 보통이다. 그러니 아이는 제대로 교정을 받지 못한 채 3년이 지나도 여전히 Me no pencil.이라고 말하게 되는 것이다.

원어민 교사에게 문장 교정의 중요성을 강조해도 그것을 제대로 받아들이는 사람은 많지 않다. 그들은 흔히 아이의 반복된 실수에 지쳤다고 말한다. 몇 번을 고쳐줘도 아이들은 여전히 Me no pencil.이라고 말하며 나아지지 않는다고 하소연한다. 아이들이 원어민 교사를 지치게 할 정도로 틀리게 말하는 것은 잘못된 표현이 입에 붙어버린 탓이다. 이런 현상을 '화석화(fossilization)'라고 한다. 잘못된 습관이 화석처럼 딱딱하게 굳어 몸에 박혀버렸다는 뜻이다. 화석을 도려내려면 엄청난 노력과 시간이 든다. 그러니 이런 현상을 피하려면 처음부터 단어 나열이 아닌 완전한 문장으로 표현하는 것을 습관화해야 한다.

준성이의 글 – '무엇이 되고 싶나요?'
2년 정도 영어를 배운 초등학교 3학년 준성이가 쓴 글이다. 한 문장이라도 완전한 문장을 쓰게 하는 것이 중요하다.
무엇이 되고 싶나요? 전 과학자가 되고 싶어요. 왜냐하면 별과 행성을 좋아하거든요.

준성이가 "What I want to be?"(무엇이 되고 싶나요?)에 관해 쓴 글처럼 What are you doing?(무엇을 하고 있어요?), What are you going to do tomorrow?(내일 무엇을 할 거예요?), What did you do yesterday?(어제 무엇을 했나요?) 같은 간단한 질문을 주고 이에 관한 답을 문장으로 쓰는 연습을 많이 시켜보자. 하루에 한 문장이어도 좋다. 그렇게 문장을 계속 쓰고, 또 틀린 부분을 교정해주다 보면 서서히 아이에게 문법 개념이 내재화될 것이다.

말하기, 읽기와 쓰기로 문법을 익혀라

처음부터 모든 문법을 공식처럼 암기시키는 것에는 반대하지만, 그렇다고 아무것도 외울 필요가 없다는 말은 아니다. 수학의 구구단처럼 영어에도 반드시 외워야 할 규칙이 있다. 그중 하나가 바로 불규칙동사의 시제변화다(예: go-went-gone). 그렇다고 영어를 처음 배우는 아이에게 불규칙동사를 외우게 하라는 것은 아니다. 적어도 1~2년 이상 영어를 학습한 아이들을 대상으로 가르치는 것이 적당하다.

또한, 외워야 할 규칙을 한번 암기하는 것으로 끝나면 의미가 없다. 암기하는 것은 1~2주면 되겠지만, 그것을 습관으로 만드는 데는 3년 이상 걸린다. 그것도 외운 규칙을 꾸준히 말하고, 읽고, 쓰는 데 적용하는 연습을 했을 때에 그렇다. 그냥 달달 외우기만 하고 수업시간에만 국한되어 사용하면 10년이 지나도 습관이 되지 못하는 경우도 많다.

설명과 문제풀이로 구성된 문법교재 위주의 문법학습 역시 거의 효과가 없다. 문법교재는 잘 활용하면 고학년에게는 효과를 얻을 수 있지만 저학년에게는 문법 개념을 익히는 보조수단으로서만 의미가 있다.

말하기 위한 문법, 읽기 위한 문법, 쓰기 위한 문법을 익히기 위해서는 그야말로 말하기와 읽기와 쓰기를 통해 올바른 문법 사용을 하나씩 습관화해야 한다. 엄마에게 훨씬 많은 시간과 노력을 요구하지만, 아이가 문법을 체득하여 정확하게 사용하는 습관을 기르기 위한 가장 확실한 방법이 될 것이다.

옆집 엄마와 이야기하지 마라

엄마가 흔들리면 아이의 영어도 흔들린다

대부분의 부모는 아이가 건강하게 자라주는 것만으로도 충분하다고 생각한다. 하지만 '누구네 아이는 영어를 잘한다더라', '누구네 애는 뭘 배운다더라'라는 소리를 들으면 귀가 얇아지며 자극을 받는다. 아파트 밀집지역일수록 이런 현상은 더욱 두드러진다.

심지어 자신의 교육적 주관을 갖고 자녀를 잘 지도해온 엄마들도 옆집 엄마와 이야기를 하고 나면 '내가 너무 여유를 부리고 있는 것이 아닐까?' 하는 불안한 마음이 든다고 한다.

"다섯 살인 우리 애가 유치원에 입학했어요. 저는 나름대로 소신 있게 아이가 어리니까 영어 유치원보다는 일반 유치원을 선택했죠. 영어는 쉬운 영어동화를 읽으면서 흥미를 붙여주면 된다고 생각해서 그렇게 하고 있었어요. 그런데 주변의 또래 아이들 대부분이 영어 유치원에 다니면서 몇 마디라도 영어를 하더라고요. 그런 애들 이야기를 들을 때마다 내 선택에 대해 고민하게 돼요."

"아이들은 회화중심으로 재미있게 영어를 배우는 게 좋다고 생각해요. 저는 아이가 둘인데 큰아이를 회화중심 수업을 하는 학원에 보내 효과를 봤거든요. 근데 둘째 아이를 같은 영어학원에 보내면서 갈등이 생기더라고요. 옆집 엄마 말을 들어보니 그 집 아이가 다니는 학원에서는 단어를 하루에 30개씩 외우게 한다는 거예요. 그 학원에서는 쓰는 교재도 다섯 권이나 된대요. 그 얘기를 듣고 보니 우리 둘째 애가 너무 시시한 것만 배우는 게 아닌가 싶더라고요."

교육정보가 넘쳐나다 보니 엄마에게 웬만한 소신과 자신감이 없으면 점점 중심을 잡기가 어려워진다. '옆집 엄마와 얘기를 나누고 나면 마음이 바뀐다', '전문가의 말도 위로가 되지 않는다', '제3자인 전문가보다는 실제 아이를 키우고 있는 옆집 엄마의 말이 더 맞는 것 같다', '저 학원이 더 좋다는데 이번에 저곳으로 옮길까?'
엄마가 중심을 못 잡고 우왕좌왕하는 동안 아이들은 이 학원에서 저 학원으로, 이 학습법에서 저 학습법으로 옮겨 다니면서 아무것도 배우지 못하게 된다.
초등학교 3학년인 소영이는 3년 동안 영어학원만 여섯 군데 넘게 다녔다. 평균적으로 한 학원에 6개월 정도 머문 셈이다. 소영이 엄마는 아이가 영어를 3년 배웠다고 말하지만 소영이의 실제 영어실력은 6개월 정도 배운 아이들과 같았다. 어떻게 그럴 수 있느냐고 묻겠지만, 안타깝게도 흔히 볼 수 있는 경우다. 쉽게 설명하자면, 알파벳을 S까지 익힌 아이가 다른 학원으로 가면 T부터 시작하는 것이 아니라 A부터 다시 시작하게 된다. 그 학원에서 A에서 S까지 다시 익히고 나면 또 다른 곳으로 옮긴다. 새 학원에서도 또다시 A부터 배운다. 결국, Z까지는 가지도 못한 채 A부터 S까지만 반복하는 셈이다.

아이의 영어, 조급증에 울고 인내심에 웃는다

영어를 익히는 것은 자전거를 배우는 것과 비슷하다. 계속 연습하다 보면 어느 순간 페달과 핸들을 이용해 균형 잡는 법을 알게 된다. 균형을 어떻게 잡는지는 말로 설명한다고 해서 배워지는 것이 아니라 수십 번 넘어지면서 연습을 통해 몸으로 익히는 것이다. 자전거 타는 법은 한번 터득하면 한동안 자전거를 타지 않아도 타는 법을 잊어버리지 않는다. 균형감각을 몸이 기억하고 있기 때문이다. 하지만 균형감각을 완전히 익혀놓지 않고 적당히 하다 그만두면 나중에는 다시 페달 밟는 연습부터 시작해야 한다.

영어도 마찬가지다. 꾸준히 연습하다 보면 처음에는 늘지 않는 것 같아도 어느 순간 '아, 영어란 이런 거구나'하고 깨달음이 오는 순간이 있다. 이것은 말로 설명할 수 없는 느낌이다. 영어를 머리가 아니라 몸으로 익혀야 한다. 영어를 몸에 완전히 익히지 않으면 처음부터 다시 시작해야 한다.

아이가 영어를 몸으로 익히게 하기 위해서는 오랜 시간과 부모의 인내가 필요하다. 옆집 엄마의 말에 휘둘리고 옆집 아이와 비교하기 시작하면 답은 나오지 않는다. 아이의 영어교육방법에 대해 설정한 답이 있다면 그 답을 실행해 옮기자. 그리고 나를 혼란스럽게 한다면 아이의 교육에 대해서는 옆집 엄마와 절대 이야기하지 말자.

부모의 이기심이 아이의 영어공부를 망친다

수경이는 리터니(returnee)고 지나는 리터니가 아닌데 둘 다 리터니 반에서 함께 공부하고 있다. 리터니 반은 외국에서 거주한 경험이 있는 아이들만으로 구성된

반이다. 리터니 아이들은 경험이나 영어능력에서 일반 아이들과 다르므로 교육 방법도 다르다. 리터니 아이들은 일단 일상회화에 문제가 없기 때문에 기본 문장을 연습시키기보다 토론하기와 읽기, 쓰기에 더 치중한다.

일반 아이들은 각각의 수준에 맞춰 기본 표현부터 연습해야 제대로 실력을 쌓을 수 있다. 그런데도 일반 아이들의 부모 중 일부는 리터니 아이들과 함께 공부하면 자기 아이의 영어실력이 올라갈 거라고 생각한다. 그래서 학원의 규칙을 무시하고 억지로 아이를 리터니 반에 넣는 경우도 많다. 구구단을 먼저 익히지 않고서는 인수분해를 할 수 없는 논리와 같은 것이라고 설명을 해도 소용이 없다. 지나를 리터니 반에 넣은 지나 어머니 역시 "지나가 수업이 좀 버겁다고 하는데 그래도 그 반에 리터니 아이들이 많아서 지나한테는 잘 된 거 같아요. 잘하는 아이들과 함께 공부하니 언젠가는 늘지 않겠어요?"라고 말한다.

반면 수경이 어머니는 "수경이가 집에 와서 하는 말이 자기네 반에 이상한 애들이 많다고 하더라고요. 아니, 미국에서 5년을 살다 온 우리 애가 말레이시아에서 3년 살다 온 애랑 같이 공부하는 것도 맘에 안 들어 죽겠는데 어떻게 리터니도 아닌 애들이랑 섞여 공부할 수 있어요?"라고 항의한다.

결과는 어떻겠는가? 리터니 엄마들은 그런 아이들 때문에 내 아이 영어만 더 나빠진다고 생각하면서 하나둘씩 그 학원을 떠나기 시작한다. 결국, 무늬는 리터니 반인데 정작 리터니 아이는 한두 명밖에 없고, 나머지는 모두 리터니가 아닌 아이들로 차 있는 상황이 벌어진다. 이렇게 무늬만 리터니인 반을 가리켜 '짝퉁 리터니'라고 부르기도 한다. 얼마나 치욕스런 말인가. 부모의 욕심 때문에 안타깝게도 일반 아이들은 정작 '구구단을 외울 기회'마저 잃어버리고 만다.

부모의 자식 위하는 마음이야 언제나 감동적이다. 하지만 엄마의 관점에서만 판단한 내 아이 위하는 마음은 궁극적으로 아이에게 전혀 도움이 안 된다는 것을 알아야 한다.

진도를 영어실력과 혼동하지 마라

공부의 분량에 집착하지 마라

많은 부모가 아이를 영어학원이나 영어 유치원에 보내놓고 아이의 영어실력이 어느 정도 늘었는지, 공부는 잘하고 있는지 도무지 알 수 없어 갑갑해한다.

어린이용 ESL 교재나 초등학교에서 사용하는 영어교재를 보면 글자보다는 그림이 더 많고, 집에서 복습해주고 싶어도 도대체 글자가 별로 없으니 무엇을 복습해야 하는지 알 수 없다. 아이에게 물어보면 문장이 몇 줄도 되지 않는 페이지를 계속 반복하고 있다고 말한다. 부모로서는 숫자 하나 가르치는 데 무슨 한 달씩이나 걸리는지 이해할 수 없을 것이다. 1시간이면 끝낼 내용을 가지고 일부러 시간을 늘리는 학원의 장삿속이 아니냐고 오해할 수도 있다.

특히, 활동 위주로 수업을 진행하는 학원에 다니는 아이들에게 무엇을 배웠는지 말해보라고 하면 많은 아이가 "놀았다"고 답한다. 어른 같으면 "오늘 action verbs(동작동사)에 관해 배웠다"고 말할 수 있지만, 아이들은 자신이 무엇을 '배웠는지'보다는 자신이 무엇을 '했는지'를 기억하기 때문이다.

상황이 이러면 당연히 부모는 다른 아이들에 비해 우리 아이가 뒤처지지는 않을까 걱정이 들기 마련이다.

거기다 다른 엄마들한테 인기가 있는 학원 이야기를 들어 보면 글자도 많고 내용도 어려운 미국영어교과서를 가르친다고 한다. 그것도 한 번에 다섯 권씩 배워서 석 달이면 다 끝낸다고 한다. 그리고 매일 10개씩 단어를 외우게 하고 시험도 본다고 한다. 이런 이야기를 들으면 어느 부모라도 당장 아이의 학원을 바꿔야겠다는 생각이 들 것이다.

하지만 사실, 학원에서는 그렇게 많은 분량을 짧은 시간 안에 다 끝내려면 어쩔 수 없이 대부분 숙제로 해결할 수밖에 없다. 이것은 원래 학원이 가르쳐야 할 내용이 부모의 책임으로 돌아간다는 뜻이다. 매달 시험을 통해 반이 결정되니 좋은 반에 배정받고 싶어서라도 부모는 목숨을 걸고 아이의 숙제를 도와줄 수밖에 없다. 심지어 아이의 영어숙제를 돕기 위해 과외 선생을 별도로 두는 일도 있다고 한다. 하지만 숙제를 도와주는 과정에서 부모는 아이가 학원에서 배우는 내용을 확인할 수 있으니 도대체 아이가 뭘 배우는지 모르겠다는 불만은 자연히 없어진다. 학원으로서는 가르치는 것을 부모에게 맡기면서 동시에 부모의 불만에서 벗어날 수 있는 일거양득의 방법이 된다.

영은이도 2년 동안 일주일에 다섯 번 영어학원에 다니면서 매일 단어를 10개씩 외우고 시험을 봤다고 한다. 그런데 대화를 나눠 보니 영은이의 영어실력은 기가 막힐 수준이었다.

    교사 How many seasons are there in Korea? 한국에는 계절이 몇 개 있죠?
    영은 네?
    교사 How many seasons are there in Korea? 한국에는 계절이 몇 개 있나요?
    영은 Ah, season? 아, 계절?
    교사 Can you name the four seasons? 4계절의 이름을 말할 수 있나요?

영은 네?

교사 Four seasons. 4계절.

영은 Four season? 4계절요? Spring, winter, summer, 그리고 하나가 뭐였더라. 아, 이거 예전에 다 배웠는데. 다 아는 건데 까먹었다.

우리 어른들도 과거에 단어를 암기해봐서 알겠지만, 한번 외워도 금방 까먹는 게 단어다. 매일 10단어씩 새로운 단어를 외우고 잊어버리는 것보다야 하루에 2개씩이라도 제대로 쌓아 가면 적어도 1년에 700개가 넘는 단어를 외울 수 있을 테니 차라리 이게 낫지 않을까.

속성으로 해치울 수 있는 공부는 없다

'학원 사업에 성공하려면 무조건 속성반이나 영재반을 만들어 엄마들을 끌어들여라'라는 말이 있다. 그만큼 엄마들은 '빨리 끝낼 수 있다'는 말에 쉽게 현혹된다. 그러나 영어는 절대 '속성'으로 습득되지 않는다.

한동안 미국영어교과서 붐이 일어난 적이 있는데 학원에서 미국영어교과서를 얼마나 수박 겉핥기 식으로 끝내는지 알면 놀랄 것이다. 미국에서 살다 온 한 엄마 얘기를 들어보자. "우리 애가 미국에서 쓰던 교과서를 한국에서도 많이 쓰더군요. 우리 아이는 미국에서 이 한 권을 배우는 데 1년 걸렸는데 여기 학원에서는 1달 만에 속성으로 가르친다는 거예요. 도대체 어떻게 하면 그게 가능하죠?" 가능하다. 그냥 읽고 해석하고 단어 외우는 것만 하면 한 달 만에 끝낼 수 있다. 실제로 미국영어교과서를 사용하는 학원 대부분은 그런 식으로 수업한다. 일단 미국영어교과서를 가지고 다양한 활동을 할 만한 원어민 교사도 찾기 힘들 뿐만 아니라 과정이 길어지면 길어질수록 '책 떼기 학습'에 익숙한 엄마들로부터 불평만 들을 뿐이다. 그러니 학원에서도 굳이 어려운 길을 갈 필요가 있겠는가? 숙제와 암기 위주로 가면 교사도 쉽게 가르칠 수 있어서 좋고 아이들 숙제가 많아져서 엄마들도 만족하게 할 수 있으니 학원 원장들은 더욱 좋은 것이다.

● **어떻게 배우느냐가 중요하다**

엄마들은 눈에 보이는 것만을 그대로 믿어서는 안 된다. 진도에만 집착하면 아이의 진짜 영어실력을 키워줄 수 없다. 교재도 마찬가지다. 사실상 영어교재는 간단하고 단순해 보일수록, 수업은 배운 내용이 적어 보일수록 더 효과적인 경우가 많다. 예를 들어 미국영어교과서를 가지고 '발명(invention)'이란 주제를 배우는 A반과 B반의 수업방식을 살펴보자.

먼저 A반은 교사가 문장을 한번 읽어준다. 그 후 아이들에게 돌아가면서 문장을 읽으라고 한다. 교사는 아이들이 모르는 단어와 뜻을 칠판에 적는다. 수업 마무리에 숙제로 칠판에 적은 단어의 스펠링과 뜻을 다음 시간까지 외워오게 한다. 다음 시간이 되면 단어시험을 본 후 다음 페이지로 넘어간다.

반면 B반은 교사가 전화, 추시계, 온도계, 전구 등의 사진 자료를 아이들에게 보여주고 그것이 무엇인지 영어로 묻는다. 그리고 에디슨의 사진을 보여주고 누구인지, 무엇을 하는 사람인지 물으며 invent라는 단어의 뜻을 아이들이 추리하게 한다. 이어 아이들에게 에디슨이 무엇을 발명했는지 물어본다. 그리고 각각의 발명품을 놓고 It was invented by _____.라는 표현을 아이들에게 만들어 보게 한다. 수업 마무리에 숙제로 아이들에게 세종대왕 때 무엇이 발명되었는지 알아보고 그것에 대해 It was invented by _____.라는 문장을 써오게 한다.

다음 수업 때 보면 A반 아이들이 B반 아이들보다 외운 단어 수는 더 많을 수 있다. 하지만 B반 아이들은 단순 암기와 주입식으로 학습한 A반에 비해 듣기, 말하기, 읽기, 쓰기 면에서 월등한 실력을 보인다.

A반 아이들이 암기와 시험, 숙제 때문에 영어공부를 많이 하는 것처럼 보이지만 이 아이들이 얻는 성과는 크지 않다. 시험과 단어 암기 위주로 학습한 아이들은 영어를 들을 때 잘 이해하지 못한다. 그리고 영어책을 읽을 때 영어를 바로 받아들이고 이해하기보다는 먼저 우리말로 해석하는 습관이 생긴다. 또한, 자기 의견을 영어로 표현하는 일에 매우 약하다. B반의 수업방식은 눈에 보이는 학습 분량이나 진도 면에서는 부모의 기대에 못 미칠 수 있다. 하지만 학습효과 면에서는 단연 A반 수업방식보다 우월하다.

양과 진도에 집착한 수업방식은 아이들의 영어공부에 전혀 도움이 되지 않을 뿐 아니라 스트레스만 안겨준다.

영어연수와 조기 유학의 환상을 버려라

충분히 준비하고 보내라

초등학교 3학년인 주현이는 지난 겨울방학 때 캐나다로 한 달간 영어연수를 다녀왔다. 주현이는 연수를 떠날 당시 6개월 정도 영어를 배워 기본적인 표현만 겨우 할 수 있는 수준이었다. 주현이의 이야기를 들어보니 캐나다에서의 영어공부는 재미도 없었고, 실력도 그다지 늘지 않았다고 한다. 그리고 말이 안 통해 마음고생을 얼마나 했던지 매일 울며 살았다고 한다.

"전 캐나다에서 매일 울었어요. 집에 가고만 싶고, 말도 못 알아듣겠고, 친구도 없었어요. 제가 머문 집에서는 잘해줬지만 제가 워낙 말을 못하니까…. 한번은 아침을 먹는데 그 집 아줌마가 저한테 뭘 물어보는데 잘 모르겠더라고요. 근데 그 집 아이에게만 땅콩버터를 주고 저한테는 안 주는 거예요. 갑자기 차별받는다는 생각이 드니까 막 눈물이 나오더라고요. 나중에 알고 보니 저한테 땅콩버터 먹을 거냐고 물어봤던 거래요."

'나이가 어리면 어릴수록 영어를 배우는 데 유리하다'라는 생각에 많은 사람이 나이가 어릴 때 유학이나 영어연수를 가면 쉽고 빠르게 영어를 습득할 수 있을 거라고 믿는다.

하지만 주현이 같이 영어학습기간도 짧은 상태에 단기로 연수를 떠나면 영어공부는 고사하고 마음에 상처만 입고 돌아오는 경우가 허다하다. 아이를 현지로 내보내기만 하면 적어도 귀와 입이 트일 거라고 생각하는 부모의 헛된 기대 때문에 결국 아이만 힘들어지는 것이다.

사실, 여건만 되면 현지로 보내 본토 영어를 익히고 견문도 넓히게 하면 좋다. 하지만 무작정 내보내기만 해서는 어떤 성과도 얻을 수 없다. 영어실력이나 본인의 의지가 어느 정도 준비된 상태가 아니라면 조기 영어연수나 유학은 가지 않는 것보다 못하다.

외국에서 생활한 경험이 있는 아이들을 상담하면서 알게 된 사실은 이렇다. 아이의 나이와 한국에서의 학습 경험이 외국에서 영어를 습득하는 속도와 귀국 후 영어실력을 유지하는 데 매우 중요하게 작용한다는 것이다.

사춘기 이전의 아이들 중(사춘기에 접어든 아이들은 영어를 습득하는 데 정서적인 이유로 어려움을 느낀다) 한국에서 2~3년 정도 학교에 다닌 아이는 그렇지 않은 아이들에 비해 외국으로 나갔을 때 영어를 훨씬 효과적으로 습득한다. 그리고 이런 아이들이 귀국 후에도 훨씬 오랫동안 영어실력을 유지한다.

미국에서도 이와 비슷한 연구가 있었는데 결과는 마찬가지였다. 미국으로 이주한 아이들을 조사한 결과, 모국에서 2~3년 정도 학교에 다닌 경험이 있는 아이들이 그렇지 않은 아이들보다 미국 학교에 취학이나 전학을 했을 때, 영어는 물론이고 다른 과목에서 훨씬 높은 학업성취도를 보였다고 한다.

미국 거주 경험을 가진 형제를 면담해보면 그 차이가 극명하게 드러난다. 미국에 같은 기간 있었음에도 나이가 많은 형 쪽이 말하기나 읽기, 쓰기 면에서 동생보다 월등한 경우가 많다. 그뿐만 아니라 다시 한국으로 돌아왔을 때 학교생활을 한 경험이 있는 형이 그렇지 못한 동생보다 적응하는 속도도 빠르다. 초등학교 2학년인 주혁이의 경험담을 들어보자.

"엄마는 제가 미국에 갔다 와서 영어가 많이 늘었다고 하는데, 사실 전 미국에 있을 때 거의 말을 안 했어요. 무슨 말인지 대충 알겠는데 그냥 말이 안 나오더라고요. 그래서 형이 대신 대답해주고 저한테 무슨 뜻인지 가르쳐줬어요. 형은 학교에서 유명했어요. 뭐든지 다 잘했거든요. 저는 애들이랑 별로 안 놀고 가끔 세 살짜리 애들하고 같이 있었어요."

아홉 살짜리가 서너 살짜리 애들과 노는 장면을 생각하니, 영어 때문에 이 아이가 받았을 스트레스가 절실히 느껴졌다. 주혁이의 예를 보더라도 미국으로 건너간 아이들은 크게 노력하지 않고도 쉽게 영어를 배운다고 생각하는 게 얼마나 터무니없는 오해인지 알 수 있다. 태어나면서부터 영어를 모국어처럼 배운다면 모를까, 그렇지 않은 아이가 영어를 할 수 있기까지는 엄청난 노력과 용기가 필요하다는 것을 알아야 한다. 때로는 자격지심과 비웃음을 감내해야 한다.

그러므로 아이가 미국에 가서 정말 효과적으로 영어를 배우길 원한다면 아이를 한국에서 미리 준비시켜야 한다. 확실히 한국에서 영어를 어느 정도 배운 아이들은 그렇지 않은 아이들보다 영어를 훨씬 더 빨리 습득하고, 현지 생활에 적응하는 데 걸리는 시간도 단축된다.

'영어만 배우면 그만'이라는 생각을 버려라

간과해서는 안 될 것이 외국에서 생활하다 한국에 다시 돌아와서 적응해야 하는 아이들이 겪는 어려움이다. 서너 살 때 외국에 나갔다가 취학 연령이 되기도 전에 다시 한국으로 돌아온 아이들의 경우, 올 때는 영어를 잘했더라도 국내에서 영어공부를 지속시켜 주지 않으면 1년 안에 영어를 대부분 잊어버리게 된다. 아이가 영어를 잊어버리는 속도나 양을 최대한 줄일 수 있도록 지속해서 반복 연습시키는 것이 중요한데도 많은 부모가 '우리 아이는 기본이 있으니까'라며 소홀히 하기 일쑤다.

한편 중·고등학교 때 외국으로 1년 이상 장기 영어연수나 유학을 다녀온 아이들에게는 다른 어려움이 기다리고 있다. 이 아이들은 영어는 습득하였을지 모르나 한국의 교육과정에 적응하는 데 많은 어려움을 겪는다.

특히, 대학 입시를 앞둔 고등학생들은 문제가 심각하다. 영어는 문제없을지 몰라도 다른 과목, 특히 국어와 수학, 사회 과목에서 다른 학생들과 심한 격차를 느끼고 좌절하는 경우가 많다.

한 고등학생의 이야기를 들어보자. 현재 고등학교 3학년인 지완이는 초등학교 1학년부터 5학년 때까지 미국에서 살다 왔다. 한국에 돌아와서도 영어방송을 보고 영어학원에 다니면서 영어공부를 계속했다. 물론, 한국에서는 영어로 대화할 기회가 많지 않기 때문에 본인은 말하는 것에 자신 없어 하지만 내가 볼 때는 우리나라에서 나고 자란 아이들과 비교가 안 될 정도로 발음이나 표현이 미국 아이처럼 자연스럽다.

그런데 문제는 그 아이가 중학교에 들어가면서 드러나기 시작했다. 국어, 수학, 사회, 과학 성적이 바닥을 치기 시작한 것이다. 아이에게 이유를 물어보니 시험에서 뭘 묻는지 이해할 수가 없더라는 것이다. "객관적이란 말이 무슨 뜻인지 잘 모르겠어요.", "주제를 찾으라는데 그게 뭔지 모르겠어요.", "국어 지문이 길어지면 일단 머리부터 아파요."

국어능력은 곧 이해력과 직결된다. 문장의 뜻을 이해하지 못하면 수학 문제나 총체적 추론 능력을 요구하는 문제들을 풀 수 없다. 당연히 학교 성적이 좋을 리 없고, 문제를 제대로 해결하지 않은 채 고등학생이 되었으니 수능성적이야 말할 것도 없다.

어떤 부모는 '영어만 잘하면 대학에 들어갈 방법이 있지 않으냐?'고 반문할지 모른다. 물론, 영어특기자 전형을 이용할 수 있다. 하지만 이러한 전형을 목표로 하는 아이들은 모두 외국에 살다 온 아이들로 우수한 영어실력을 갖추고 있기 때문에 그런 아이들과의 경쟁에서 이기려면 피눈물 나는 노력을 기울여야 한다. 그리고 그 경쟁을 뚫고 원하는 대학을 들어가는 아이들을 보면 영어뿐만 아니라 전 과목에서 우수한 실력을 갖추고 있는 경우가 대부분이다.

세상은 영어도 잘하는 전문가를 원하지 영어만 잘하는 사람을 원하는 게 아니다. 아이를 외국에 보내 '영어만 잘하면 그만'이라는 생각은 버려야 한다.

연수나 유학 보낼 때 이것만은 꼭 챙겨라

조기 영어연수나 유학의 폐단과 위험성이 언론을 통해 여러 차례 보도되었음에도 조기 영어연수의 열풍은 잦아들지 않고 있다. 많은 부모가 외국에 보내기만 하면 아이가 알아서 영어를 잘 배울 거라고 생각하지만 그렇지 않다. 꼼꼼히 준비하고 계획한 만큼 아이의 영어실력이 는다는 점을 명심하자. 다음은 조기유학이나 영어연수를 준비할 때 반드시 점검해야 할 사항이다. 영어연수나 유학을 계획하고 있다면 참고하자.

● 아이가 원할 때 보낸다

모든 일이 그렇지만, 사람은 자신이 원하는 것을 할 때 온 힘을 기울일 수 있다. 부모의 욕심이나 기대 때문에 가기 싫어하는 아이를 억지로 내보내는 것은 최악의 선택이다. 아이가 연수나 유학을 원할 때 보내주는 것이 영어연수 성공의 지름길이다. 참고로 초등학교 3~4학년을 마친 아이들이 조기 영어연수나 유학을 갔을 때 성공률이 높고, 국내에 돌아와서도 영어실력을 유지하기 쉽다.

● 아이의 학습능력이 충분해야 한다

영어를 전혀 모르는 상태에서 유학이나 연수를 떠나면 그만큼 현지 생활에 적응하기 어렵고 영어를 습득하는 데도 시간이 오래 걸린다. 적어도 아이가 쉬운 영어책 정도는 읽을 수 있는 정도가 되도록 한국에서 미리 준비시키는 것이 좋다. 그리고 아이가 영어뿐만 아니라 일반 상식, 수학, 과학 분야에서도 충분한 학습능력을 갖추고 있는지 파악해야 한다. 요즘은 과학이나 수학 등 다른 교과목을 영어와 접목해 가르치는 '언어 몰입교육'이 일반적인 추세인데, 일반 과목을 잘하는 아이들은 현지 학교에 가서 다른 과목을 쉽게 따라잡을 수 있고 그와 더불어 영어도 더 빨리 습득하게 된다.

● 문화와 학문이 발전한 나라를 선택한다

영어를 배운다는 것은 단지 언어를 배우는 것뿐만 아니라 영어를 모국어로 사용하는 나라나 지역의 문화도 함께 배우는 것을 의미한다. 문화적, 학문적 수준이 높은 나라에서 공부하고 온 아이들과 그렇지 않은 아이들을 비교하면 영어실력이나 학습태도 면에서 많은 차이를 보인다. 실제로 영국이나 미국, 캐나다에서

1년 살다 온 아이들과 그 외 영어를 쓰는 나라에서 3년 살다 온 아이를 비교하면 전자의 아이들이 더 나은 영어를 구사하는 경우가 많다. 따라서 다소 비용이 들더라도 문화적, 학문적 수준이 높은 나라를 선택하는 것이 좋다.

● 학습환경이 좋은 곳(영어를 쓸 수밖에 없는 곳)을 택한다

개인의 노력이 가장 중요하기는 하지만 환경의 영향도 무시할 수 없다. 특히, 한국인이 너무 많은 곳은 우리말을 많이 사용하게 되고 친구도 한국인 위주로 사귀게 될 가능성이 높아 학습효과가 떨어질 수 있다. 되도록 학교 아이들과 주민이 영어를 주로 사용하는 지역을 선택한다.

● 유학이나 어학연수를 갈 나라의 풍습과 실정을 미리 파악한다

현지의 교육제도와 문화, 풍습, 생활 습관 등을 파악한 후 중요한 것은 아이에게 미리 일러주는 것이 좋다.

특히, 우리나라 아이들은 허락 없이 다른 사람의 물건을 쓰거나 공공장소에서 큰 소리로 떠들고 남의 몸에 손대는 행위를 별로 개의치 않는데, 외국에서는 대단히 실례가 되는 행동이므로 주의를 시키는 것이 좋다.

● Please.와 Thank you.를 생활 속에서 습관화한다

영미권 아이들은 어려서부터 Please.(제발요.)와 Thank you.(고맙습니다.)라고 말하는 습관이 들어 있다. 그 두 표현을 무엇이든 얻을 수 있는 'magic word(마법의 주문)'이라고까지 말한다. 외국에 나가기 전부터 집에서 쓰면서 몸에 배게 하자.

2장

6세~초등 1학년 영어공부법 12단계

STEP 1   하루 1분 생활표현이 영어를 살찌운다
STEP 2   알파벳과 단어 익히기부터 시작한다
STEP 3   동요로 영어표현을 익힌다
STEP 4   그림동화책으로 영어동화의 세계를 열어라
STEP 5   1등 읽기 책 〈런투리드〉 시리즈 100배 활용하기
STEP 6   미니북 만들기로 글쓰기의 맛을 들여라
STEP 7   과학 리더스 시리즈로 영어와 과학을 배운다
STEP 8   전래동화는 읽기와 말하기의 부스터(Booster)
STEP 9   그림영어사전으로 단어 메모리를 늘려라
STEP 10   다른 리더스 시리즈에 도전해 읽기 능력을 높여라
STEP 11   나만의 영어사전 만들기
STEP 12   모방을 통해 새로운 창작을 시작하라

알아두세요~

여섯 살부터 초등 1학년까지는 새로운 것에 대해 이것저것 따지지 않고 있는 그대로 받아들이는 경향이 있다. 그리고 발성기관이 굳어지지 않아 발음을 연마하기에도 유리하다. 따라서 이 시기의 아이들에게 올바른 방법으로 영어를 가르치면 영어를 아주 잘할 수 있다. 또한, 일찍 시작한 만큼 효과적으로 배울 기회가 주어질 가능성이 크다. 그래서 여섯 살부터 초등학교 1학년은 영어공부를 시작하기에 아주 좋은 시기라고 할 수 있다.

단, 이 시기에는 영어를 분석적으로 가르치기보다는 경험을 제공하거나 놀이 등의 활동을 통해 가르쳐야 한다. 학습 분량을 과도하게 갖기보다는 배운 것을 여러 번 반복함으로써 영어감각을 키우는 데 초점을 맞추도록 한다. 가랑비에 조금씩 옷이 젖듯이 그렇게 영어를 습득하게 하는 것이다.

이 장에서는 여섯 살부터 초등학교 1학년까지의 아이를 위한 영어공부법을 12 STEP(단계)으로 정리했다. 영어학습의 과정이 딱 12개의 STEP으로 구분될 수는 없지만, 아이의 영어공부를 어떻게 시작해야 할지 몰라 답답해하는 부모들에게는 쉽게 접근할 수 있는 실질적인 길잡이가 될 것이다.

STEP별로 아이의 영어학습에서 고전처럼 여겨지는 교재들을 제대로 활용하는 방법과 놀이를 통한 학습법을 세세하게 정리했다. 이 장에서 소개한 영어

교재용 도서들은 국내에서 구할 수 있고 그 교육 효과가 검증된 것들로, 활용하기도 어렵지 않다.

아이에게 영어를 가르치다 엄마들이 실패하는 이유 중 하나는 알파벳부터 떼게 하겠다고 아이에게 온종일 알파벳 26자를 무조건 외우게 하는 데 있다. 이렇게 한 내용을 한 번에 끝내려고 욕심부리지 말아야 한다. 하루에 여러 가지를 조금씩 반복해 학습하는 것이 아이의 영어공부를 성공으로 이끄는 열쇠다. 아이의 수준에 맞춰 STEP을 하나씩 실천해가되, 끝낸 STEP이라 하여 무조건 덮어버리지 말고 계속해서 반복해줘야 한다.

특히, 아이의 머릿속에 '영어의 기본'을 쌓는 과정인 STEP 1부터 STEP 4까지는 반드시 매일 활동을 조금씩 겹치게 하여 진행해야 한다. 즉, 하루 1분 생활 표현을 주고받고, 알파벳도 두 글자 정도씩 익히고, 영어동요를 한두 곡 활용하고, 영어동화책도 한 권 읽어주는 식이다. 이렇게 STEP 1~4로 기본을 다지고 나서 STEP 5로 자연스럽게 넘어가면 된다.

12개의 단계를 모두 마쳤다고 아이의 영어실력이 완성되지는 않는다. 하지만 이 과정을 거친 후 아이는 좀 더 영어에 흥미를 느끼게 되고 자신 있게 영어공부를 하게 될 것이다.

하루 1분 생활표현이 영어를 살찌운다

인사말로 영어의 첫 문을 연다

인사할 때 태도가 얼마나 자연스러운지, 목소리의 톤이 어떤지만 봐도 그 사람이 얼마나 영어를 잘하는지, 얼마나 영어에 자신감을 느끼고 있는지 짐작할 수 있다. 인사는 일상생활에서 생활화하지 않으면 절대로 자연스럽게 나올 수 없다. 늘 사용하는 인사말부터 자연스럽고 자신감 있는 태도로 말할 수 있게 하자.

● 영어로 인사하기

이제 아침마다 Good morning.으로 하루를 시작해보자. 다음 영어표현을 아이에게 간단하게 설명해주고 함께 연습해보자.

Good morning! 〈아침인사〉 안녕하세요!
Good afternoon! 〈오후인사〉 안녕하세요!
Good evening! 〈저녁인사〉 안녕하세요!
Good night! / Sleep tight! 잘 자요!
Sweet dreams! 좋은 꿈 꿔요!

● **안부 묻고 대답하기**

아직도 How are you?라는 질문에 자동으로 I'm fine, thank you. And you? 라고 대답하는 아이가 많다. 한 원어민 교사는 그런 대답을 들을 때마다 고장 난 녹음기나 로봇이 떠오른다고 한다. Good. / Great. / Fine. / Excellent.와 같은 다양한 표현을 가르쳐 아이에게 자신의 기분과 상태에 맞게 표현할 줄 알게 해야 한다. 매일 집에서 영어공부를 시작하기 전에 How are you?라고 물어보면 좋을 것이다. 다음 인사를 아이와 함께 연습해보자.

Hi! / Hello! 안녕!

How are you? 안녕하세요?/기분이 어때요?

(I'm) Fine. / (I'm) Good. 좋아요.

(I'm) Okay. 괜찮아요.

(I feel) Wonderful. / (I feel) Great. 아주 좋아요.

I don't feel very good. 〈컨디션·기분이〉 썩 좋진 않아요.

● **상황에 맞는 인사 나누기**

아침에 아이가 유치원이나 학교에 갈 때, 그리고 집에 돌아왔을 때 영어로 인사를 한다. 생활 속에서 꾸준히 연습하면 외국인을 만났을 때도 당황하지 않고 술술 말할 수 있게 된다.

Bye! / Good bye! / See you! 〈헤어질 때〉 잘 가요!

See you later! / See you soon! 〈헤어질 때〉 또 봐요!

Take care! 〈헤어질 때〉 잘 지내요!

Have a nice day. / Have a great day. 〈유치원이나 학교 보낼 때〉 좋은 하루 보내요.

Have fun! 〈유치원이나 학교 보낼 때〉 재미있게 지내요!

Did you have fun today? 〈집에 돌아왔을 때〉 오늘 재미있었나요?

날씨·요일·날짜 표현을 매일 써본다

날씨와 요일, 날짜를 한꺼번에 다 가르치려 하지 말고, 그날그날 날씨와 요일, 날짜를 하나씩 가르친다. 아이가 일곱 개의 요일 이름과 12달의 이름, 날씨에 대한 표현, 그리고 날짜 숫자(1~31)까지 한 번에 익히는 것은 거의 불가능하다. 또한, 외웠다고 하더라도 곧 잊어버릴 수 있다.

● **날씨에 관한 표현 익히기**

그날 날씨에 맞춰 아이와 함께 다음 표현을 활용해보자. 신문의 일기예보 부분을 오려놓았다가 날씨 표현을 연습해보는 것도 좋다.

What's the weather like today? / How is the weather today?
오늘 날씨가 어때요?

It's sunny. 화창해요.

It's windy. 바람이 불어요.

It's cold. 추워요.

It's hot. 더워요.

It's cloudy. 흐려요.

It's raining[rainy]. 비가 와요.

It's snowing[snowy]. 눈이 와요.

It's cool. 시원해요.

● **날짜와 요일 익히기**

달력에 있는 요일과 숫자를 손으로 짚어가면서 가르친다. 요일은 일요일부터, 날짜는 1일부터 짚어주면 숫자까지 저절로 익히게 된다.

Sunday 일요일, Monday 월요일, Tuesday 화요일, Wednesday 수요일, Thursday 목요일, Friday 금요일, Saturday 토요일

January 1월, February 2월, March 3월, April 4월, May 5월, June 6월, July 7월, August 8월, September 9월, October 10월, November 11월, December 12월

What day is it today? 오늘은 무슨 요일인가요?

Sunday, Monday, Tuesday, and⋯? 일요일, 월요일, 화요일, 그리고?

Today is Wednesday. 오늘은 수요일이에요.

What's the date today? 오늘은 며칠인가요?

Today is March 7. 오늘은 3월 7일이에요.

특히, 요일과 12달의 이름을 가르칠 때 영어동요를 활용하면 효과적이다. 영어동요 모음집 〈Wee Sing Children's Songs and Fingerplays〉 31쪽에 있는 "Days of the Week"은 요일 이름을 한 번씩 말해보게 되어 있어 요일 이름을

익히는 데 매우 효과적이다.(<Wee Sing Children's Songs and Fingerplays>는 영어동요 모음집 <Wee Sing> 시리즈 중 한 권으로 자세한 활용법은 STEP 3을 참고한다.) 또한, 우리가 잘 알고 있는 "Ten Little Indians"의 곡조에 12달의 이름을 붙여 아이가 12달의 이름을 익히도록 할 수도 있다.

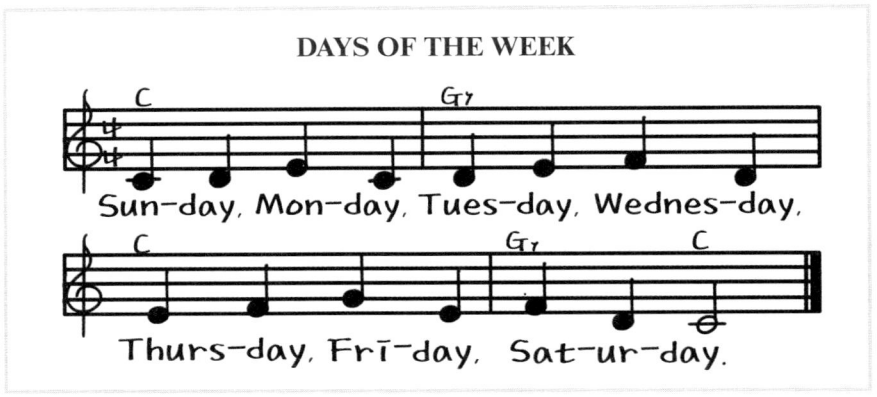

영어동요 "Days of the Week"으로 요일 익히기
이 노래는 요일 이름을 한 번씩 말해보게 되어 있어 요일 이름을 익히는 데 매우 효과적이다.
〈Wee Sing Children's Songs and Fingerplays〉 31쪽

May[Can] I ~?와 Please, Thank you.를 생활화한다

아이들을 가르치다 보면 예절교육의 필요성을 절실히 느끼게 된다. 아이들이 공공장소에서 큰소리를 지르거나, 남의 물건에 허락 없이 손을 대거나, 다른 사람을 밀거나, 자신의 차례를 기다리지 않거나, 복도에서 뛰는 모습을 흔히 접하게 된다. 외국인 교사들은 우리 아이들의 이런 모습에 고개를 절레절레 흔든다. 초등학생 대상으로 영어연수를 인솔했던 한 교사는 우리 아이들의 습관화된 무례함 때문에 민망했던 적이 한두 번이 아니었다고 한다.

미국 아이들은 사람 옆을 지나갈 때 Excuse me.라고 말하는 것을 잊지 않는다. 언젠가 미국에 사는 친구 집을 방문한 적이 있다. 그 친구의 딸아이가 막 말(영어)을 배우기 시작하는 나이였는데 내 옆을 지나갈 때마다 "수수미"라고 말했다. 그게 무슨 뜻인가 했더니 Excuse me.를 제대로 발음하지 못해 "수수미"라고 말한 것이었다.

위의 예를 통해 알 수 있듯이 미국은 공공장소에서의 예절을 매우 중요하게 생각하며 어릴 때부터 아이가 기초 예절을 잘 지키도록 훈육한다. 영어를 배운다는 것은 단지 언어만을 익히는 것이 아니라 그 언어가 사용되는 나라 지역의 문화까지 함께 배우는 것이다. 따라서 언어를 통해 예절교육을 하는 것 또한 언어학습의 중요한 부분이다.

미국에서는 단어 please를 소원을 이뤄주는 마법의 주문(magic word)이라고 아이들에게 가르치고 있다. 예를 들어 아이가 Mom, give me some cookies.(엄마, 과자 좀 주세요.)라고 말하면 엄마가 What's the magic word?(마법의 주문이 뭐지?)라고 묻는다. 아이가 Please!라고 말하면 엄마는 그제야 아이가 원하는 것을 준다. 물론, 아이는 그 뒤에 Thank you.라고 덧붙이는 것도 잊지 않는다.

집에서부터 아이에게 May I _____? / Can I _____? / _____, please. / Thank you.라는 표현을 습관적으로 쓰게 하자.

May I get some water? 물 좀 마셔도 돼요?

Can I have some candy? 사탕 좀 먹어도 돼요?

Can I use the crayons? 크레파스를 써도 될까요?

Can I borrow your pencil? 연필 좀 빌려줄래요?

Can I use your eraser? 지우개를 써도 될까요?

Can I use this colored paper? 이 색종이 써도 돼요?

Scissors[Glue], please. 가위/풀 좀 주세요.

May I play computer games? 컴퓨터 게임을 해도 돼요?

May I watch TV? TV 봐도 돼요?

Thank you. 감사합니다.

Thanks a lot. / Thank you very much. 정말 고마워요.

You're welcome. 천만에요.

Excuse me. 저기, 잠깐만요./실례합니다.

I'm sorry. 죄송합니다.

That's okay. 괜찮아요.

● **엄마에게 유용한 영어표현 익히기**

아이가 무례하게 행동할 때 영어로 지도할 수도 있다. 엄마가 예절지도를 하는 데 필요한 표현을 연습해 아이에게 사용해보자.

Be nice. 얌전히 행동해야죠.

Don't run. 뛰지 마세요.

Don't make any noise. 떠들지 말아요.

Wait your turn. 차례를 기다리세요.

Line up. 줄 서세요.

Don't cut in line. 새치기하지 마세요.

Don't push. 밀지 말아요.

Don't fight. 싸우지 마세요.

알파벳과 단어 익히기부터 시작한다

알파벳은 하루 한 글자씩 소리와 함께 가르쳐라

알파벳은 대문자와 소문자를 병행해서 하루에 한 글자씩 가르치도록 한다. 이때 각 글자가 나타내는 대표소리와 그것으로 시작하는 단어를 두세 개 정도 예를 들어준다.

A/a로 예를 들어 보면, 먼저 글자 A/a를 보여주고 소리가 입을 크게 벌린 '애'에 가깝다는 것을 설명한다. 그리고 '애-애-apple', '애-애-ant', '애-애-alligator' 등 A/a로 시작하는 단어를 소개한다(B/b는 '브-브-banana', C/c는 '크-크-cat', D/d는 '드-드-dog' 등), 매일 한 글자씩 배운 알파벳을 써서 알파벳북으로 만들어간다.

알파벳북은 아이가 직접 만들고 매일매일 반복하게 되기 때문에 단어를 익히고 기억하는 데 매우 효과적이다. 다음 그림과 설명을 참고하여 아이와 함께 알파벳북을 만들어보자.

알파벳북 만들기
❶ A4 용지를 가로 방향으로 놓고 중앙에 두꺼운 펜으로 A와 a를 적는다.
❷ 잡지나 그림책에서 A/a로 시작하는 그림을 아이와 함께 찾아서 오려 붙인다. 그림은 다양할수록 좋다. 적당한 그림이 없으면 아이에게 직접 그림을 그리게 할 수도 있다.
❸ 앞에서 제안한 방법대로 글자와 소리를 연관 지어 공부한다.
❹ 다음 날은 A/a 단어를 복습하고 다른 A4 용지에 B와 b를 적고 같은 방법으로 공부한다.
❺ 셋째 날은 A/a, B/b를 복습하고 C와 c를 같은 방법으로 공부한다.
❻ 이런 방식으로 A/a부터 Z/z까지 익힌다.
❼ 이렇게 만들어진 A부터 Z까지의 A4 용지를 한데 모아 스테이플러나 끈 등으로 고정해 알파벳북을 완성한다.

그날 배운 글자를 영어공책에 써보면서 마무리한다. 이때 글자를 줄에 맞춰 쓰는 습관을 들이게 한다. 영어공책은 대소문자를 구별해서 쓸 수 있게 줄이 쳐진 것을 사용한다.

서점에서 판매하는 알파벳 연습용 교재나 인터넷 사이트를 활용하는 것도 좋다. 주의할 것은 어린아이들은 한 번 써봤다고 그 글자를 금방 익히는 것이 아니므로 여러 번 쓰고 읽는 연습을 시켜야 한다는 점이다.

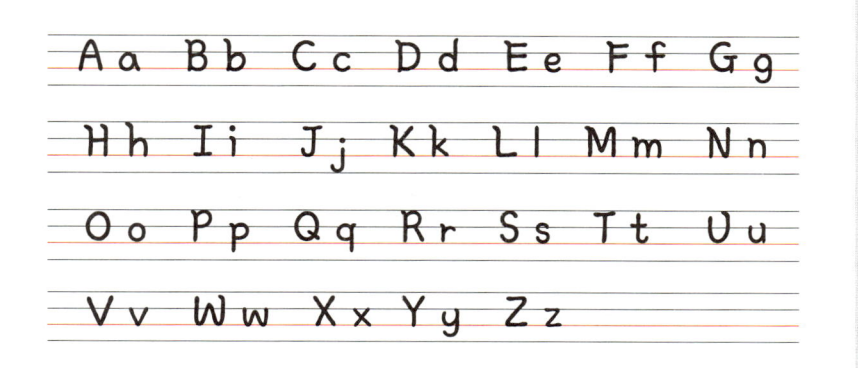

영어공책에 줄 맞춰서 알파벳 쓰기
알파벳을 쓸 때는 대소문자를 구분하여 줄에 맞춰 쓰도록 지도한다.

다양한 놀이를 통해 알파벳을 익힌다

놀이를 통해 알파벳을 익히면 아이가 학습에서 느끼는 부담을 덜 수 있다. 그뿐만 아니라 쉽고 재미있게 글자를 배울 수 있고, 배운 것을 기억하는 데에도 도움이 된다. 그리고 놀이를 통해 글자를 배우면 응용력이 생기기 때문에 학습효과를 더욱 높일 수 있다. 가끔 복습 차원에서 아이와 함께 알파벳 놀이를 해보자.

● **알파벳 찾아내기**

영어동화책이나 영어신문을 펴놓고 엄마가 알파벳을 불러주면 아이는 해당 알파벳을 찾아 색연필이나 마커로 동그라미를 친다. Find the big letter A's.(대문자 A를 찾아봐요.), How many A's are there?(A가 모두 몇 개죠?)라고 질문한다. 엄마와 아이 중 누가 더 많이 찾아내는지 시합을 해본다.

A/a 찾아서 동그라미 치기
A/a 부분에 동그라미를 쳐가며 알파벳을 익힌다. 엄마와 아이가 각각 다른 색으로 표시하며 게임을 하면 효과적이다.
〈Scaredy Cat Runs Away〉 6쪽

● 알파벳 카드 활용하기

먼저 알파벳 카드를 만들어보자.

A4 용지 반 정도 크기의 두꺼운 종이를 준비하고 반으로 접는다. 한쪽 면에는 두꺼운 펜으로 커다랗게 알파벳을 쓰고 다른 한쪽에는 그 글자로 시작하는 그림을 오려 붙이거나 그린다. 예를 들면 한쪽 면에 A라고 쓰고 그 옆면에는 사과(apple) 그림을, B라고 쓰고 옆면에는 바나나(banana)를, C라고 쓰고 옆면에는 고양이(cat)를, D라고 쓰고 옆면에는 개(dog) 그림을 붙이거나 그리는 것이다. 그런 다음에 알파벳이 쓰인 면과 그림이 있는 면을 가위로 잘라 알파벳 카드와 그림

카드로 만든다. 카드 만들기가 번거롭다면 플래시카드 자료를 제공하는 웹사이트를 활용한다. 다만, 대부분의 웹사이트는 유료인 경우가 많고 아이와 함께 카드를 만드는 과정 또한 영어학습을 위한 활동으로 활용할 수 있으므로 직접 만들어보기를 권한다.

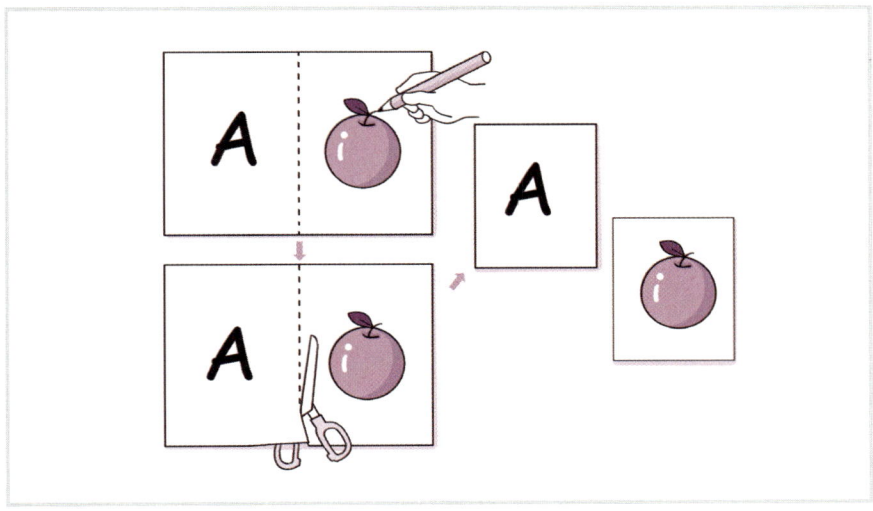

알파벳 카드 만들기
❶ A4 용지 반 정도 크기의 두꺼운 종이와 색연필(굵은 펜)을 준비한다.
❷ 용지를 반으로 접은 후 한쪽에는 알파벳을 적는다.
❸ 다른 한쪽에는 해당 알파벳으로 시작하는 단어를 나타내는 그림을 오려 붙이거나 직접 그린다.
❹ 그림과 글자를 잘라 알파벳 카드와 그림 카드로 만든다.

모든 카드를 바닥에 펼쳐 놓는다. 엄마가 Where's the letter A?(글자 A가 어디에 있죠?)나 Where's the picture?(그림은 어디에 있죠?)와 같이 질문하거나 Find the picture that begins with the letter A.(글자 A로 시작하는 그림을 찾아보세요.) 등으로 활동을 지시하면 아이는 해당 카드를 찾는다.

이런 활동을 통해 아이들은 각 단어의 소리와 글자를 연결할 수 있다. 예를 들어 '애플'이라는 단어가 A로 시작한다는 것을 터득하게 되는 것이다.

● **알파벳 카드와 그림 카드 짝 맞추기**

앞서 만든 알파벳 카드와 그림 카드를 섞은 다음 뒤집어서 바닥에 엎어놓는다. 이때 아이가 배운 알파벳 중에서 10~12장 정도의 카드를 선택하는 것이 좋다. 카드가 너무 많으면 아이의 집중력이 떨어져 놀이에 흥미를 잃을 수 있기 때문이다. 단, 그림 카드와 알파벳 카드의 짝이 맞아야 한다.

엄마와 아이가 번갈아가면서 혹은 가위바위보를 해서 이긴 사람이 카드를 두 장씩 뒤집어서 짝을 이루는 카드를 찾아내는 것이다.(예를 들어 알파벳 카드 A를 집었다면 그림 카드는 사과 그림이 있는 것으로 찾아야 한다.) 짝이 맞는 카드를 찾으면 찾은 사람이 그 카드를 갖고, 찾지 못했다면 제자리에 다시 뒤집어 놓는다. 위치를 기억해 짝이 되는 카드를 찾아야 하므로 집중력과 기억력 향상에도 도움이 되는 학습놀이다. 이 활동은 알파벳뿐만 아니라 여러 단어를 익힐 때도 효과적으로 활용할 수 있다.

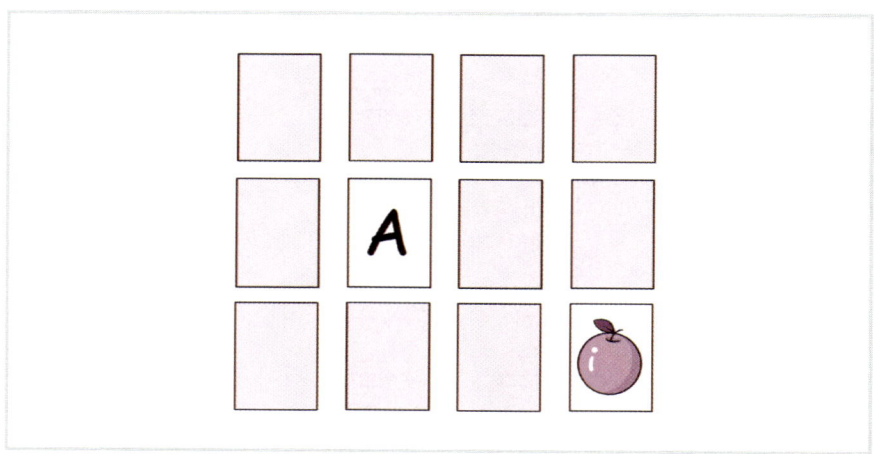

알파벳 카드와 그림 카드 짝 맞추기 놀이
❶ 알파벳 카드와 그림 카드를 섞은 다음 뒤집어서 바닥에 엎어놓는다.
❷ 카드를 두 장씩 뒤집는다.
❸ 두 카드가 짝을 이루면 그 카드를 가진다.
❹ 두 카드가 짝을 이루지 않으면 카드를 다시 제자리에 뒤집어 놓는다.
❺ 가장 많은 카드를 가진 사람이 이긴다.

● **알파벳 빈칸 채우기**

알파벳을 A/a부터 Z/z까지 순서대로 적어 넣되 중간 중간 글자를 빼고 빈칸을 남겨둔다. 이렇게 '알파벳 빈칸 채우기 워크시트'를 만든 후 아이에게 알맞은 알파벳으로 빈칸을 채우게 한다.

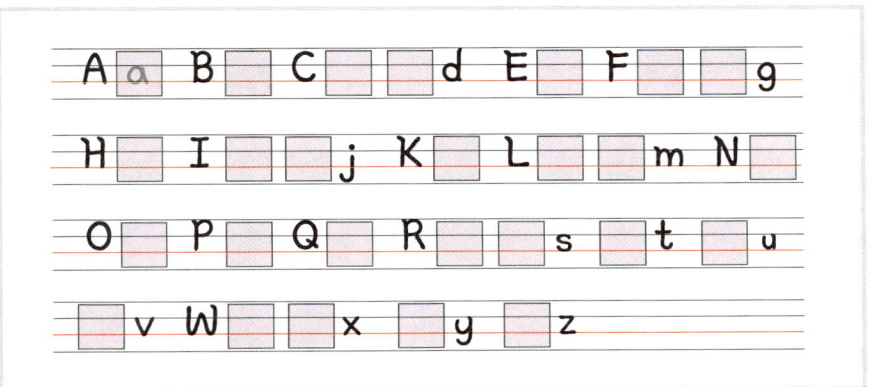

알파벳 빈칸 채우기 워크시트
대문자만으로 빈칸 채우기 워크시트를 만들거나 소문자만으로 만들어도 된다.

이 알파벳 빈칸 채우기 워크시트를 코팅해두었다가 보드마커로 빈칸을 채워 넣게 하면 휴지로 닦아 몇 번이고 다시 사용할 수 있다. 매일 새 종이를 쓰지 않고 여러 번 반복해서 사용할 수 있을 뿐만 아니라 아이도 그냥 종이 위에 쓰는 것보다 훨씬 재미있어 한다.

● **알파벳 순서 맞추기**

스케치북이나 A4 용지에 A부터 Z까지 알파벳을 순서에 상관없이 적는다. 그렇게 하면 '알파벳 순서 맞추기 워크시트'가 된다. 아이는 뒤죽박죽되어 있는 알파벳을 순서대로 연결한다. 엄마가 조금 창의력을 발휘해 알파벳을 순서대로 연결

했을 때 구체적인 그림이 그려지게 하면 더욱 재미있게 할 수 있다.

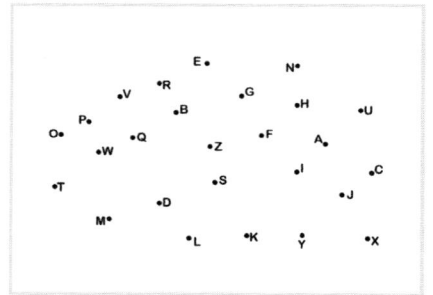 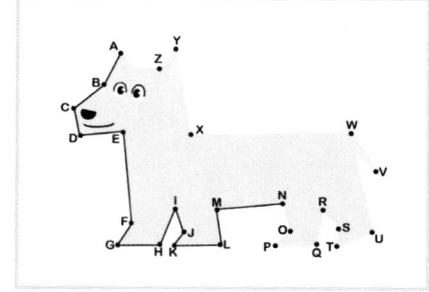

알파벳 순서 맞추기 워크시트
알파벳을 알맞은 순서에 따라 연결하게 한다.

단어는 통문자 학습법으로 익혀라

아이가 알파벳을 어느 정도 읽을 수 있게 되면 단어 읽는 법을 가르치자. 아이의 나이가 어릴수록 글자 하나하나를 구별해 가르치기보다는 apple, banana, cat과 같이 하나의 단어를 통째로 익히게 하는 것이 훨씬 더 효과적이다. 어린아이들은 처음에는 그림을 외우듯이 단어를 받아들인다. 이렇게 기억 속에 여러 가지 단어를 담고 있다가 어느 순간부터 글자의 소리를 구별할 수 있는 능력이 생기게 된다.

아이가 한글을 깨칠 때 어떻게 깨쳤는지를 생각해보자. 아이가 어느 날부터인가 글자에 관심을 두기 시작하면서 "엄마, 이건 어떻게 읽어?"라고 물어보았을 것이다. 그때 '사과'라고 읽어주었지, 'ㅅ·ㅏ·ㄱ·ㅗ·ㅏ'의 발음원리를 설명해가며 읽지는 않았을 것이다. 하지만 아이가 인식하는 단어가 늘어가면서 어느 순간부터 처음 보는 단어인데도 읽기 시작한다.

영어도 마찬가지다. 아주 쉽고 친근한 단어부터 시작해서 아이가 인식할 수 있는 단어의 수를 하나씩 늘려나가는 것이다. 가구에 플래시카드를 붙여놓는 것이 바로 이러한 이유 때문이다.

플래시카드 만들기
❶ A4 용지 반 정도 크기의 두꺼운 종이를 반으로 자른다.
❷ 앞면에는 단어를, 뒷면에는 해당 그림을 그리거나 잡지나 인터넷 등에서 찾은 그림을 오려 붙인다.
❸ 작은 상자에 카드를 담아 보관한다.
❹ 처음부터 플래시카드를 한꺼번에 많이 만들지 말고, 영어동화책을 읽으면서 새로운 단어가 나올 때마다 만들면 부담도 없고 효과적이다.

시중에 나와 있는 플래시카드를 사서 활용해도 되지만 이왕이면 집에서 아이와 함께 직접 만든 카드를 가지고 단어를 익히는 게 더 효과적이다.

● **매일매일 단어 연습하기**

매일 플래시카드 상자에서 카드를 5개 정도 무작위로 뽑아 아이에게 먼저 단어를 보여주고 읽어보게 하거나 뒷면의 그림을 보여주면서 단어를 맞혀보게 한다.

만약 읽지 못하면 포스트잇 등을 붙여 따로 분류해놓았다가 다음날 놀이할 때 포함한다.

읽을 수 있는 단어가 많아질수록 카드를 2~3개씩 늘리도록 한다. 처음부터 너무 많은 양의 단어를 읽히려 해서는 안 된다. 만약 아이에게 20개의 단어를 한번에 외우게 한다면 몇 개나 기억할 수 있을까? 아마 거의 기억할 수 없을 것이다. 그러나 5개의 단어를 주면 그중에 적어도 2~3개 정도는 기억할 수 있을 것이다.

TiP
인터넷 사이트 활용하기

▶ 키즈클럽 www.kizclub.com
ABC's로 들어가면 다양한 쓰기 연습을 위한 자료 및 활동자료를 얻을 수 있다. 그중 ABC Fishing Game을 활용해보자. 물고기 모양을 오려서 주둥이 쪽에 쇠로 된 클립이나 핀을 꽂는다. 그리고 실 끝에 자석을 매달아 물고기를 잡을 수 있게 낚싯대도 만든다. 아이는 엄마가 불러주는 알파벳을 자석 낚싯대로 낚아 올리면서 알파벳을 재미있게 익힐 수 있다.

▶ 러닝페이지 www.learningpage.com
Basic Sheets로 들어가면 다양한 알파벳 워크시트를 얻을 수 있다. 이를 활용해 알파벳 쓰기를 연습해보자.

▶ 동화작가 쟌 브레트(Jan Brett) 홈페이지
www.janbrett.com
Activities로 들어가면 쟌 브레트가 직접 그린 예쁜 그림의 알파벳 플래시카드와 활동자료를 구할 수 있다.

▶ ABC티치 www.abcteach.com
ABC Activities로 들어가면 Dot to Dot(알파벳 순서대로 점을 잇는 활동) 자료를 얻을 수 있다.

▶ 크레욜라 www.crayola.com
Coloring Pages로 들어가면 알파벳 카드나 워크시트와 같은 다양한 활동자료를 얻을 수 있다. 특히, 색칠하기를 좋아하는 어린아이들에게 유용한 자료를 풍부하게 제공하고 있다.

동요로 영어표현을 익힌다

동요는 아이를 즐거운 영어학습으로 이끄는 훌륭한 자료

동요만 잘 활용해도 영어단어와 표현을 아주 쉽게, 그리고 많이 익힐 수 있다. 하지만 대부분 동요를 들려주는 것만으로 끝나는 경우가 많은데, 단순히 듣는 것만으로는 학습효과를 얻을 수 없다. 동요와 활동을 접목해야 한다. 동요를 자주 들려주되 가르치는 것은 일주일에 한두 개 정도만 가르친다. 그리고 가능하면 아이가 배우는 내용에 맞는 동요를 가르쳐 학습효과를 높이는 것이 좋다. 아이에게 내용을 가르치기 전에 먼저 동요를 부르면서 분위기를 띄운 다음 날씨, 요일, 날짜, 알파벳, 동화 읽기 등 본격적인 수업에 들어가는 것도 좋다.

시중에 나와 있는 영어동요집 중 〈Wee Sing Children's Songs and Fingerplays〉와 〈Wee Sing Nursery Rhymes and Lullabies〉가 가장 광범위하게 곡을 담고 있어서 많이 사용되고 있다. 우리말 가사 내용을 알고 싶으면 국내에서 출간된 동요집을 이용하거나 웹사이트를 활용하면 된다.

〈Wee Sing Children's Songs and Fingerplays〉 중에서 영어를 처음 시작하는 아이가 기본적인 영어표현을 익히는 데 도움이 될 만한 동요를 소개한다.

제목	학습 내용
Good Morning ▶ 28쪽	인사말 익히기
Rain, Rain, Go Away ▶ 32쪽	날씨 표현하기
Days of the Week ▶ 31쪽	요일 익히기
Ten Little Fingers ▶ 31쪽	숫자 익히기
One, Two, Buckle My Shoe ▶ 29쪽	숫자 익히기
Head and Shoulders ▶ 46쪽	신체 부위 익히기
Walking, Walking ▶ 37쪽	동작 표현하기
Three Little Monkeys ▶ 12쪽	동작 표현하기
If You're Happy ▶ 42쪽	감정과 동작 표현하기
Teddy Bear ▶ 48쪽	동작 표현하기
The Mulberry Bush ▶ 41쪽	일과와 동작 표현하기
What Are You Wearing? ▶ 28쪽	옷 입는 것 표현하기

쉬운 동요가 어느 정도 익숙해지면 "Hey Diddle Diddle"이나 "Six Little Ducks", 또는 "Eentsy Weentsy Spider" 등 가사나 곡이 좋아 많이 애창되는 노래들을 가르치자. 영어동요야말로 놀면서 듣기와 말하기까지 동시에 익힐 수 있는 교육자료다. 돈도 들지 않고 시간도 얼마 들지 않는다. 집에 굴러다니는 영어동요 CD를 찾아 아이와 함께 신 나게 영어를 몸으로 느껴보자.

● **"Rain, Rain, Go Away"로 날씨 표현 익히기** ▶ 32쪽

　　Rain, rain, go away. 비야, 비야, 사라져라.

　　Come again another day. 다른 날에 다시 오렴.

　　Little Junho wants to play. 꼬마 준호는 놀고 싶어한단다.

　　Rain, rain, go away. 비야, 비야, 사라져라.

노래를 듣고 따라 부르면서 노래의 음과 가사를 익힌다. 영어학원에서는 아이들을 둥그렇게 모아놓고 돌아가면서 아이들의 이름을 넣어 부른다. 집에서는 인형을 활용하자.

집에 있는 동물 인형을 아이 주변에 한 줄로 세운 다음 한 박자에 인형 하나씩 손으로 가리키며 노래를 부르다가 Little _____ 부분에 그 차례에 해당하는 인형의 이름을 넣어서 불러본다. 예를 들면 토끼 인형이 앞에 있을 때는 Little rabbit wants to play.라고 부르는 것이다. 그리고 rain 대신 snow(눈), wind(바람), pain(고통), homework(숙제) 등의 단어를 넣어 가사를 바꿔 불러도 재미있다.

● **"Head and Shoulders"로 신체 부위 단어 익히기** ▶ 46쪽

Head, shoulders, knees and toes, knees and toes,

머리, 어깨, 무릎 그리고 발가락, 무릎 그리고 발가락,

Head, shoulders, knees and toes, knees and toes,

머리, 어깨, 무릎 그리고 발가락, 무릎 그리고 발가락,

Eyes and ears and mouth and nose, 눈과 귀와 입 그리고 코,

Head, shoulders, knees and toes, knees and toes.

머리, 어깨, 무릎 그리고 발가락, 무릎 그리고 발가락.

먼저 노래를 따라 부르면서 가사에 맞춰 신체 부위를 손가락으로 가리킨다. Where is your nose?(코는 어디에 있죠?), Where are your ears?(귀는 어디에 있죠?) 등을 묻고 대답한다. 이것을 응용해 어릴 때 많이 했던 '코코코 놀이'를 해본다. Nose, nose, nose. Touch your ears.(코, 코, 코, 귀를 만지세요.) 이때 아이가 헷갈리도록 일부러 귀가 아닌 입을 만진다. 여러 번 반복하면서 점점 속도를 빨리해보자.

● **"Walking, Walking"으로 동작 표현 익히기** ▶ 37쪽

Walking, walking, walking, walking. 걷고, 걷고, 걷고, 걸어요.

Hop, hop, hop. Hop, hop, hop.

깡충, 깡충, 깡충. 깡충, 깡충, 깡충거려요.

Running, running, running. Running, running, running.

뛰고, 뛰고, 뛰어요. 뛰고, 뛰고, 뛰어요.

Now let's stop. 이제 멈춰요.

몸동작을 가르칠 때 빼놓을 수 없는 동요다. 가사도 단순하고 따라 부르기 쉬울 뿐만 아니라 다양한 놀이를 할 수 있어 좋다.

가사에 맞춰 그대로 동작을 따라 한다. Now let's stop. 부분에서 갑자기 멈춘다. 이때 엄마는 1부터 10까지 숫자를 세거나 아이에게 간지럼을 태우는데 아이는 멈춰선 동작 그대로 움직이지 말아야 한다. laughing(웃기), sleeping(잠자기), eating(먹기), kicking(차기)과 같이 다른 동작의 단어를 넣어 가사를 바꿔 불러본다.

● **"The Mulberry Bush"로 동작 표현 익히기** ▶ 41쪽

This is the way I wash my face, wash my face, wash my face.

이런 식으로 나는 얼굴을 씻어요, 얼굴을 씻어요, 얼굴을 씻지요.

This is the way I wash my face so early in the morning.

이런 식으로 나는 얼굴을 씻지요. 아주 이른 아침에.

This is the way I brush my teeth, brush my teeth, brush my teeth.

이런 식으로 나는 이를 닦아요, 이를 닦아요, 이를 닦지요.

This is the way I go to school, go to school, go to school.

이런 식으로 나는 학교에 가요, 학교에 가요, 학교에 가지요.

가사 내용대로 동작하면서 노래를 부르고, 조금 익숙해지면 This is the way I go to bed.(이런 식으로 나는 잠자리에 들어요.), have breakfast(아침을 먹어요), do my homework(숙제해요)와 같이 다른 표현을 넣어 가사를 바꿔 불러본다. 노래를 통해 wash my face(얼굴을 씻다), brush my teeth(이를 닦다), go to school(학교에 가다) 등 일과에 관한 표현을 익힐 수 있고 This is the way _____. (난 이런 식으로 _____을 해요.)라는 표현도 배울 수 있다. 가사의 표현을 이용해 아이와 함께 동작 알아맞히기 놀이를 한다. 예를 들어 엄마가 말을 하지 않고 얼굴을 씻는 동작을 하면 아이는 영어로 I wash my face.라고 말하는 것이다.

● **쉬운 리듬과 멜로디의 노래에 영어로 가사 붙여 부르기**

책에 실린 동요 외에도 이미 잘 알려진 곡이나 우리나라 동요, 또는 아이가 좋아하는 노래의 가사를 바꿔 영어단어나 표현을 연습할 수 있다.

요일 이름이나 날씨, 12달의 이름은 쉽게 활용할 수 있으니 쉬운 리듬과 멜로디의 노래에 가사를 바꿔 불러보자. 예를 들면 "Ten Little Indians"의 가사를 바꿔 January, February, March, April, May, June, July, August, September, October, November, December. These are the months of the year.(1월, 2월, 3월, 4월, 5월, 6월, 7월, 8월, 9월, 10월, 11월, 12월. 이것들이 한 해의 달이죠.)라고 부를 수 있다.

● **유튜브 동영상 활용하기**

이제 많은 돈을 들여 영어학습 DVD나 동영상 자료를 사는 시대는 지나갔다. 유튜브(www.youtube.com)를 잘 활용하면 돈을 들이지 않고서도 훌륭한 영어학습 자료를 구할 수 있다. 유튜브는 영어동요뿐만 아니라 동화, 애니메이션, 영화 등 다양한 동영상 자료를 무료로 제공한다.

유튜브에서 영어동요 동영상 자료를 구하고 싶다면 먼저 유튜브 홈페이지로 들어간 다음 검색창에 찾고 싶은 노래 제목을 입력한다. 예를 들어 "If You're Happy and You Know It"이라는 곡의 동영상을 찾고 싶다면 검색창에 노래 제목을 입력한다. 얼마나 많은 동영상이 존재하는지 알면 놀랄 것이다. 그중 마음에 드는 동영상을 골랐으면 클릭하여 실행한다. 동영상 파일을 다운 받고 싶으면 알툴바를 이용하면 된다. 알툴바를 이용하는 구체적인 방법은 인터넷 지식 검색을 통해 쉽게 알 수 있으므로 잘 활용해보자.

유튜브 동영상 활용하기
유튜브에서 찾은 영어동요 동영상을 알툴바를 이용해 다운받아 활용할 수 있다.
"If You're Happy and You Know It!" (Barefoot Books)

TIP
인터넷 사이트 활용하기

▶ 무료 영어동요 사이트

freekidsmusic.com

Traditional로 들어가면 유명한 고전 영어동요들의 가사를 볼 수 있을 뿐만 아니라 MP3 파일을 무료로 다운 받을 수 있다. 또한, 많은 창작동요를 제공하고 있어 노래를 좋아하는 아이에게 유용한 사이트다.

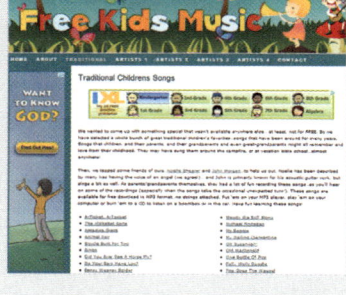

▶ 야후 꾸러기 유아 동요나라

kr.kids.yahoo.com

동요나라에서 **외국동요**로 들어가면 많은 영어동요를 들을 수 있다. 애니메이션과 가사를 함께 제공하고 있어 동요 내용을 이해하는 데 도움이 된다.

▶ 드림잉글리쉬

dreamenglish.com

Free Songs와 **Free Chants**로 들어가면 고전 영어동요와 창작동요 및 영어챈트 MP3 파일을 무료로 다운 받을 수 있다. 또한, 유튜브 검색창에 The Dream English Kids라고 입력하면 다양한 영어동요 동영상을 볼 수 있으며, 아이폰이나 아이패드에서도 동영상 자료를 이용할 수 있다.

그림동화책으로 영어동화의 세계를 열어라

영어를 시작할 때 안성맞춤인 교재 고르기

처음 영어를 배우는 아이를 위해 동화를 고를 때는 그림이나 내용도 중요하지만, 무엇보다 한두 문장이 반복되는지 살펴봐야 한다. 그래야 아이가 책을 읽는 과정에서 표현을 쉽게 익힐 수 있다. 어린아이들은 쉽다고 느낄수록 더욱더 반복하려는 경향이 있기 때문에 엄마가 굳이 외우게 시키지 않아도 자연스럽게 문장을 외우게 된다.

또한, 아이가 쓰는 쉬운 단어로 쓰여 있는지도 살펴야 한다. 처음 영어를 배우는 아이에게 형이상학적인 단어나 어려운 개념의 단어를 가르치지 않는 것이 좋다. 생활에서 자주 쓰는 숫자나 색깔, 주변의 사물 이름은 아이가 머릿속에 '영어의 집'을 짓는 데 주춧돌이 된다는 점을 알아두자.

이런 면에서 영어가 초급 수준이거나 처음 영어공부를 시작한 아이에게는 동화작가 에릭 칼(Eric Carle)의 〈Brown Bear, Brown Bear, What Do You See?〉와 〈Polar Bear, Polar Bear, What Do You Hear?〉를 추천할만하다. 이 동화들에는 아이들의 흥미를 불러일으키는 그림과 함께 아이들 수준에 맞는 쉬운 단어와 문장이 반복되고 있다.

⟨Brown Bear, Brown Bear, What Do You See?⟩에서는 What do you see?(무엇을 보고 있나요?)와 I see a(n) _____ looking at me.(나는 나를 보고 있는 _____을 보고 있어요.)라는 일정한 문장패턴이 반복된다. 또한, 색깔과 동물 이름까지 배울 수 있으니 그야말로 일석삼조인 셈이다.

이 외에도 ⟨Go Away, Big Green Monster⟩(Ed Emberley 저), ⟨Winnie the Witch⟩(Korky Paul, Valerie Thomas 저), ⟨Five Little Monkeys⟩(Eileen Christelow 저), ⟨Seven Blind Mice⟩(Ed Young 저), ⟨Rosie's Walk⟩(Pat Hutchins 저), ⟨Chicka Chicka Boom Boom⟩(Bill Martin Jr. 저), ⟨We're Going on a Bear Hunt⟩(Michael Rosen 저) 등이 세계적으로 꾸준히 읽히고 있는 동화다. 유명한 외국 동화들은 이미 우리말로 번역되어 나와 있으므로 이런 책들을 미리 사서 읽히면 나중에 영어로 읽을 때 도움이 될 것이다.

그림과 단어를 보며 말하기 연습을 한다

책을 읽으면서 아이와 함께 페이지에 나온 그림과 단어에 대해 간단한 대화를 주고받는다. 이 활동은 앞으로 전개되는 내용에 대한 이해를 돕는다. 대화라고 해서 어려운 내용을 주고 받으라는 것이 아니다. 색깔과 사물의 이름을 묻는 정도여도 괜찮다. 예를 들어 What is it?(그게 뭐죠?), It's a cat.(고양이요.), What color is it?(무슨 색깔이죠?), It is black.(검은색이에요.)처럼 간단하고 쉬운 표현으로 아이와 동화에 관해 이야기해도 충분하다.

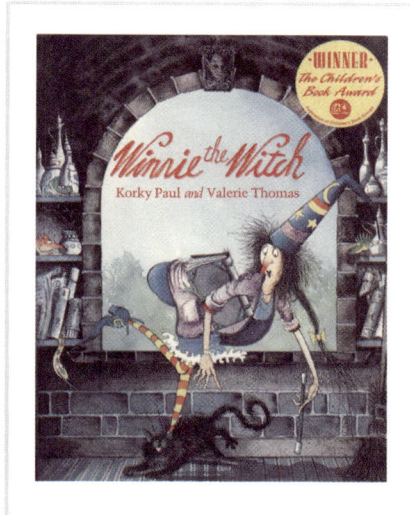

〈Winnie the Witch〉
'~을 할 수 있었다'라는 의미의 'could + 동사'와 그 반대 의미의 'couldn't + 동사' 패턴이 반복되고 있다. 책을 읽는 동안 자연스럽게 패턴을 반복해 연습하게 되고, 색상 표현과 신체 부위를 나타내는 단어까지 익힐 수 있다. 페이지를 넘기면서 What is it?, What color is it? 정도의 간단한 문장으로 동화에 관해 얘기하며 말하기 연습을 하면 효과적이다.

원어민 음성녹음을 듣고 손가락으로 짚어가며 읽는다

영어 발음에 어느 정도 자신이 있는 엄마라면 자신의 발음으로 직접 동화를 들려주어도 상관없다. 하지만 처음부터 책을 읽어주는 것이 자신 없으면 아이에게 먼저 원어민 음성녹음을 들려주자.

음성녹음을 들으면서 책에 있는 단어를 손가락으로 짚어준다. 아이들은 처음에 영어를 들을 때 음절이나 단어를 구분해서 들을 수 없으므로 어느 소리가 어느 단어인지, 들은 소리가 한 단어인지 두 단어인지 알지 못한다. 한 번도 배워본 적이 없는 외국어를 들을 때 어른의 귀에도 어디가 처음이고 끝인지 구분이 안 가고 그저 연속된 소리로만 들리는 것과 마찬가지다. 하지만 귀로 소리를 들으면서 눈으로 엄마의 손가락 따라가기를 여러 번 반복하는 동안 아이는 단어를 인지할 수 있게 된다. 아이가 잠자리에 들기 전에 한 번 더 음성녹음을 들려준다.

엄마의 목소리로 읽어준다

음성녹음을 한 번 들려준 다음에는 엄마가 직접 읽어준다. 엄마의 발음이 원어민만 못하겠지만, 대부분의 아이는 엄마와 함께한다는 사실만으로도 좋아하기 때문에 아이의 흥미를 유발할 수 있다는 점에서 효과적이다. 또한, 책을 읽으면서 아이의 호기심이나 질문에 바로 대답해줄 수 있다.

간혹 우리말로 해석해줘야 하나 말아야 하나 고민하는 엄마들이 있는데 아이가 이해하지 못하면 우리말로 설명해줘도 상관없다. 다만 지나치게 단어 하나하나, 문장 하나하나까지 세밀하게 해석해주는 것은 피하고 내용을 대강 알려주는 정도로 이야기한다.

이때 주의할 것이 있다. 처음부터 모든 것을 한 번에 끝내겠다는 욕심 때문에 자꾸 아이에게 '이게 뭐라고?'라는 식의 질문을 던지며 확인하기도 하는데, 이것은 동화의 재미를 망칠 뿐만 아니라 아이에게 부담감을 안겨줄 수 있으므로 자제해야 한다.

게임과 퀴즈로 동화 속 단어와 표현을 익힌다

퀴즈나 게임을 통해서 동화책에 나온 표현과 단어를 익히는 것도 빼놓을 수 없다. 몇 가지 방법을 소개하면 다음과 같다.

● 블라 블라 퀴즈로 단어 맞추기

'블라 블라(bla bla)'란 우리말로 '어쩌고 저쩌고'에 해당하는 영어표현이다. 아이가 동화 내용에 어느 정도 익숙해져야 할 수 있는 놀이다. 엄마가 동화를 읽다가 문장 중간에 단어 대신 '블라블라'라고 말하면 아이가 그 안에 들어가는 단어를 알아맞히는 방식으로 진행한다. 예를 들어 엄마가 I see a bla bla duck looking at me.(나는 나를 바라보는 _____ 오리를 보고 있어요.)라고 하면 아이는 yellow라고 하는 식이다. 엄마와 아이가 번갈아가면서 문제를 내면 더욱 효과적이다.

● **동화 속에서 단어 찾기**

아이와 함께 동화책을 보면서 책에 나온 단어를 엄마가 불러주면 아이가 글자를 찾는다. Where is the *bird*?(bird가 어디에 있죠?), Where is the *duck*?(duck은 어디에 있죠?), Find the word *yellow*.(yellow라는 단어를 찾아보세요.) 등으로 묻거나 지시하면 아이는 각각의 단어를 책에서 찾아 손가락으로 찍는다.

● **그림과 단어 매치시키기**

동화책에 나온 단어를 포스트잇에 적는다. 동물이 나오는 동화라면 bird, duck, bear 같은 동물 이름을 적으면 된다. 그리고 아이에게 동화책 그림 중에 단어와 맞는 것에 포스트잇을 붙이게 한다. 반대로, 그림을 그린 포스트잇을 단어가 있는 곳에 붙이기도 해본다.

Tip 인터넷 사이트 활용하기

▶ **DLTK 티치 www.dltk-teach.com**

Children's Book Breaks로 들어가면 〈Brown Bear, Brown Bear, What Do You See?〉와 〈Polar Bear, Polar Bear, What Do You Hear?〉에 등장하는 동물 그림을 인쇄할 수 있다. 아이스바를 먹고 난 후 막대를 모아두었다가 동물 그림을 인쇄해 붙여주면 퍼펫(손가락 인형)이 완성된다. 이렇게 만든 퍼펫으로 역할극 놀이를 해보자. 아이가 재미를 느끼고 영어동화에 더욱 흥미를 갖게 될 것이다.

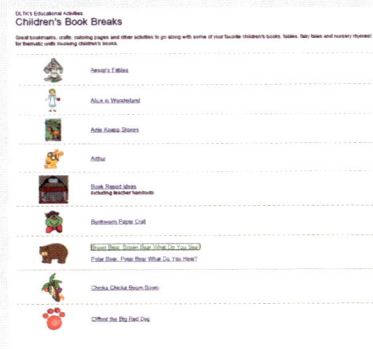

▶ **키즈클럽 www.kizclub.com**

Stories & Props에서 Storybook Patterns로 들어가면 유명한 그림동화의 활동자료를 구할 수 있다. 〈Brown Bear, Brown Bear, What Do You See?〉나 〈Go Away, Big Green Monster〉 등의 자료를 이용하여 나만의 책을 만들어보자. 사이트에 있는 그림을 인쇄해 오려서 도화지에 붙이고 각 그림 밑에 책에 있는 문장을 그대로 베껴 쓴다. 아이가 문장을 다 쓰기 어려울 때는 엄마가 문장을 써주고 동물 이름만 빈칸으로 남겨 아이가 직접 채우게 한다.

1등 읽기 책 〈런투리드〉 시리즈 100배 활용하기

주제별 학습법으로 효과를 높여라

CTP 출판사의 〈런투리드 Learn to Read〉 시리즈는 영어에 관심 있는 엄마라면 누구나 한 세트씩 갖고 있을 정도로 우리나라에서 인기가 있다. 사실, 그림이나 내용이 평범한데도 〈런투리드〉 시리즈가 오랫동안 인기를 유지하고 있는 이유는 아주 쉽고도 단순한 영어문장으로 이루어져 있어서 문장패턴을 익히기에 좋기 때문이다. 하지만 가장 큰 장점은 언어, 수학, 과학, 사회 등 다양한 주제별 학습을 하기에 적합하게 구성되어 있다는 점이다.

● 주제별 학습법이란 무엇인가?

듣기, 말하기, 읽기, 쓰기를 따로 나눠 각각 다른 교재로 그 영역만을 학습하는 것과 다르게 색깔, 동물, 신체 등 하나의 주제를 놓고 듣기, 말하기, 읽기, 쓰기를 동시에 가르치는 방법을 '주제별 학습법'이라고 한다. 예전에는 듣기교재로 듣기를 연습하고 문제를 풀었다. 그리고 회화교재로 말하기를 연습하고, 읽기교재로 해석을 하며 문제를 푸는 것이 일반적인 학습 방법이었다. 이렇게 분야를 나눠 따로 학습할 때 생기는 문제는, 각각의 언어영역을 하나로 연결할 공통점이 없다 보니 학습량은 많은데 실제로는 별다른 효과를 보지 못한다는 것이다. 이런 영역별 학습법의 대안으로 나온 것이 주제별 학습법이다. 즉, 한 가지 주제를 가지고 네 개의 언어영역을 하나로 묶어 연습하는 것이다.

주제별 학습법은 아이들의 흥미를 유발할 수 있을 뿐만 아니라 언어영역을 하나로 묶어서 학습하기 때문에 네 영역을 골고루 발달시킬 수 있다. 또한 색깔, 숫자, 가족, 직업 등 다양한 주제의 지식을 습득할 수 있다.

대개 얇은 책 하나만으로 학습이 진행되기 때문에 언뜻 보면 가르치는 내용이 부족해 보일 수 있지만, 책의 두께에 비해 학습효과는 훨씬 크고 오래 지속된다.

일주일에 1권씩, 한 달에 4권을 오버랩해 읽기

〈런투리드〉 시리즈 중에서도 활용도가 높은 책을 주제별로 선별하면 다음과 같다.

제 목	주 제
How Many?	수와 신체 단어 익히기
What's the Weather Like Today?	날씨 표현 익히기
What Do You See?	신체 단어 익히기
What's in My Pocket?	촉감 표현 익히기
Mr. Noisy's Book of Patterns	동작 표현 익히기
Cinderella Dressed in Yellow	색깔, 숫자, 옷 단어 익히기
Where's Your Tooth?	가구 이름과 전치사 under 개념 익히기
All Through the Week with Cat and Dog	음식 이름 익히기
Round and Round the Seasons Go	계절 단어 익히기
We Can Eat the Plants	식물의 구조 익히기
What Time Is It?	시간 표현 익히기
Mr. Noisy's Helpers	직업과 관련된 표현 익히기

2　How many legs on an octopus?

〈How Many?〉 2쪽
수와 신체 단어를 학습할 수 있다. legs(다리)라는 신체 단어를 익힐 수 있고, octopus(문어)의 다리 수를 세어보면서 숫자(1~8)를 익힐 수 있다.

〈런투리드〉 시리즈로 학습계획을 짤 때는 일주일에 한 권씩, 한 달에 총 네 권을 중복되게 한다. 물론, 책만 읽고 끝난다면 "이 얇은 책을 한 권 읽는 데 일주일이나 걸리나요?"라고 물을지도 모른다. 한번 읽어주고 음성녹음을 듣고 아이에게 읽어보라고 하는 것은 별로 효과가 없다. 한 권의 책을 기초로 책의 내용이나 주제를 가지고 다양한 활동을 하면서 읽으면 일주일에 한 권도 많을 수 있다.

다음과 같은 학습계획으로 책 네 권을 오버랩하면 아이도 지루해하지 않고 자연스럽게 반복할 수 있다. 다음 표를 참고해 〈런투리드〉 시리즈의 활용 계획을 세워보자.

기 간	책	주 제	활 동
1주	**<Buttons, Buttons>** (굵게 표시된 책은 그 주에 주로 활용해야 할 책이다.)	색깔 숫자 모양	• 단추 색깔 알아맞히기 • 물감 섞어서 색깔 만들어보기 • 미니북 만들기
2주	<Buttons, Buttons> **<I See Shapes>**	모양 색깔 숫자	• 집에 있는 물건의 모양 말하기 • 숫자 세기 • 미니북 만들기
3주	<Buttons, Buttons> <I See Shapes> **<How Many?>**	숫자 신체 부위 동물	• 동물의 다리 숫자 세기 • How many _____? 표현 익히기
4주	<Buttons, Buttons> <I See Shapes> <How Many?> **<What Do You See?>**	숫자 신체 부위 종합 학습	• 신체 부위 배우기 • 몬스터(괴물)를 그리면서 신체 부위 학습하기

〈런투리드〉 시리즈 네 권을 중복하면서 읽게 하는 학습계획표의 예

책에 나오는 표현에 단어 대치하기

음성녹음을 듣고 책을 읽어도 실제 말해보지 않으면 소용이 없다. 〈런투리드〉 시리즈는 문장이 단순하지만 대화연습과 놀이 등의 활동에 다양하게 활용할 수 있다. 예를 들어 〈How Many?〉를 읽고 난 후에는 거기에 나온 문장을 활용해서 How many crayons do you have?(크레파스를 몇 개 가지고 있나요?), How many friends do you have?(친구가 몇 명 있나요?)와 같은 질문을 주고받으며 실제로 대화해보자.

또, 〈What's in My Pocket?〉을 읽은 다음에는 책의 내용을 응용하여 호주머니 안에 무엇이 있는지 알아맞히는 놀이를 해보자. 아이가 책 내용과 표현을 어느 정도 익히면 바구니나 가방 안에 구슬(marble), 블록(block), 깃털(feather), 인형(doll), 동전(coin)과 같은 물건을 아이 몰래 넣어두고, 아이는 손을 넣어 만진 물건의 촉감이나 질감에 관해 이야기한다.

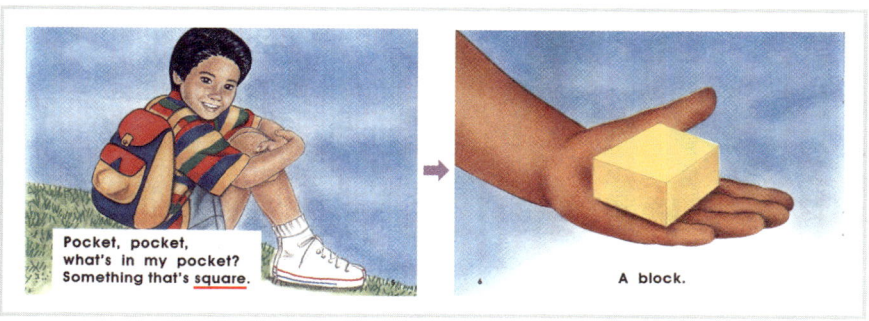

〈What's in My Pocket?〉 5~6쪽
밑줄 친 square 부분에 round, soft, hard 등을 넣어 연습해본다.

다음과 같이 〈What's in My Pocket?〉에 나온 표현을 응용해보자.

> Bag, bag, what's in my bag? 가방, 가방, 내 가방 안에 무엇이 있을까요?
> Something that's soft. A feather? 뭔가 부드러운 건데요. 깃털인가요?
> Let's see. Yes, it's a feather. 어디 봐요. 그래요, 깃털이네요.

이런 활동을 통해 물건 이름뿐만 아니라 round(둥근), square(네모난), soft(부드러운), hard(딱딱한), gooey(끈적거리는), fuzzy(보송보송한)와 같은 촉감에 관한 단어를 익힐 수 있다.

놀이를 통해 책에 나오는 표현 확장하기

〈Where's Your Tooth?〉에서는 pillow(베개), bed(침대), chair(의자) 등 집기와 가구, 가족을 나타내는 단어를 익힐 수 있다. 그리고 Where is _____? (~은 어디에 있어요?), It's under _____.(~ 아래 있어요.)라는 표현을 익힐 수 있다. 〈Where's Your Tooth?〉를 통해 어디까지 학습이 확장될 수 있는지 알아보자.

● **책 읽고 내용 이해하기**

아이와 함께 〈Where's Your Tooth?〉를 읽으면서 내용을 이해한다. 간단히 해석을 해줘도 좋지만, 그림을 보면서 내용을 대략 이해하도록 돕는 것이 좋다.

● **그림 보며 가족 명칭 익히기**

〈Where's Your Tooth?〉의 페이지마다 아빠와 엄마, 할머니와 할아버지가 등장한다. 그림을 보면서 가족을 나타내는 단어를 익힌 후 아이와 실제 가족에 대해 대화를 나눠본다. 다음 표현을 참고해보자.

> Who is he? 이 사람은 누구지?
>
> He's dad. 아빠예요.
>
> She's grandma. 할머니예요.
>
> How many people are there in your family? 당신의 가족은 몇 명인가요?
>
> There are four people in my family. 우리 가족은 네 명이에요.

〈Where's Your Tooth?〉 2쪽
그림을 보며 가족을 나타내는 단어를 익힌 후 아이와 실제 가족에 대해 대화를 나눠본다.

● **집안에 있는 가구와 물건 이름 익히기**

chair(의자), bed(침대), table(탁자/식탁), sofa(소파), lamp(램프/스탠드), chest(서랍장), hat(모자), pillow(베개) 등을 알려준다. 이때 플래시카드를 사용해도 좋다.

● 전치사 in, on, under 익히기

전치사 사용의 이해를 돕기 위해 바구니와 공을 준비한다. 바구니와 공의 위치를 바꿔가면서 각 전치사의 의미를 이해시킨다.

바구니 안에 공을 넣은 후 The ball is in the basket.(공이 바구니 안에 있어요.)이라고 말해준다. 공 위에 바구니를 얹은 후 The ball is under the basket.(공이 바구니 아래 있어요.)이라고 한다. 바구니를 뒤집어서 그 위에 공을 놓고 The ball is on the basket.(공이 바구니 위에 있어요.)이라고 한다. 반복적으로 말해 아이의 이해를 돕는다.

● 물건 이름 알아맞히기

엄마가 물건 이름을 말하지 않고 그것이 놓여있는 위치를 설명하면 아이는 그 물건의 이름을 알아맞힌다. 예를 들면 It is on the table. What is it?(그 물건은 탁자 위에 있어요. 그게 뭘까요?)이라고 물으면 아이는 It's a cup.(컵이요.)이라고 대답하는 것이다. 아이와 엄마가 서로 역할을 바꿔서 해본다. 책의 그림을 보고 해도 되고 집에 있는 물건으로 해도 된다. 다음 표현을 참고하자.

> It's on the bed. What is it? 그것은 침대 위에 있어요. 뭘까요?
> It's a pillow. 베개요.
> It's under the table. What is it? 그것은 탁자 아래에 있어요. 뭘까요?
> It's a bag. 가방이에요.

● **그림 속에서 물건 찾기**

〈Where's Your Tooth?〉를 또 한 번 읽어보자. 이번에는 그림에 대해 좀 더 다양한 대화를 나누도록 하자. 예를 들면 2쪽을 보면서 Where is the lamp?(램프는 어디에 있지요?)라고 질문하고 아이가 It's on the chest.(서랍장 위에 있어요.)라고 대답하는지 본다. 3쪽을 보면서 Where is the teddy bear?(테디베어는 어디에 있지요?)라고 묻고 아이가 It's in the bed.(침대 속에 있어요.)라고 대답하는지 본다.

마지막으로, 이 책의 하이라이트인 tooth fairy(이빨요정)를 찾아본다. 페이지마다 그림을 자세히 보면 tooth fairy가 숨어 있다.

● **꼼꼼하게 복습하기**

이 한 권의 책으로 얼마나 많은 표현과 단어를 익힐 수 있는지 느꼈을 것이다. '어휴! 이 많은 것을 언제 다 가르치라는 건가?'라는 걱정이 먼저 앞설 수 있다. 하지만 걱정할 필요는 없다. 이 과정을 하루에 전부 다 하라는 것이 아니기 때문이다. 매일 반복해서 책을 읽으면서 하루에 단어 몇 개와 표현 하나씩만 가르쳐도 된다. 오늘은 책만 읽고, 내일은 책 읽기와 가족 소개를 하고, 다음날은 책을 읽고 가구 이름을 가르친다. 〈런투리드〉 시리즈의 다른 책들도 계속 같은 단어와 표현이 반복되어 나오도록 구성되어 있기 때문에 이런 식으로 가르치면 된다.

● **간단한 워크시트로 쓰기 학습하기**

워크시트를 활용해 한 권의 책을 읽으면서 배운 단어나 문장을 쓰는 연습을 시킨다. 이 쓰기 연습은 배운 단어를 기억하기 위한 활동이지만 너무 이른 나이에 쓰기를 시키는 것은 그다지 바람직하지 않다. 지루한 쓰기 학습은 영어에 대한 흥미를 잃게 할 수 있기 때문이다. 처음에는 단어와 그림 짝짓기 정도에서 시작하여 몇 개의 단어를 따라 쓰게 한다. 초등학생이라면 단어 쓰기에 그다지 거부감을 갖지 않으므로 공책에 배운 단어를 쓰고 그림을 그려보게 하는 것도 좋은 활동이다.

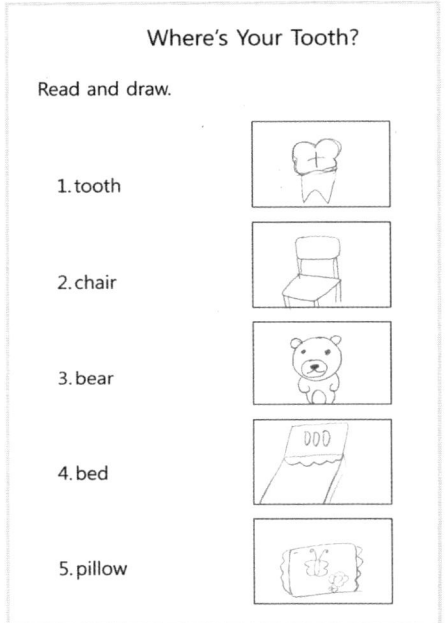

〈Where's Your Tooth?〉 워크시트
누구나 간단히 워크시트를 만들 수 있다. 워크시트를 만들기가 어려우면 무료 웹사이트를 활용하거나 영어 공책에 단어를 쓰고 그림을 그리게 하면 된다.

TiP
인터넷 사이트 활용하기

▶ 키다리영어샵 www.ikidari.co.kr
교육메일/세미나에서 〈런투리드〉 시리즈의 활동자료를 광범위하게 제공하고 있다. 〈런투리드〉 자료의 총집합소라고 할 수 있으므로 잘 활용하면 워크시트도 쉽게 만들 수 있다.

▶ ESL 키즈 www.esl-kids.com
Worksheets로 들어가면 ESL-Kids' Worksheet Generator라는 워크시트 제작 프로그램을 제공하고 있다. 원하는 주제, 단어, 워크시트 형태를 선택하면 자동으로 워크시트를 만들어주기 때문에 워크시트 만드는 것을 어려워하는 사람들에게 매우 유용한 프로그램이다.

▶ 인챈티드러닝 www.enchantedlearning.com
다양한 주제의 학습자료를 제공하고 있다. 나이별, 주제별, 수준별로 필요한 자료를 찾아 활용해보자. 특히, K-3 Theme Pages로 들어가면 동물, 음식, 사람 등 주제별로 다양한 활동자료를 구할 수 있다.

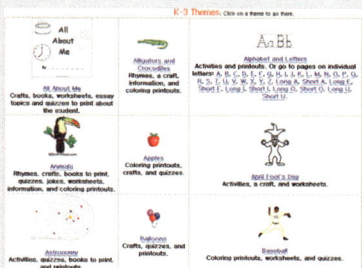

121

미니북 만들기로 글쓰기의 맛을 들여라

미니북 만들기는 유치원교육에서 빼놓을 수 없는 활동이다. 미니북 만들기란 한 가지 주제와 일정한 문장패턴을 활용하여 아이가 직접 손으로 책을 만들어보는 것이다. 미니북을 만들면서 아이는 문장과 단어를 더 잘 이해할 수 있고 엄마는 아이의 이해력이나 문장과 단어 사용능력을 한꺼번에 확인할 수 있다. 또한, 미니북을 만드는 과정을 통해 아이의 창의력까지 키워지므로 미니북 만들기는 교육적 효과가 매우 높은 활동이다.

쉬운 동화책을 응용한다

〈런투리드〉 시리즈나 에릭 칼(Eric Carle)의 〈Brown Bear, Brown Bear, What Do You See?〉처럼 단순한 문장패턴이 반복적으로 나오는 동화책을 잘 응용하면 누구나 미니북을 쉽게 만들 수 있다.

● **My Shape Book 만들기**

〈런투리드〉 시리즈의 〈I See Shapes〉를 읽고 모양(Shape)에 관한 미니북을 만들어보자. 이 책은 생일파티에서 볼 수 있는 선물상자나 모자 등 다양한 사물을 활용해 모양을 가르치고 있다. 또한, I see triangles. Now I see hats.라는 문장패턴이 반복된다. 바로 이 문장패턴을 응용하여 모양에 관한 미니북을 만들 수 있다.

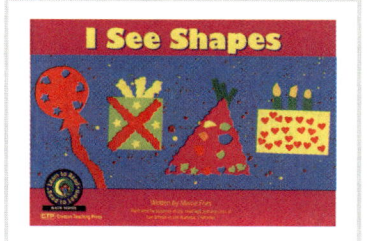

My Shape Book 만들기
❶ A4 용지 3장과 낡은 잡지, 색연필 등을 준비한다.
❷ A4 용지를 반으로 접어서 책 모양을 만든다.
❸ 첫 페이지는 표지로 남겨 둔다.
❹ 두 번째 페이지에 동그라미를 그리고 그 밑에 I see a circle.이라고 적는다.
❺ 세 번째 페이지에는 동그라미 모양의 물건을 잡지에서 찾아서 오려 붙이거나 그림을 그린다.
❻ 그림 아래 Now I see a ball.이라고 적는다.
❼ 네 번째 페이지에 삼각형을 그리고 그 아래 I see a triangle.이라고 적는다.
❽ 다음 페이지에 삼각형 모양의 물건을 그려 넣거나 오려 붙인 후 문장을 적는다.
❾ 같은 방법으로 정사각형 페이지(I see a square.)와 직사각형 페이지(I see a rectangle.)를 만든다.
❿ 표지에 My Shape Book이라고 쓴 후에 앞서 만들었던 종이를 모아 스테이플러로 박거나 끈으로 묶는다. 표지에 아이의 이름을 쓰고 예쁜 그림으로 표지를 장식한다.

● **My Color Book 만들기**

앞서 소개한 것과 같은 방법으로 〈런투리드〉 시리즈의 〈I See Colors〉를 읽고

My Color Book을 만들어보자. 색연필이나 색종이를 사용하여 색깔에 관한 멋진 미니북을 만들 수 있다.

또한, My Color Book을 다르게 만들 수도 있다. 먼저 아이와 함께 색깔을 대표하는 사물을 주변에서 찾아보고 목록을 만들어본다.

- **yellow** – banana, lemon
- **red** – tomato, apple
- **blue** – sky, sea

목록이 만들어졌으면 아이와 함께 My Color Book을 만들어보자. 기본적인 방법은 My Shape Book을 만드는 단계를 따른다.

My Color Book 만들기
1. A4 용지와 색연필 등을 준비한다.
2. A4 용지를 반으로 접어서 책 모양을 만든다.
3. 각 색깔을 대표하는 사물을 그리고 그 밑에 A lemon is yellow.(레몬은 노란색입니다.)라고 적는다. 이때 yellow, red, blue 등 각 색깔을 나타내는 단어의 글자는 해당 색깔의 색연필을 이용하여 쓴다. 즉 yellow는 노란 색연필로, red는 빨간 색연필로 쓰는 것이다.
4. 표지에 My Color Book, 또는 My First Book of Colors라고 쓴 후 아이의 이름을 쓰고 예쁜 그림으로 표지를 장식한다.

● **My Job Book 만들기**

My Color Book이나 My Shape Book처럼 간단한 문장으로 이루어진 미니북 만들기에 익숙해지면 언어 수준을 좀 더 높여 다양한 미니북 만들기에 도전해 보자. 〈런투리드〉 시리즈의 〈Mr. Noisy's Helpers〉를 읽고 직업과 관련된 여러 단어와 표현을 익힌 다음 이를 바탕으로 미니북을 만들 수 있다. Who helps Mr. Noisy when he _____?를 Who helps me when I _____?로 바꾸고 적절한 그림만 그려주면 훌륭한 미니북이 완성된다.

먼저 아이와 함께 직업과 관련된 단어 목록을 만든다.

- **doctor**(의사) – when I'm sick(내가 아플 때)
- **cook**(요리사) – when I'm hungry(내가 배고플 때)
- **vet**(수의사) – when my cat is sick(내 고양이가 아플 때)
- **police officer**(경찰관) – when I'm lost(내가 길을 잃었을 때)

목록이 만들어졌으면 아이와 함께 My Job Book을 만들어보자.

My Job Book

My Job Book 만들기
❶ A4 용지와 색연필 등을 준비한다.
❷ A4 용지를 반으로 접어서 책 모양을 만든다.
❸ 각 직업을 나타내는 그림을 그리고 그 밑에 직업과 관련된 문장을 쓴다. 미리 작성한 목록을 이용하여 Who helps me when my cat is sick? The vet helps me.(내 고양이가 아플 때 누가 도와주나요? 수의사가 도와줘요.) 라는 문장패턴을 반복한다.
❹ 표지에 My Job Book 또는 Who Helps Me?라고 쓴 후에 아이의 이름을 쓰고 예쁜 그림으로 표지를 장식한다.

이 밖에도 음식에 관한 Food Book, 동물에 관한 Animal Book, 숫자에 관한 Number Book, 계절에 관한 Season Book 등 만들 수 있는 미니북의 주제는 무궁무진하게 많다. 이 STEP에서는 가장 단순한 형태의 미니북을 소개했지만, 아코디언 모양의 미니북, 사람이나 동물 모양의 미니북 등 다양한 형태의 미니북을 만들 수 있다.

TiP
인터넷 사이트 활용하기

▶ **DLTK 티치** www.dltk-teach.com
　Mini-Books Ideas로 들어가면 다양한 주제의 미니북을 만들 수 있는 자료를 무료로 얻을 수 있다. 프린트해서 사용하거나 이를 응용하여 새로운 미니북을 만들어보자.

▶ **키즈클럽** www.kizclub.com
　Crafts에서 Animal Crafts로 들어가면 Insect Collection Box나 Pet Accordion Book을 만들 수 있는 자료를 구할 수 있다. 또한, **Teaching Extras**로 들어가서 **My Home**의 Furniture가 제공하는 그림을 활용하여 Where Is Your Teddy?라는 제목으로 미니북을 만들어보자. 가구 그림을 오려서 A4 종이 한 장에 한 가구씩 그림 윗부분만 테이프로 붙인다. 포스트잇에 테디베어를 간단하게 그린 다음 원하는 가구 그림 밑에 아이 몰래 붙인다. 포스트잇을 활용하면 뗐다 붙였다 할 수 있기 때문에 읽을 때마다 테디베어의 위치를 바꿔주면 아이가 직접 그림을 들춰보며 어디에 테디베어가 있는지 알아맞히는 재미를 느낄 수 있다. 마지막으로 각 장에 Where is your teddy? Is it under the _____?라는 문장을 적으면 미니북이 완성된다.

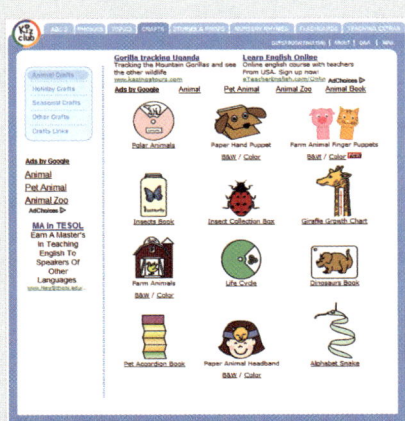

과학 리더스 시리즈로 영어와 과학을 배운다

영어로 과학을 학습한다

앞에서도 말했지만, 영어를 도구로 활용하여 다른 과목과 접목하는 교육방법은 매우 효과적이면서 중요한 학습법이다. '영어를 가르치지 말고 영어로 가르치라'는 말도 그런 의미에서 나온 말이다. 특히, 과학과 영어는 접목하기에 매우 좋다. '과학 리더스 시리즈'로 알려진 스컬래스틱(Scholastic) 출판사의 〈헬로 리더 사이언스 Hello Reader Science〉 시리즈는 이야기를 통해 과학 개념을 익히면서 동시에 영어를 학습할 수 있게 구성되어 있다.

이 시리즈에서는 나비, 불, 나뭇잎, 눈, 바위, 별, 씨앗, 사과, 물, 지구 등을 I(나)로 의인화하여 이야기를 들려준다. 그래서 제목도 모두 〈I'm a Caterpillar〉, 〈I Am Snow〉, 〈I'm a Seed〉 등 I(나)로 시작한다.

〈I Am Snow〉 같은 경우 이야기를 읽어가면서 비나 우박, 얼음의 차이를 알게 된다. 또한, 눈 결정 모양도 만들어볼 수 있다.

〈I'm a Seed〉에서는 두 씨앗이 대화하면서 이야기를 풀어나가는데, 하나는 줄기가 위로 올라가는 씨앗이고 다른 하나는 땅속으로 뻗어 가는 씨앗이다. 잎 모양도 다르고 꽃도 다르다. 마침내, 하나는 메리골드라는 꽃이 되고 하나는 호박

이 된다. 그리고 결국은 둘 다 다시 씨앗으로 되돌아간다는 이야기다. 이렇게 따뜻하면서도 쉽고 자세하게 씨앗에 대해 설명한 책은 드물다. 이제 〈헬로 리더 사이언스〉 시리즈를 활용하는 방법을 살펴보자.

그림을 통해 기본 정보를 이해한다

책을 읽기 전에 그림을 통해 먼저 기본 정보를 이해하면 나중에 글을 읽을 때나 음성녹음을 들을 때 큰 도움이 된다. 알고 있는 정보에 관한 내용을 읽거나 들을 때와 배경지식이 없는 내용을 읽거나 들을 때 이해도의 차이는 크기 마련이다. 따라서 먼저 아이와 함께 그림을 보며 이야기를 나누도록 한다. 이때 가능하면 영어로 묻고 대답하는 것이 가장 바람직하지만, 영어가 자신 없으면 우리말로 설명해줘도 상관없다.

예를 들어 〈I'm a Seed〉를 읽는다면 우선 그림을 보면서 아이와 두 가지 씨앗에 관한 이야기를 나눠보고 두 씨앗의 차이가 무엇인지 얘기해본다. 영어로 물어보려면 What do you see?(뭐가 보이죠?), What is it?(그게 뭐죠?), How many _____?(~이 몇 개인가요?)라는 표현을 사용해보자. 나머지는 이야기를 읽으면서 천천히 알아가면 된다.

포스트잇을 활용하여 단어를 익힌다

포스트잇을 활용하면 정말 손쉽게 단어 연습을 시킬 수 있다. 〈I'm a Seed〉를 읽고 포스트잇에 seed(씨앗), root(줄기), stem(줄기), petal(꽃잎), pumpkin(호박), leaf(잎)라는 단어를 적는다. 이때 우리말 뜻은 넣지 않는다. 단어가 적힌 포스트 잇을 아이에게 주고 각 단어에 맞는 그림을 찾아 그 위에 붙이게 하면 된다.

표현을 구체적인 활동과 함께 익힌다

〈I Am Snow〉를 읽고 색종이 등으로 눈 결정을 만들어보거나 〈I am Earth Planet〉을 읽고 지구본을 보며 사막, 산, 바다, 이웃 나라 등을 찾아본다. 이렇게 하면 책의 내용을 이해하고 표현을 익히는 데 도움이 될 뿐만 아니라 다른 관련 지식도 한꺼번에 얻을 수 있다.

〈I'm a Seed〉는 읽고 나서 실제로 씨앗을 심어 성장 과정을 지켜보면서 책에서 배운 내용을 확인하면 좋다.

직접 씨앗을 땅에 심어서 자라는 과정을 관찰하는 것이 여의치 않으면 간단하게 콩을 수경재배로 키워보자. 물에 젖은 솜이나 휴지를 지퍼백에 넣고 콩을 몇 알 넣는다. 이때 물이 너무 많으면 콩이 썩을 수 있으니 주의한다. 이 지퍼백을 볕이 좋은 창문에 테이프로 붙여두면 관찰하기 편하다. 콩이 물을 빨아들이면서 싹이 트고 뿌리와 줄기가 자라는 것을 볼 수 있다. 이 과정을 지켜보면서 다음 표현을 활용해 아이와 함께 대화를 나눠보자.

> Let's watch it grow. 그것이 자라는 것을 지켜봅시다.
> What is it? 그게 뭐죠?
> What do you see? 뭐가 보여요?

It's a seed[root/stem/flower]. 그건 씨앗/뿌리/줄기/꽃이에요.

What does it need? 그것에 무엇이 필요할까요?

It needs sunshine and water. 햇빛과 물이 필요해요.

Let's water it. 물을 줍시다.

활동을 통해 영어표현 익히기
물에 젖은 솜이나 휴지를 지퍼백에 넣고 콩을 직접 키워 보자. 이런 활동을 통해 〈I'm a Seed〉의 내용을 확인하면 아이는 외우지 않아도 저절로 영어표현을 기억하게 될 것이다.

같은 주제의 그림책을 두세 권 골라 같이 읽는다

〈헬로 리더 사이언스〉 시리즈의 〈I'm a Caterpillar〉를 읽고 나서 에릭 칼의 〈The Very Hungry Caterpillar〉를 읽으면 같은 주제와 단어를 반복해서 배울 수 있다. 따라서 표현이나 단어를 저절로 외울 수 있고, 해당 주제에 대해 더 많은 것을 알 수 있게 된다.(두 책 모두 애벌레가 나비가 되는 과정을 주제로 삼았다.) 마찬가지로, 〈I'm a Seed〉를 읽은 후에는 에릭 칼의 〈The Tiny Seed〉를 읽으면 좋다.

〈헬로 리더 사이언스〉 시리즈 이외에도 많은 과학 리더스 시리즈가 출시되어 있다. 그중 〈TCM Science Readers〉 시리즈와 내셔널 지오그래픽(National Geographic)에서 나온 〈World Window-Science〉 시리즈는 여러 단계에 걸쳐 광범위하게 과학적 주제를 다루므로 초등 저학년부터 고학년까지 재미있게 읽을 수 있다. 수많은 책을 한 번에 시리즈로 구매하기보다는 아이의 관심과 수준에 맞는 책을 한 권씩 읽히는 것이 좋다. 또한, 과학책과 동화책을 적절히 섞어가며 읽히는 것이 아이가 영어에 대한 흥미를 유지하는 데 도움이 된다.

과학에 관한 그림사전을 만든다

책을 읽은 다음 내용을 어느 정도 이해했다면 이를 바탕으로 아이와 함께 그림사전을 만들어보자. 예를 들어 〈I'm a Caterpillar〉를 읽은 후 A4 용지에 나비가 변화하는 과정을 그린다. 그런 다음 단어나 간단한 문장으로 그림에 관한 설명을 덧붙인다. 이때 한 번에 너무 많은 정보를 담으려 하지 말고 중요한 정보만을 선택해야 한다. 이런 방식으로 책 한 권을 읽을 때마다 한두 페이지 이내로 그림과 설명을 써넣는다. 이것을 모아 엮으면 훌륭한 과학그림사전이 완성된다. 이 활동은 아이가 쓰기와 읽기 능력을 향상시킬 수 있게 도와줄 뿐만 아니라, 자신이 직접 만든 사전이라는 점에서 아이에게 성취감을 안겨준다.

T i P
인터넷 사이트 활용하기

▶ **키즈클럽 www.kizclub.com**
Crafts에서 Animal Crafts로 들어가면 Life Cycle 자료를 볼 수 있다. 이것을 활용해 돌림판을 만들어 돌리면서 egg(알) → caterpillar(애벌레) → cocoon(고치) → butterfly(나비)의 변이과정에 관해 아이와 이야기해본다.

▶ **크래욜라 www.crayola.com**
Coloring Pages에서 과학과 관련된 다양한 워크시트를 얻을 수 있다.

▶ **리틀 익스플로러 그림영어사전**
www.enchantedlearning.com/Dictionary.html
인터넷 그림영어사전이다. 아이를 가르치기 위해 용어나 상세한 정보를 알고 싶을 때 이 사이트를 이용한다. B로 들어가 butterfly를 선택하면 그림과 함께 나비에 관한 상세한 정보와 다양한 활동자료를 얻을 수 있다.

▶ **매직스쿨버스 www.scholastic.com/magicschoolbus/games/**
Games에 들어가면 3~7세 아동을 위한 많은 게임을 즐길 수 있다. 특히, The Magic School Bus®에서 Space Chase, The Great Habitat Match, Monster Bugs와 같은 게임을 통해 우주, 동물의 서식지, 곤충 등 여러 분야의 과학 정보를 쌓을 수 있다. 이 밖에도 다양한 과학 상식을 얻을 수 있어서 아이에게 과학 관련 단어나 개념을 설명할 때 참고하면 좋다.

▶ **어린이 내셔널 지오그래픽**
kidsblogs.nationalgeographic.com/blogs
어린아이들을 위한 내셔널 지오그래픽 사이트로 Little Kids에 들어가면 동물에 관한 동영상, 애니메이션, 활동자료 등 과학과 관련된 풍부한 교육자료를 얻을 수 있다.

전래동화는 읽기와 말하기의 부스터(Booster)

전래동화는 표현이 반복되어 효과 만점

전래동화가 언어교육에 도움을 주는 이유는 무엇보다 사건이나 표현의 반복성 때문이다. 우리가 잘 알고 있는 〈아기돼지 삼형제〉를 예로 들어보자. 늑대가 첫째 돼지에게 와서 문을 열어달라고 한다. 그러나 첫째 돼지가 거절하자 늑대는 입으로 바람을 불어 첫째 돼지의 지푸라기 집을 날려버린다.

늑대는 이윽고 둘째 돼지, 셋째 돼지의 집을 찾아가 Little pig, little pig, let me in, let me in.(꼬마 돼지야, 꼬마 돼지야, 나 좀 들여보내 줘, 들여보내 줘.)라고 같은 말을 반복한다. 각 전래동화마다 유명한 대사가 있는데, 출판사에 따라 이야기 전개는 조금씩 달라도 대사가 반복되는 것은 마찬가지다.

전래동화를 읽는 동안 같은 문장을 여러 번 반복하게 되기 때문에 아이들은 표현이나 단어 등을 자연스럽게 익히고 책을 읽고 난 후에도 오랫동안 기억할 수 있게 된다. 그리고 우리말로 전래동화를 많이 읽은 아이는 이미 이야기가 어떻게 흘러갈지 알기 때문에 일일이 해석해주지 않아도 그림과 단어 몇 개만 보고도 이야기를 쉽게 이해할 수 있다.

국내에 수입된 전래동화 시리즈 중에서는 에디슨 웨슬리(Addison-Wesley) 출판

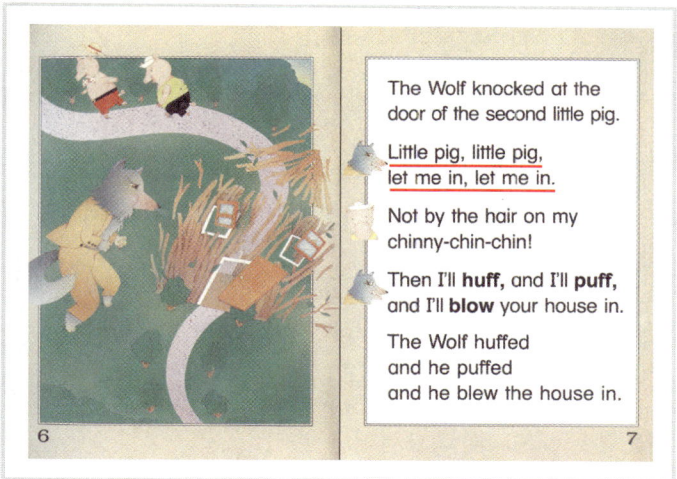

〈키드명작동화〉 시리즈 중 〈The Three Little Pigs〉 6~7쪽
Little pig, little pig, let me in, let me in.처럼 전래동화는 대사가 반복되는 것이 특징이다.
반복되는 대사는 아이들의 영어학습에 매우 효과적이다.

사에서 나온 명작동화 시리즈가 가장 활용도가 높다. 이 시리즈에서 몇 권은 글자에 익숙하지 않은 아이들이 읽기 좋게 단어 대신 그림을 넣어 문장을 구성하고 있다. 현재 국내에서 〈키드명작동화-오디오로 배우는 문진 영어연극 시리즈〉라는 이름으로 연극대본과 함께 판매되고 있다. 대본에는 이야기의 주제와 학습요령 등이수록되어 있다. 이중에서 가장 쉽게 읽을 수 있는 대표적인 작품을 고른다면 〈Goldilocks and the Three Bears 골디락스와 곰 세마리〉, 〈The Gingerbread Man 진저브레드 맨〉, 〈The Three Little Pigs 아기돼지 삼형제〉, 〈The Little Red Hen 귀여운 빨간 암탉〉, 〈The Farmer and the Beet 농부와 커다란 무〉, 〈The Rabbit and the Turnip 토끼와 순무〉 등이 있다.

이보다 좀 더 내용이 많은 다른 전래동화를 찾는다면 〈Read It Yourself〉 시리즈를 권한다. 이외에도 많은 전래동화 시리즈가 국내외 출판사에서 출시되어 있으므로 그중에서 아이의 흥미와 수준에 맞는 동화를 선택한다.

전래동화를 읽기 전에 음성녹음을 들려준다

전래동화책을 읽기 전에 음성녹음을 먼저 두 번 정도 들려준다. 그런 다음 아이가 내용을 어느 정도 이해했는지 알아본다.

이때 아이에게 "무슨 내용이니?"라고 묻기보다는 세부내용에 대한 구체적인 질문을 여러 개 하는 것이 좋다. 어린아이들은 알고 있는 내용을 요약해 설명하는 능력이 부족하므로 내용을 이해했더라도 제대로 표현하지 못하기 때문이다.

다음 표현을 참고해 아이에게 동화 내용을 물어보자. 아직 엄마와 아이 모두 영어로 말하는 것이 서툴면 우리말로 묻고 대답해도 좋다.

> Who are the characters? / Who is in the story?
> 등장인물이 누군가요?/이야기에 누가 나오나요?
>
> How many pigs are there? 돼지가 몇 마리죠?
>
> What happened in the beginning? 처음에 무슨 일이 있었죠?
>
> What did the wolf say? 늑대가 뭐라고 했죠?
>
> What happened next? 그다음은 어떻게 되었죠?
>
> What happened to the wolf? 늑대에게 무슨 일이 일어났나요?

이런 질문에 대답하는 동안 아이는 자신이 알아들은 내용을 머릿속에 정리하게 된다. 이때는 아이가 질문에 틀리게 답하더라도 지적하거나 고쳐주지 말고, 일단 아이의 대답만 듣고 대답이 맞는지는 책을 읽어보며 확인하게 한다. 아이가 답을 확인한다는 목적을 갖고 책을 읽으면 내용에 더욱 집중하게 될 것이다.

전래동화를 소리 내어 읽어본다

〈키드명작동화〉 시리즈 중 〈The Gingerbread Man〉, 〈The Farmer and the Beet〉, 〈Goldilocks and the Three Bears〉는 아직 글자에 익숙하지 않은 아이들에게 읽어주기 좋게 문장 중간에 글자 대신 그림을 넣어 문장을 구성하고 있다. 아이가 아직 글을 잘 읽지 못하면 엄마가 문장을 읽고 문장 속의 그림 부분만 아이에게 읽게 한다.

〈키드명작동화〉 시리즈 중 〈Goldilocks and the Three Bears〉 14~15쪽
bed, papa bear, mama pear, baby bear 부분은 글자 대신 그림이 들어가 있다. 문장을 읽어주다가 그림이 나오면 아이에게 읽게 한다.

책을 다 읽은 다음 앞서 음성녹음만을 들었을 때 알아들은 내용과 일치하는지 확인한다. 이때 우리말로 문장을 일일이 해석하게 하지 말고 전체적인 내용을 확인하는 질문을 한다.

역할극을 해본다

영어로 연극을 하면 아이들은 '내가 영어로 말을 하는구나'라는 생각이 들어 영어에 대한 자신감을 갖게 된다. 대사를 외워 말을 하는 과정에서 성취감을 느끼게 되고, 이런 식으로 습득한 표현은 쉽게 잊지 않는다.

앞서 소개한 책들에는 대부분 부록으로 연극대본이 들어 있다. 그 연극대본을 활용하는 것도 좋은 방법이지만 대본에는 책에 나오지 않는 대사가 들어 있는 경우가 있기 때문에 아이가 어려워할 수도 있다. 책을 읽을 때 엄마와 아이가 역할을 나눠 자기가 맡은 역할의 대사를 읽는 것으로도 충분하다.

TiP
인터넷 사이트 활용하기

▶ 키즈클럽 www.kizclub.com
Stories & Props의 Level 3을 클릭하면 <The Three Bears>, <The Three Pigs>, <Country Mouse & City Mouse> 등 유명한 전래동화를 읽을 수 있다. 또한, Classic Tales Patterns에서 제공하는 그림자료를 활용하여 역할극을 할 수 있다.

▶ 유튜브 www.youtube.com
유튜브 사이트의 검색창에 전래동화의 제목을 입력한다. 검색된 많은 동영상 중 아이의 수준에 맞는 것을 선별한다. 책을 읽은 후 동영상을 보면 자막이 없어도 아이가 내용을 쉽게 이해할 수 있다.

▶ 그림 동화 www.grimmfairytales.com
Grimm Tales에 들어가면 그림 형제(Jacob Grimm, Wilhelm Grimm)의 동화를 플래시 영상과 함께 즐길 수 있다. 유명한 동화 <Brementown Musicians>와 <Faithful John> 등을 굵직한 목소리의 나레이터가 읽어준다. 다만, 단어나 표현이 쉽지 않고 내용이 길기 때문에 어느 정도 영어실력을 쌓은 아이에게 적합하다. 아이가 어려워하면 부모님이 이야기의 내용을 설명해 주거나 우리말로 된 동화를 먼저 읽게 한 다음 활용한다.

그림영어사전으로 단어 메모리를 늘려라

주제별로 나와 있는 그림영어사전을 선택한다

주제별로 구성된 그림영어사전(Picture Dictionary)은 아이뿐만 아니라 성인에게도 권하고 싶은 교재다. 그림영어사전만 잘 활용해도 영어실력을 키우는 데 큰 효과를 볼 수 있기 때문이다. 다만, 이것만으로 연습하면 아이들이 지루해할 수 있으므로 재미있는 동화책을 함께 읽게 하는 것이 좋다. 또한, 대부분 주제별로 되어 있어〈런투리드〉시리즈 같은 책과 병행하거나 미니북을 만들 때 활용하면 단어를 확장시키는 데 많은 도움이 된다.

시중에 그림영어사전이 많이 나와 있지만, 그중에서도 스컬래스틱(Scholastic) 출판사의〈First Picture Dictionary〉가 어린아이들의 눈높이에 맞게 구성되어 있다. 이 책은 아이들의 눈에 담기는 여러 사물을 세밀한 그림으로 표현하고 있다. 또한, 주제와 관련된 재미있는 수수께끼가 중간 중간 들어가기 때문에 아이들의 흥미를 불러일으킬 수 있다. 이외에도 옥스퍼드(Oxford) 출판사에서 나온〈Let's Go Picture Dictionary〉나〈The Oxford Picture Dictionary for Kids〉도 저학년 아이들에게 활용하기 좋은 그림영어사전이다.

종종 그림영어사전을 단순히 단어암기용으로만 사용하려고 하는데, 이는 책을 제대로 활용하지 못하는 것이다. 다시 한 번 강조하지만, 어린아이들에게 무조건 단어암기를 시키는 것은 영어학습에 대한 흥미를 떨어뜨릴 수 있다. 물론, 아이들은 단어를 외우라고 하면 어떻게 해서든지 외운다. 하지만 급한 마음에 하루에 한 주제를 끝내는 것을 목표로 삼고 억지로 단어를 외우게 하여 빨리 책을 마쳤다고 해도 아이의 단어 실력은 늘지 않는다. 단어 실력을 향상시키기 위해서는 듣기, 읽기, 말하기, 쓰기를 통해 같은 단어를 여러 번 사용해야 한다. 한 단어를 완전히 자기 것으로 만들기 위해서는 그 단어를 적어도 스무 번 정도 접해봐야 한다는 말이 있다. 이것은 같은 단어를 반복해서 스무 번 공책에 쓰라는 의미가 아니다. 같은 단어로 게임도 하고 쓰기도 하면서 다양한 활동을 통해 반복하라는 뜻이다.

한 가지 주의할 것은 교재를 무조건 첫 장부터 가르칠 필요는 없다는 점이다. 아이의 흥미나 나이에 맞추는 것이 중요하다. 어려운 개념은 나중으로 미루고 모양이나 색깔, 신체 부위부터 시작하는 것이 좋다.

놀이를 통해 단어를 연습한다

● 주제별 빙고 게임

빙고 게임은 단어의 듣기, 읽기, 말하기, 쓰기 모두를 효과적으로 연습할 수 있는 활동이다. 우선, 9칸(3×3)짜리나 16칸(4×4)짜리 빙고판을 만든다. 옷, 음식, 동물, 가구 이름 등 한 가지 주제를 골라 단어로 칸을 채운다. 단어 쓰기가 익숙하지 않은 아이들은 빙고판에 글자 대신 그림을 그려도 좋다. 엄마와 아이가 번갈아가면서 자신의 빙고판에 적힌 단어를 말하고 동그라미를 친다.

이때 단순히 pants, dress라고 하기보다는 이왕이면 I'm wearing pants.(나는 바지를 입고 있어요.)나 I'm wearing a dress.(나는 드레스를 입고 있어요.)처럼 문장으로 표현해보자. 만약 처음부터 문장으로 말하기 어렵다면 단어만으로 게임을 해도 좋다. 동그라미 친 단어가 먼저 일직선이 된 쪽이 이기는 게임이지만 규칙을 바꿔 ㄴ자 모양 빙고, ㄱ자 모양 빙고로 해도 재미있다.

pants	dress	skirt	tank top
T-shirt	jacket	coat	uniform
sweater	jeans	overalls	raincoat
sweat shirt	cardigan	pajamas	bathrobe

옷 이름으로 만든 빙고판의 예
동그라미 칠 단어를 말할 때는 단어를 넣어 문장으로 말하게 한다.

● **듣고 체크하기**

한 가지 주제에 관해 5~7개 정도의 단어를 고른다. 옆 페이지에 있는 것처럼 엄마와 아이가 같은 표를 하나씩 만들어 가진다. 표 안을 글자 대신 그림으로 채워도 좋다. 엄마가 가로와 세로 칸에 적힌 단어 중 각각 하나씩 골라 두 단어가 들어 있는 문장을 말한다.(예를 들어 '옷'을 주제로 표를 만들고, Mom is wearing a dress.라고 말한다.) 아이는 자신의 표를 보고 해당하는 칸에 체크를 한다. 이때 엄마는 자신의 표를 보여주어서는 안 된다. 5~7개 정도의 문장을 부르고 체크한 후 엄마와 아이가 서로 자신의 표를 보여주고 체크한 부분이 서로 맞는지 확인한다. 아이가 맞게 표시했으면 칭찬을 해주고 스티커를 주도록 한다. 나중에 일정한 수의 스티커가 모이면 아이가 원하는 상을 준다.

	dress	pants	T-shirt	tank top	sweater	jacket	coat
Dad		✓					
Mom	✓					✓	
Sister				✓			
Brother			✓			✓	

듣고 체크하기 표의 예
엄마가 불러주는 문장을 잘 듣고 아이는 해당 칸에 체크한다.

● **단어 퍼즐**

대표적인 단어 퍼즐로 워드서치(word search)와 크로스워드(crossword)가 있다. 워드서치는 알파벳 글자가 많이 적힌 퍼즐판에서 해당 단어를 찾는 것이고, 크로스워드는 힌트를 보고 가로와 세로 칸에 들어갈 단어를 알아맞히는 것이다. 퍼즐메이커(www.discoveryeducation.com/free-puzzlemaker/)나 여러 웹사이트에서 원하는 대로 퍼즐을 만들 수 있는 프로그램을 무료로 제공하고 있다.

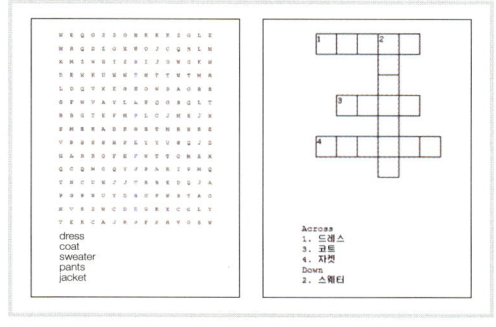

단어 퍼즐
퍼즐메이커 프로그램으로 만든 워드서치와 크로스워드 퍼즐이다.

하루 한 문장 쓰기로 쓰기 능력을 키운다

배운 단어를 이용해 매일 영어공책에 한 문장씩 써보게 한다. 처음부터 지나친 욕심을 부리지 말고 It's a book.처럼 간단한 문장으로 시작하거나 책에 나와 있는 문장을 복사해도 좋다. 한 문장 쓰기가 익숙해지면 문장의 수를 조금씩 늘려 간다.

I am wearing a T-shirt and pants.

단어를 이용해 문장 써보기
배운 단어를 이용해 영어공책에 매일 한 문장씩 써보게 한다.

TiP 인터넷 사이트 활용하기

▶ **퍼즐메이커**
www.discoveryeducation.com/free-puzzlemaker/
Word Search나 Criss-Cross로 들어가면 원하는 단어를 넣어 단어 퍼즐을 만들 수 있다. 프로그램에서 지시하는 단계를 따라가면 된다. Word Search 퍼즐을 만들 때는 먼저 제목을 넣고 각 줄과 열에 들어갈 글자 수, 퍼즐의 옵션과 형태를 결정한 후 단어를 써넣는다. 이때 단어 사이에 콤마(,)나 스페이스를 넣어 각 단어를 구별한다. Create My Puzzle을 클릭하면 퍼즐이 완성된다. Criss-Cross 퍼즐도 비슷한 절차를 거쳐 만들며, 힌트를 입력할 때 한글을 넣을 수도 있다. 이외에도 다양한 퍼즐 프로그램을 무료로 이용할 수 있으므로 잘 활용하자.

▶ **A to Z 워드서치 메이커** www.atozteacherstuff.com
tools에서 Word Search Maker로 들어가면 워드서치 퍼즐을 만들 수 있는 프로그램을 사용할 수 있다. 제목과 원하는 단어를 입력하면 퍼즐이 완성된다.

다른 리더스 시리즈에 도전해 읽기 능력을 높여라

〈런투리드〉 시리즈나 전래동화를 통해 어느 정도 쉬운 단어를 읽을 수 있게 되면 다른 리더스 시리즈에 도전해본다. 〈Hello Reader〉 시리즈, 〈Dolphin Readers〉 시리즈, 〈Step into Reading〉 시리즈, 〈I Can Read〉 시리즈 등 많은 리더스 시리즈가 출시되어 있다. 시리즈를 한꺼번에 구매하기보다는 아이의 흥미와 수준을 고려하여 한 권씩 사서 읽히는 것이 좋다. 다른 동화를 읽을 때와 마찬가지로, 먼저 책을 보지 않은 상태에서 음성녹음을 두세 번 정도 들려준다. 그리고 구체적인 질문을 던지면서 아이가 음성녹음만 듣고 그 내용을 어느 정도 이해하고 있는지 알아본다. 그런 다음 책을 펴고 손가락으로 문장을 짚어가며 한 번 더 듣는다.

소리 내어 하루에 한 번씩 읽는다

아이에게 매일 한 번씩 소리 내어 책 읽는 연습을 시킨다. 내용을 의식하지 않고 그냥 큰소리로 읽게만 하는 것이다. 이 방법은 정확한 발음을 훈련하는 데 도움이 된다. 발음연습은 근육훈련과 비슷하다. 근육을 단련하기 위해서 덤벨을 반복해서 들어 올리듯이, 여러 번 소리를 내어 읽어야 좋은 발음을 가질 수 있다. 동화 하나를 적어도 하루에 한 번씩, 일주일이나 열흘 정도 읽게 한다. 재미있는 것은, 단지 이렇게 반복해서 읽기만 해도 아이는 어느새 자연스럽게 내용을 이해하게 된다는 점이다. 그동안 다른 책을 읽으면서 쌓은 단어와 지식, 그리고 책에 있는 그림을 통해 어느 정도 내용을 짐작하게 되는 것이다. 내용을 파악하면 엄마와 함께 '블라 블라 퀴즈(중간에 빠진 단어 맞추기. Step 4 참조)'를 하거나 포스트잇으로 단어나 문장을 가린 후 아이에게 알아맞히게 한다.

문제를 풀면서 동화에 대한 이해를 높인다

동화 내용에 대해 엄마가 영어로 문제를 만들면 아이는 그 문제를 공책에 받아 적고 답을 쓴다. 이렇게 하면 문장 연습도 되고 동화에 대한 이해를 높일 수도 있다. 영어로 문제를 만드는 것이 부담스러우면 페이지마다 한두 문장을 뽑아, 빈칸 채우기 문제를 만들어 아이에게 풀어보게 한다. 예를 들어 〈Hello Reader〉 시리즈 중 〈Hiccups for Elephant〉를 보고 다음처럼 빈칸 채우기 문제를 만들 수 있다.

Chimp woke up.
"I can cure those _____," Chimp said.
"Stand on your _____ and eat a _____."

문제를 풀고 나면 책을 펴고 아이 스스로 답이 맞는지 확인해보게 한다. 같은 문장이라도 빈칸의 위치를 바꿔가며 문제를 주면 여러 번 반복할 수 있다. 문장에서 단어만 하나 바꿔 적은 다음 아이에게 무엇이 틀렸는지 알아맞히게 하는 것도 도움이 된다. 문제를 어떻게 내야 할지 모르겠다면 동화책과 함께 판매하는 워크북(Workbook)이나 액티비티북(Activity Book)을 활용하자.

TiP 인터넷 사이트 활용하기

▶ **키다리영어샵** www.ikidari.co.kr

교육메일/세미나에서 다양한 〈Hello Reader〉 시리즈의 활동자료를 제공하고 있다. 이를 잘 활용하면 효과적으로 읽기 학습을 진행할 수 있으며, 워크시트도 쉽게 만들 수 있다.

▶ **온라인 영어동화**

www.magickeys.com

영어를 처음 접하는 초보자부터 중고생까지 즐길 수 있는 영어교육 사이트다. 예쁜 그림과 함께 쉽고 재미있는 이야기가 소개되어 있으므로 아이와 함께 읽어보자.

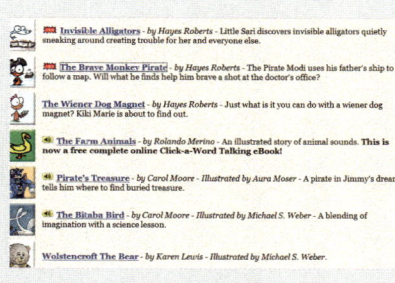

나만의 영어사전 만들기

요즘은 중·고등학생들 중에서도 단어장을 만드는 사람을 찾아보기가 어렵다. 그저 시중에 출판된 단어장을 사서 그것을 무작정 외우는데, 그렇게 하면 금방 잊어버릴 뿐만 아니라 끝까지 외우기도 쉽지 않다. 내 손으로 단어장을 만드는 것이 단어를 익히는 데는 가장 효과적이다. 그렇다고 단어를 쓰고 그 옆에 우리말 뜻을 적는 고전적인 방법을 사용해 단어장을 만들라는 것은 아니다. 이런 단어장 만들기는 학습효율이 떨어진다.

그림영어사전 만들기

아이가 어려서 글쓰기가 서툴거나 그림 그리는 것을 좋아하면 그림영어사전 만들기를 권한다. 책을 읽고 난 후 핵심 단어 10개 정도를 골라 단어 카드를 만든다. 이를 위해 먼저 A4 종이를 준비한 후 앞면에는 단어를 쓰고 뒷면에는 그림을 그린다. 이때 그림을 그리지 않고 잡지에 나와 있는 사진을 오려 붙이거나 직접 사진을 찍어서 출력한 것을 활용해도 좋다. 이렇게 완성된 단어카드를 모아 펀치로 구멍을 뚫은 다음 링으로 묶으면 훌륭한 그림영어사전이 된다. 이것으로 단어 알아맞히기 놀이를 할 수도 있다. 그림을 보여주고 아이에게 무엇인지 말해 보게 한 후 뒷면을 보여주며 단어를 확인한다.

나만의 그림영어사전의 예

공책을 활용해 영어사전 만들기

먼저 공책을 두 권 정도 준비하고 한 권에는 My Dictionary (A~M)이라고 적고 다른 한 권에는 My Dictionary (N~Z)라고 적는다. 그리고 포스트잇 등으로 알파벳 순서에 맞춰 인덱스를 만든다. 이렇게 하면 단어를 구별해 정리하고 찾아보기 쉽다.

책을 읽다가 새로운 단어가 나오면 그것을 공책에 적는다. 이때 우리말 뜻을 적지 말고 그 단어가 들어가는 문장만 적도록 한다. 우리말 뜻을 적으면 단어의 뜻이 하나로 고정될 뿐만 아니라 단어의 이미지를 머릿속에 그리기 어렵게 되기 때문이다. 하지만 문장과 함께 적어 놓으면 문맥을 통해 단어의 의미를 파악하는 능력을 키울 수 있게 된다.

나중에 책을 읽다가 그 단어가 나오는데 뜻을 모르겠으면 일단 자신의 공책을 들여다보며 단어의 뜻을 확인하는 방식으로 사용한다. 같은 단어라도 다른 문장에서 무슨 뜻으로 쓰였는지 비교할 수 있으므로 단어와 문장을 익히는 데 매우 효과적이다.

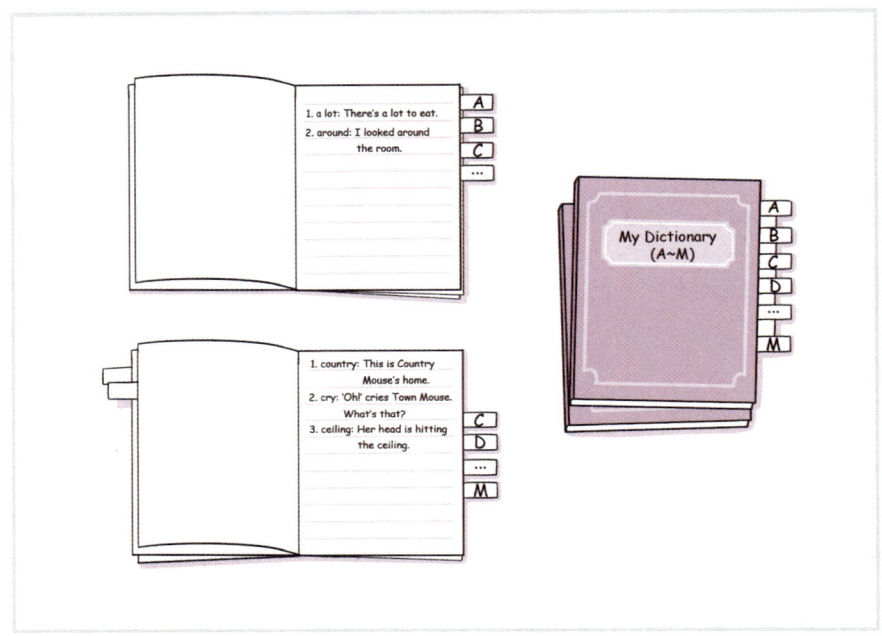

공책으로 **My Dictionary** 만들기

메모리 카드를 활용해 영어사전 만들기

공책 대신 메모리 카드를 활용하면 단어 수에 상관없이 알파벳 순서로 고리에 꽂아 단어를 모을 수 있기 때문에 편리하다. 그리고 메모리 카드가 공책보다 훨씬 활용하기 편하다. 메모리 카드로 사전을 만들 때는, 앞면에는 단어를 적고 뒷면에는 단어가 들어가는 문장을 쓰면 된다.

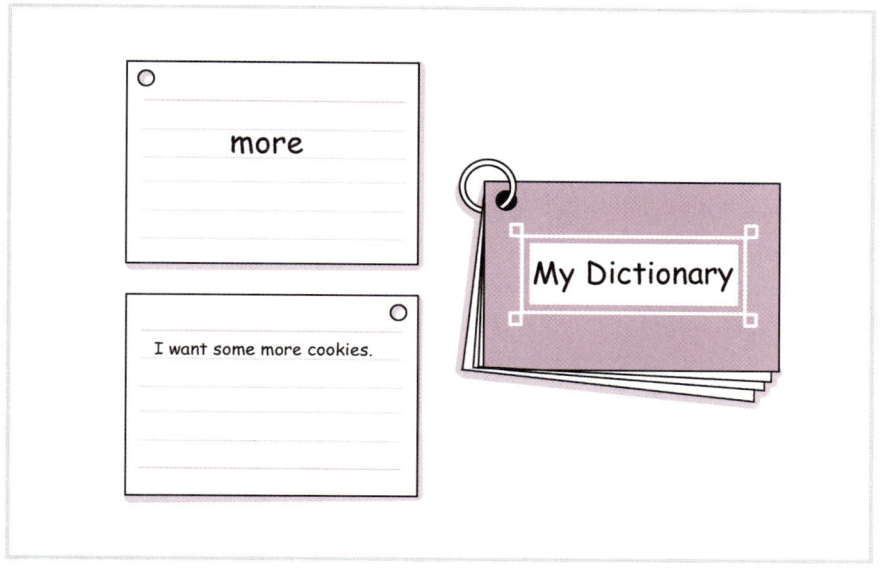

메모리 카드로 **My Dictionary** 만들기

영어사전 활용하기

나만의 영어사전을 만드는 과정만으로도 충분한 학습효과를 거둘 수 있지만 만들어놓은 후에 퀴즈나 게임 등을 할 때 활용하면 학습효과가 더 커진다. 예를 들면 엄마와 아이가 번갈아가며 끝말잇기 놀이(예: egg → gorilla → April…)나 첫 글자 빙고 게임(예: ant, airport, animal, apple처럼 A/a로 시작하는 단어만으로 하는 빙고)을 할 때 유용하게 사용할 수 있다.

TiP
인터넷 사이트 활용하기

▶ 인터넷 그림영어사전 www.pdictionary.com

알파벳 순서로 단어를 찾아볼 수 있어서 사용하기 편리하다. 그리고 **Activities**의 **Flashcards**로 들어가면 주제별로 단어를 나누어 그림과 함께 소개하고 있다. 먼저 그림을 보고 아이에게 단어를 말해보게 한다. 그림 위에 마우스를 갖다 대면 각 그림에 해당하는 단어가 나타나므로 아이가 말한 단어가 맞는지 바로 확인할 수 있다. 또한, **Fill-in-the-blanks**나 **Word Scramble, Stinky Spelling** 등에 들어가면 다양한 방식으로 단어의 스펠링을 연습해볼 수 있다.

▶ 포토그래픽 딕셔너리 www.photographicdictionary.com

이 사이트에서는 **animal, food, nature** 등 주제별로 사진과 함께 단어의 의미를 알려준다. 주제별로 분류되어 있을 뿐만 아니라 알파벳별로 단어를 검색할 수도 있기 때문에 단어에 대한 상세 정보나 사진이 필요한 경우 활용하면 좋다.

모방을 통해 새로운 창작을 시작하라

동화 속 그림과 표현을 베껴본다

우리나라 아이들에게 자신의 의견을 말하거나 이야기를 창작해보라고 하면 대부분 어찌할 바를 몰라 당황한다. 영어를 잘한다는 아이들도 가족이나 좋아하는 것 등 인터뷰에 나올법한 질문을 하면 또박또박 대답을 잘하지만 Why?(왜죠?)라고 물으면 대다수가 쩔쩔맨다. 또한, 책을 읽으면서 내용을 하나하나 물어보면 대답을 잘하지만, 책을 덮고 전체적인 줄거리를 요약해보라고 하면 그동안 배운 문장이나 단어는 다 어디로 갔는지 잘못된 표현과 틀린 단어를 뒤섞어 말하기 일쑤다.

생각을 말로 표현하는 것이 서툴 때는 글로 쓰게 하면 어느 정도 도움이 된다. 하지만 아이에게 한 가지 주제를 주면서 무턱대고 쓰라고 하면 제대로 하지 못할 뿐만 아니라 영어에 대해 반감만 갖게 될 것이다. 글쓰기 자체를 재미있다고 여기게 하려면 읽은 동화를 흉내 내서 써보게 하는 것이 효과적이다. 이는 영어 글쓰기에만 해당하는 것이 아니다. 좋은 글을 쓰고 싶거나 좋은 그림을 그리고 싶으면 명작을 그대로 베껴보라는 말이 있다. 이렇게 하면 글짓기 실력이나 그림 그리기 실력이 많이 느는 것을 볼 수 있다.

다만 한 가지 주의할 것은, 베껴 쓰는 것은 단지 연습용일 뿐이라는 점이다. 아직도 많은 우리나라 대학생들이 리포트를 쓸 때 남의 글을 자기의 글처럼 그대로 베끼는 것을 당연시하는데 외국에서는 이를 '표절(plagiarism)'이라고 해서 아주 심각한 범죄로 여긴다.

어린아이에게 표절 시비까지 걸진 않겠지만, 모방은 단지 연습할 때만 허용되는 것임을 알고 시작하자.

나만의 그림책을 만들어본다

아이에게 책 내용을 그대로 공책에 옮겨 적게 하면 대부분 재미없어한다. 재미가 없으면 교육효과도 떨어지기 마련이다. 이런 때는 같은 내용으로 아이에게 직접 그림책을 만들게 하면 지루함을 없앨 수 있다.

에릭 칼(Eric Carle)의 〈The Very Hungry Caterpillar〉를 읽고 난 다음 같은 내용을 종이 위에 한쪽씩 옮겨 적고 그림을 그리게 해보자.(156~157쪽에 있는 초등 4학년 유진이가 만든 것을 참고해보자.)

이 과정에서 아이들은 자신의 그림에 짧은 대사나 단어를 첨가하기도 하면서 나름대로 재창작을 한다. 내용은 같지만, 아이들이 그린 그림을 보면 전혀 다른 책을 보는 느낌이 들 것이다.

그림책이 완성되면 이번에는 아이에게 자신이 알고 있는 단어를 활용해서 그림을 보며 내용을 이야기해보게 한다. 이것은 어른에게도 쉽지 않은 일이다. 아이는 처음에 단어 중심으로 이야기를 이어나갈 것이다. 처음에는 이 정도로 충분하다.

동화 속 주인공을 바꿔서 써보게 한다

주인공이 바뀌면 내용도 조금씩 바뀌게 된다. 애벌레 대신 아기돼지가 주인공이 되면 알이나 고치 같은 단어는 다른 단어로 바뀌어야 한다. 이 과정에서 새로운 창작이 시작되는 것이다.

〈The Very Hungry Caterpillar〉를 읽고 Hungry Spider(배고픈 거미)나 Hungry Tadpole(배고픈 올챙이), 또는 Hungry Piglet(배고픈 아기돼지)으로 주인공을 바꿔 써보게 한다. 〈The Country Mouse and the City Mouse〉를 읽고 나서 주인공을 바꿔 The Country Goose and the Town Goose(시골 거위와 도시 거위)라는 이야기를 써보는 것은 어떨까? 또 〈The Three Little Pigs 아기돼지 삼형제〉를 읽은 다음 나쁜 돼지가 늑대를 괴롭히는 The Three Little Wolves(아기늑대 삼형제)를 써보는 것은 어떨까? 존 셰스카(Jon Scieszka)의 〈The True Story of the 3 Little Pigs〉는 〈아기돼지 삼형제〉 이야기를 늑대의 입장에서 풍부한 유머를 가미해 다시 쓴 대표적인 작품이다. 현재 한국어판으로도 번역되어 많은 사랑을 받고 있다.

이처럼 아주 약간만 바꿔도 전혀 다른 이야기가 탄생한다. 단어 몇 개를 바꾸는 것은 생각보다 어려운 일이 아니다. 글쓰기는 지루하고 어려운 작업이라는 생각을 버리고 이 방법을 활용하여 그 효과를 느껴보자.

유진이가 그린 〈The Very Hungry Caterpillar〉

2년 정도 영어를 공부한 초등 4학년 유진이는 책에 나온 책이는 책에 나온 문장을 베끼면서도 말풍선에 영어로 대화를 새넣는 등 재치를 부렸다. 또한, 영어문장을 이해하고 창작력을 발휘해 책에 없는 그림도 그려가며 표현해낸 것이 놀라웠다.

3장

초등 2학년 이상 영어공부법 12단계

STEP 1   알파벳과 파닉스부터 시작한다
STEP 2   have, want, need 동사로 기본회화를 연습하라
STEP 3   쉬운 리딩 교재에 도전하라
STEP 4   그림영어사전 100배 활용하기
STEP 5   영어방송 최대한 활용하기
STEP 6   전래동화 100배 활용하기
STEP 7   말하기와 쓰기를 위한 문법 가르치기
STEP 8   질문 카드를 활용해 말하기 연습하기
STEP 9   영어일기 쓰기는 필수
STEP 10   다독으로 어휘와 읽기실력 높이기
STEP 11   과학도서를 통해 새로운 차원으로 도약하기
STEP 12   영어인증시험 활용하기

알아두세요~

많은 부모가 초등 2학년은 영어를 배우기에 이미 늦은 나이가 아닌가 하고 걱정한다. 하지만 초등학교 2학년은 영어를 배우기에 절대 늦은 나이가 아니다. 중학교에 들어가서 영어를 배우기 시작했어도 어려서 배운 아이들 못지않게 훌륭한 영어를 구사하는 아이들도 많다. 또한, 많은 언어교육 전문가들은 초등학교 2~3학년 정도의 나이대를 외국어를 효과적으로 습득할 수 있는 시기로 본다. 일단 아이가 영어공부를 시작하기에 너무 늦은 것이 아닌가 하는 조바심은 버리자. 영어학습의 승패를 결정하는 것은 올바른 학습법과 배우는 사람의 의지지 나이가 아니다.

영어학습에서 고학년 아이들이 갖는 가장 큰 이점은 언어의 규칙을 빨리 터득한다는 점이다. 미취학 아동은 영어 단어를 읽을 수 있게 되기까지 수개월 또는 수년이 걸린다. 하지만 초등학교 고학년 아이들은 한 달도 되지 않아 글자와 소리의 규칙을 터득한다. 또한, 글을 읽을 수 있게 되면 자습이 가능하므로 단시간 내에 많은 영어책을 섭렵할 수 있고 단어도 훨씬 빨리 외울 수 있다. 그리고 그동안 쌓아 온 지식과 경험이 바탕이 되어 영어로 주어진 정보를 쉽게 이해할 수 있다.

고학년 아이들이 갖는 영어학습에서의 또 다른 이점은 아이들 스스로 영어의 필요성을 인식하며 어느 정도 호기심과 의욕을 갖는다는 점이다. 부모는 적절한 환경을 만들어주고 올바르게 이끌어주기만 하면 된다.

물론, 고학년 때 영어공부를 시작하면 생기는 단점도 있다. 무엇보다 학교에서 많은 과목을 배우다 보니 영어공부에 많은 시간을 할애하기가 어렵다. 또한, 자연스럽게 영어를 '습득'하기보다는 의식적인 '학습'을 통해 영어를 배워야 하므로 영어공부에 큰 부담을 느낄 수 있다. 하지만 개인이 의지가 있고 학습 환경만 잘 조성되면 얼마든지 재미있게 영어공부를 할 수 있으며, 또 영어실력도 남부럽지 않게 키울 수 있다.

이 장에서는 초등학교 2학년 이상의 아이들을 위한 영어공부법을 소개한다. 이 나이대에 속한 아이들의 지적 흥미를 불러일으킬 학습방법과 영어학습의 고전으로 여겨지는 원서의 활용법을 담았다. 이 장에서 안내하는 방법에 따라 집에서 부모가 아이를 이끌어준다면 만족할 만한 효과를 거둘 수 있을 것이다.

알파벳과 파닉스부터 시작한다

이때부터 알파벳은 일주일이면 충분하다

초등학교 2학년 정도 되면 알파벳 대·소문자 외우는 것은 일주일이면 충분하다. 굳이 돈을 주고 알파벳 교재를 살 필요도 없다. 인터넷 사이트에서 알파벳 워크시트를 다운받아 활용하면 된다. 또한, 영어공책에 대·소문자를 써준 다음 아이에게 10번씩 따라 써보게 할 수도 있다. 영어공책에는 각 글자의 위치와 높이를 알기 쉽게 네 줄의 선이 그어져 있는데, 알파벳을 쓸 때 이 줄에 제대로 맞춰 쓰는 습관을 들이게 한다.

아이가 어느 정도 알파벳을 익혔는지 확인하고 싶으면 A/a부터 Z/z까지 공책에 쓰게 한 다음 글자를 Z/z부터 A/a까지 거꾸로 읽게 한다. 글자를 몰라도 A부터 Z까지 노래로 외우고 있는 아이들이 많으므로 거꾸로 읽혀보아야 각 글자를 제대로 알고 있는지 확인할 수 있다.

파닉스 기본 규칙을 먼저 익힌다

[자음]

우리말의 ㄱ, ㄴ, ㄷ, ㄹ 등에 해당하는 소리로, 총 26개의 알파벳 중 5개(a, e, i, o, u)를 제외한 나머지 알파벳이 자음을 대표한다.

B/b C/c D/d F/f G/g H/h J/j K/k L/l M/m N/n
P/p Q/q R/r S/s T/t V/v W/w X/x Y/y Z/z

[모음]

우리말의 ㅏ, ㅑ, ㅓ, ㅕ 등에 해당하는 소리로 영어에서는 a, e, i, o, u가 모음을 대표한다. 일반적으로 영어의 모음은 a, e, i, o, u, 이렇게 다섯 개가 있다고 말하지만, 이는 글자를 의미하는 것이지 소리가 다섯 개라는 뜻이 아니다. 실제로, 영어의 모음은 총 14개가 존재한다. 다시 말해 a, e, i, o, u라는 다섯 개의 알파벳 글자로 14개의 모음을 표시하는 것이다. 바로 이것 때문에 아이들은 영어의 철자와 소리 규칙을 터득하는 데 어려움을 겪는다. 우리말의 'ㅏ'는 '아'라는 소리를 나타낼 뿐이지만 영어에서는 글자와 소리가 일대일 대응을 이루지 않는다. 즉, 영어는 하나의 글자가 여러 소리를 나타낸다. 예를 들어 a는 '아', '애', '에이' 등의 소리를 낸다. 아이에게 우리말과 영어의 이러한 차이를 이해시키는 것이 필요하다.

A/a E/e I/i O/o U/u

[우리말로 표현하기 어려운 발음]

th[θ / ð], l[l], r[r], f[f], v[v], z[z] 등은 우리말에 없거나 발음하기 어려운 것이다. 다음 글자가 나타내는 발음에 주의한다.

L/l   R/r   F/f   V/v   Z/z   th   sh   ch   ph

[자음과 모음의 결합]

우리말에서 자음과 모음이 결합하여 음절을 이루고 단어를 만드는 것처럼 영어에서도 자음과 모음이 결합하여 음절을 이루고 단어를 만든다. 예를 들어 ㄱ과 ㅗ가 만나 '고'가 되는 것처럼 g와 o가 만나 go(가다)라는 단어가 만들어진다. 이렇게 글자와 소리의 규칙을 가르치는 것을 '파닉스(phonics)'라고 한다.

파닉스 교재와 동화책으로 책 읽기를 시도한다

글자와 소리의 규칙을 연습할 수 있는 파닉스 교재를 선택해서 하루에 2~3페이지씩 나간다. 교재를 선택할 때는 책 한 권에 너무 많은 내용이 담겨 있거나 색상이 현란하고 디자인이 산만한 것보다는 구성이 단순하면서도 반복적으로 가르치는 교재를 고르는 것이 좋다. 한 페이지를 다 보았다고 아이가 금방 원리를 깨우치는 것이 아니기 때문이다.

발음을 연습시킬 때는 같은 소리를 되풀이해서 연습시키는 것이 중요하다. 또한, 우리말과 영어의 발음규칙을 비교해서 가르치는 것을 꺼리는 경우도 있는데 오히려 우리말과 비교해서 영어의 발음규칙을 가르치면 소리의 원리를 빨리 깨우

칠 수 있다.

많은 아이가 cat이라는 단어를 보고 왜 '씨이-에이-티이'라고 읽지 않고 '캣'으로 읽는지 이해하지 못한다. 그럴 경우 우리말로 '엄마'라는 단어를 읽을 때 왜 '이응-어-미음-미음-아'라고 읽지 않고 '엄마'라고 읽는지 설명하는 것에서부터 시작하자. 우리말로 자음과 모음의 원리를 깨우쳐주고 나서 영어의 파닉스 학습을 시작하면 훨씬 효과적이다. 이렇게 필요할 때 원리학습을 시키는 것이 가능하다는 것이 바로 고학년 아이들의 유리한 점이다.

시중에 판매되고 있는 교재 중에서 〈Scholastic Phonics A·B〉, 〈Up and Away in Phonics 1·2〉, 〈Mr. Bug's Phonics 1·2〉 정도면 무난하다. 그밖에 우리나라 출판사에서 나온 것도 내용을 꼼꼼히 살펴보고 선택하면 된다. 또한, 〈Phonics Builder〉는 탁상용 달력처럼 페이지를 넘기면서 다양하게 단어 연습을 할 수 있게 되어 있어서 파닉스를 익히는 데 더없이 훌륭한 교구가 될 것이다.

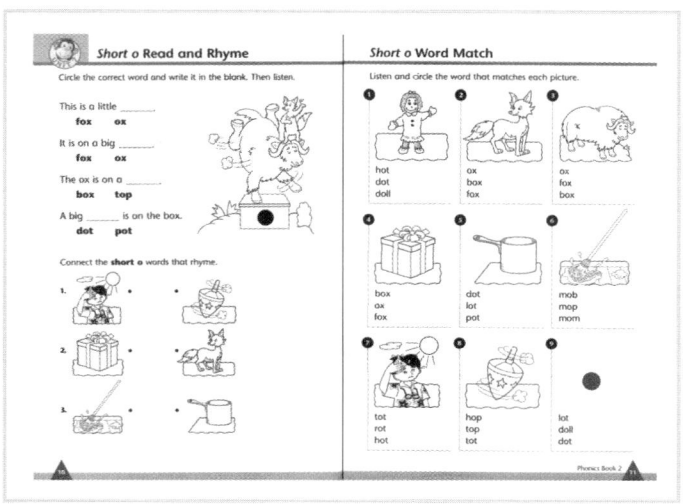

〈Up and Away in Phonics 2〉 10~11쪽
파닉스를 익힐 수 있는 기본 교재다.

기본 파닉스 교재가 끝나면 쉬운 동화책을 읽게 한다. 〈I Am Sam (Phonics Chapter Book 1)〉처럼 파닉스를 위해 개발된 리더스 시리즈를 선택하는 것도 좋다. 또한, 그 유명한 닥터 수스(Dr. Seuss) 시리즈 중 〈Hop on Pop〉같은 동화는 내용도 쉽고 -am, -op 같은 소리를 익히는 데 유리하게 구성되어 있다. 이 시리즈는 비슷한 소리를 가진 단어 읽기를 연습하는 데 도움이 된다.

영어사전 사용을 생활화한다

사전을 찾는 것은 단어의 의미뿐만 아니라 올바른 발음을 알기 위해서도 꼭 필요하다. 사전을 찾아보면 단어의 철자와 발음기호, 강세, 그리고 음절을 확인할 수 있다. 좋은 발음을 습득하기 위해서는 강세와 음절의 규칙을 반드시 지켜야 한다. 강세는 강세 표시(′)가 있는 곳의 소리를 강하게 발음하면 되기 때문에 습관만 들이면 별로 문제가 되지 않는다.

음절 규칙은 대부분의 부모가 잘 모르고 그 중요성을 인식하는 사람도 드물다. 자음과 모음이 합쳐져 하나의 소리 단위를 구성하는데 이것을 음절이라고 한다. 영어사전을 보면 단어 사이에 점을 찍어 놓았는데 이것이 바로 그 단어의 음절을 나타내는 표시다(예를 들면 beau·ti·ful, stu·dent).

음절은 영어 발음의 뼈대라고도 볼 수 있다. 우리나라 사람들이 발음이 좋지 않은 것은 음절의 규칙을 무시하기 때문이다. 음절 규칙만 제대로 지켜도 발음이 좋아진다.

음절은 모음을 기준으로 따지면 쉽다. 모음이 연달아 나오는 경우는 하나로 보면 된다. go, cat, bag 등은 모두 1음절이다. kit·chen은 2음절, te·le·vi·

sion은 4음절이다. 자, 그럼 like는 몇 음절일까? 바로 1음절이다. and는? 역시 1음절이다. 그럼 I like to drink coffee and tea.는 모두 몇 음절로 이루어져 있을까? I · like · to · drink · cof · fee · and · tea.(아이 · 라잌 · 투 · 드링 · 커 · 피 · 앤 · 티)로, 모두 8음절로 이루어진 문장이다. 그런데 우리나라는 많은 사람이 I · li · ke · to · drin · k · cof · fee · an · d · tea.(아이 · 라 · 이 · ㅋ · 투 · 드링 · ㅋ · 커 · 피 · 앤 · 드 · 티)처럼 11음절로 읽는다.

8박자를 11박자로 늘려서 말하기 때문에 말하는 속도도 느릴 뿐만 아니라 이렇게 습관을 들여 놓으니 원어민이 말하는 것을 알아듣지 못하는 것은 당연하다. 아이에게 평상시 영어사전을 가까이하면서 단어의 뜻과 정확한 발음을 확인하는 습관을 들이게 해야 한다.

간혹 아이에게 발음기호를 가르쳐야 하는지 궁금해하는 부모들이 있다. 요즘은 학교에서 학생들에게 발음기호를 가르치지 않기 때문에 학생들이 영어사전을 이용할 때 단어의 뜻만 볼 뿐 발음을 이해하는 용도로 발음기호를 사용하지 않는다. 그리고 전자사전이나 인터넷사전은 음성이 지원되기 때문에 아이들은 애써 발음기호를 외울 필요를 느끼지 못한다. 하지만 발음기호를 모르는 것보다는 아는 것이 장기적으로 아이에게 도움이 된다. 따라서 5~6학년 정도가 되면 발음기호를 조금씩 가르치는 것도 좋다.

사전을 사용할 때는 처음부터 무리하게 영영사전을 쓰기보다는 아이와 부모의 수준에 맞게 영한사전을 쓰는 것도 좋다. 아이용은 이 책에서 소개한 몇몇 그림 영어사전을 보면 되고, 부모는 국내에 출간된 다양한 영한사전이나 영영사전 중 하나를 고르면 된다.

또한, 책으로 된 영어사전을 고집하는 부모들도 있는데 굳이 이를 아이에게까지 강요할 필요는 없다. 아이가 전자사전을 더 좋아하고 가까이하면서 단어 찾기를 즐긴다면 이보다 더 좋은 교구는 없다.

참고로, 무료로 다운 받아 사용할 수 있는 다음꼬마사전도 활용도가 높다. 컴퓨터에 다운 받아 편리하게 이용하자.

알파벳 카드로 단어 읽기를 연습한다

이제 철자법과 기본 단어를 익히기 시작하는 아이에게 적합한 놀이를 소개하고자 한다. 알파벳 26자를 두꺼운 펜으로 쓰거나 컴퓨터에서 프린트해 가위로 잘라 알파벳 카드를 만든다. 알파벳 카드를 만들 때는 알파벳 26자 각각을 3~4개 만들어야 한다. book처럼 같은 알파벳이 두 번 이상 들어가는 단어를 만들어야 할 때가 있기 때문이다.

알파벳 카드를 마구 섞어 놓은 다음 엄마가 단어를 불러주면 아이는 카드를 조합하여 단어를 만든다. 예를 들어 엄마가 school이라고 불렀으면 s, c, h, o, o, l이 적힌 카드를 찾아 서로 조합하는 것이다. 누가 더 빨리 단어를 완성하나 시합을 해보는 것도 재미있다.

배운 단어를 공책에 반복해서 써보는 것도 철자법을 익히는 데 도움이 된다. 이때 주의할 것은, 예를 들어 아이가 bag이란 단어를 쓸 때 '비, 에이, 지'라고 알파벳을 하나씩 따로따로 읽지 않게 해야 한다는 점이다. 이런 식으로 연습하면 소리의 규칙과 철자법을 익히는 데 도움이 되지 않는다. 아이에게 발음과 철자법의 연관성을 깨닫게 하고 싶다면 반드시 '백'이라고 단어를 통째로 읽으면서 쓰는 습관을 들이게 해야 한다.

알파벳 카드로 단어 만들기

TiP
인터넷 사이트 활용하기

▶ **무료 파닉스 워크시트 www.free-phonics-worksheets.com**
Free Phonics Worksheets로 들어가면 많은 파닉스 학습자료를 얻을 수 있다. 특히, 파닉스를 익히는 데 도움이 되는 읽기자료도 제공하고 있다.

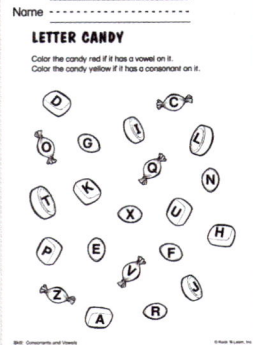

▶ **파닉스 워크시트**
tampareads.com/phonics/phonicsindex.htm
자음(consonant)과 모음(vowel) 학습을 위한 워크시트를 제공한다. 다양한 자료가 있으므로 프린트해서 활용해보자.

▶ **키즈클럽 www.kizclub.com**
Phonics로 들어가면 자음, 모음 등을 연습할 수 있는 다양한 학습자료를 얻을 수 있다. 프린트해서 활용해보자.

have, want, need 동사로 기본회화를 연습하라

쉬운 문장이라도 매일 말해보게 하라

영어를 3~4년씩 배우고도 "공책 좀 줘"라는 말도 영어로 제대로 못 하는 아이들이 허다하다. 연필이 pencil이라는 것을 알면 뭐하겠는가? I need a pencil.(전 연필이 필요해요.), Can I have a pencil?(연필 좀 주실래요?)이라는 표현조차 말하지 못한다면 조기영어교육이 무슨 소용이 있을까? 이런 표현은 머리로 외웠다고 해서 필요할 때 입으로 바로 나오는 것이 아니다. 영어는 '머리'로 익히는 것이 아니라 '입'으로 익혀야 한다. 여러 번 반복해서 말을 해봐야 제때에 제대로 활용할 수 있다.

have, want, need는 일상생활에서 가장 많이 사용하는 단어라고 해도 지나치지 않다. 이 세 단어만 제대로 활용해도 기본회화가 가능하다. 다음 예문을 참고해 이 세 단어가 사용된 기본 문장을 만든 다음 굵은 글씨로 쓰거나 프린트해서 집안 곳곳에 붙여놓고 늘 사용하자.

have 활용하기

I don't have any pencils. 저는 연필이 없어요.

Can[May] I have ___a pencil___? 제게 연필을 주실래요?

Do you have ___any pencil___? 당신은 연필을 갖고 있나요?

What do you have? 무엇을 갖고 있나요?

need 활용하기

I need ___some paper___. 저는 종이가 좀 필요해요.

I don't need ~. 저는 ~이 필요 없어요.

Do you need ~? ~이 필요한가요?

What do you need? 무엇이 필요한가요?

want 활용하기

I want ___to watch TV___. 저는 TV를 보길 원해요./저는 TV를 보고 싶어요.

I don't want _____.

저는 ~을 바라지 않아요./저는 ~을 하고 싶지 않아요.

Do you want to _____? ~하고 싶어요?

What do you want? 원하는 게 뭐죠?

STEP 3 쉬운 리딩 교재에 도전하라

초등학교 생활과 관련 있는 주제를 다루는 책을 선택한다

영어를 처음 배우는 초등학생이라면 읽기 쉬운 책을 통해 표현과 단어를 익히는 것이 좋다. 특히, 초등학교 생활과 직접적인 연관이 있는 주제를 다루는 책을 선택해서 읽기를 반복하다 보면 웬만한 기초 표현은 쉽게 익힐 수 있다.

수많은 리딩 교재가 나와 있지만, 그중에서도 〈Start with English Readers〉 시리즈가 초등학생에게 적합하다. 워낙 오래전에 출간된 책이라 그림을 보면 그야말로 썰렁하기 그지없고 내용도 단순하다. 그러나 '표지만으로 책을 평가하지 마라(Don't judge a book by its cover.)'는 서양속담대로 이 책의 효과는 그림이나 구성만으로 평가해서는 안 된다. 많은 영어학원에서 아직도 이 책을 초급 리딩

〈Start with English Readers〉 시리즈 중
〈John and Paul Go to School〉
초등학교 생활을 주제로 다루고 있어 아이가 흥미를 느끼면서 영어를 접할 수 있다.

교재로 선택하고 있다는 것은 그만큼 이 책의 활용도가 높다는 것을 보여준다. 1단계(Grade 1)부터 6단계(Grade 6)까지 있지만 전부 다 읽을 필요는 없고 3단계 정도까지만 읽어도 초등학교에서 배우는 기본적인 물건 이름, 동작을 나타내는 동사, 진행형 등을 익힐 수 있다. 사실, 이 책에 나오는 표현만 제대로 소화해도 일상적인 회화가 가능하다. 4단계부터는 과거시제가 등장하기 때문에 그전에 시제에 대한 개념을 가르쳐주는 것이 좋다.

⟨John and Paul Go to School⟩ 10쪽
2단계에 속하는 이 책은 존과 폴의 학교생활을 다루고 있다. ruler(자), pencil(연필) 등 아이들에게 익숙한 소재가 등장하고, Is it _____?이라는 가장 기본적인 의문문 형식을 익힐 수 있다.

소리 내어 반복해서 읽기

먼저 책을 보지 않고 음성녹음을 두 번 정도 반복해 들으면서 영어의 리듬이 귀에 익숙해지게 한다. 그런 다음에는 책을 손가락으로 짚어가며 다시 한 번 음성녹음을 듣는다. 그리고 나서 아이 혼자 소리 내어 책을 읽어본다. 마지막으로 책을 덮고 다시 한 번 듣는다.

책을 한번 읽는 것으로 끝내지 말고 이렇게 '음성녹음 듣기 → 책 보며 듣기 → 소리 내어 읽기 → 책을 보지 않고 듣기'를 두 번 정도 반복한다. 그리고 일주일 동안 매일 한 번씩 책을 소리 내어 읽는다.

같은 책을 여러 번 반복해서 읽으면 아이가 지겨워하지 않을까 걱정이 앞설 수 있지만 걱정하지 않아도 된다. 책을 반복해서 읽는 과정에서 아이들은 문장의 의미를 이해하게 되고 영어단어가 저절로 외워지는 놀라운 경험을 하게 된다. 또한, 아이들은 유창하게 책을 읽는 자신의 모습에 스스로 대견해하며 영어에 대한 자신감을 갖게 된다.

엄마는 아이가 이 과정을 끝까지 해내는 것을 옆에서 지켜보며 아이가 어려워하는 부분만 가르쳐주면 된다. 보통, 아이에게 책과 CD를 사주고 아이 혼자 알아서 학습하기를 바라는데 혼자 하는 공부는 강한 의지가 없으면 오래갈 수 없다는 것을 엄마 자신도 경험해보아서 잘 알 것이다. 아이들도 마찬가지라는 것을 잊지 말자. 아이가 스스로 공부할 수 있는 능력과 습관이 생기기까지 엄마가 옆에서 아이와 함께 있어주는 것이 아주 중요하다.

책에 나온 단어로 문장 만드는 연습하기

앞서 소개한 활동으로 어느 정도 책의 내용에 익숙해지면 책에 나와 있는 단어를 넣어 문장을 만드는 연습을 해보면 좋다.

처음에는 아이에게 책에 나와 있는 단어를 무작위로 다섯 개 정도 불러주고 책에서 그 단어가 들어가는 문장을 찾아 공책에 그대로 옮겨 적게 한다.

그런 다음에는 책에 있는 문장을 응용해 다른 문장을 만들어보게 한다.

이때 굳이 우리말 뜻을 적을 필요는 없다. 처음부터 영어단어를 일일이 우리말로 옮기는 습관을 들이면 영어에 대한 유연성이 떨어질 수 있다. 영어단어나 표현은 상황이나 문맥에 따라 의미가 달라질 수 있기 때문에 문맥을 통해 단어나 표현의 의미를 파악하는 연습을 해야 한다. 그리고 영어를 우리말로 바꾸는 습관을 들인 아이들은 아무리 쉬운 문장도 일단 우리말로 해석하는 과정을 거치기 때문에 영어를 듣고 이해하는 속도가 느릴 수밖에 없다.

문맥을 통해 단어와 표현을 익힌 아이들에게 책을 보여주며 What is it?하고 물어보면 아이들은 It's a book.이라고 바로 대답한다. 그러나 우리말로 해석하는 습관을 들인 아이들은 먼저 '책이 영어로 뭐더라?'라는 반응을 보이곤 한다.

나중에 추상적인 단어라든지 좀 더 복잡한 문장구조를 배울 때는 우리말로 설명해주는 과정이 따라야 하겠지만, 눈에 보이는 사물을 나타내는 단어나 간단한 문장구조를 익힐 때는 주어진 그림이나 문맥에 맞춰 의미를 파악하는 습관을 들이게 하는 것이 좋다. 물론, 아이가 우리말 뜻을 알고 싶어한다면 주저하지 말고 가르쳐주자.

그림영어사전 100배 활용하기

코스북과 함께 활용한다

〈Let's Go〉시리즈처럼 회화학습을 위해 개발된 교재, 즉 코스북이 따로 있기는 하다. 회화나 대화를 연습할 때 코스북을 잘 활용하면 나름대로 큰 효과를 볼 수 있는 것이 사실이다. 그러나 그러기 위해서는 가르치는 사람이 많은 부가자료를 준비해야 하기 때문에 영어교육 전문가가 아니라면 만족스러운 학습효과를 얻지 못할 수 있다. 또한, 코스북은 주로 한정된 단어를 가지고 질문과 대답을 연습하도록 구성되어 있기 때문에 코스북만으로 연습한 아이들은 고정된 질문과 대답 이외에 자신의 생각과 느낌을 묻는 질문에 대한 응용력이 떨어질 수 있다.

코스북의 이런 단점을 보완하기 위해 그림영어사전을 병행해 대화를 연습하면 좋다. 코스북에 나와 있는 주제에 맞춰 그림영어사전에서 주제를 선별해 살을 붙여주면 큰 학습효과를 얻을 수 있다. 그러나 엄마들에게 두 가지 책을 활용해 보라고 하면 주제의 연관성은 고려하지 않고 무조건 처음부터 두 권을 한꺼번에 같이 나가려고 한다. 자칫 학습량만 많아질 수 있기 때문에 코스북과 그림영어사전을 둘 다 효율적으로 활용할 자신이 없으면 그림영어사전만으로 공부하는 것이 좋다.

<Let's Go Picture Dictionary>로 대화 연습하기

영어를 처음 시작하는 초등학생들에게는 〈Let's Go Picture Dictionary〉를 추천한다. 20여 개의 단어가 주제별로 잘 정리되어 있으며, 단어학습뿐만 아니라 대화 연습용으로도 활용할 수 있다. 왼쪽 페이지에는 장면이 그려져 있고 오른쪽에는 단어가 정리되어 있다. 그리고 그 단어들을 넣어 활용할 수 있는 짧은 질문과 대답이 제시되어 있다.

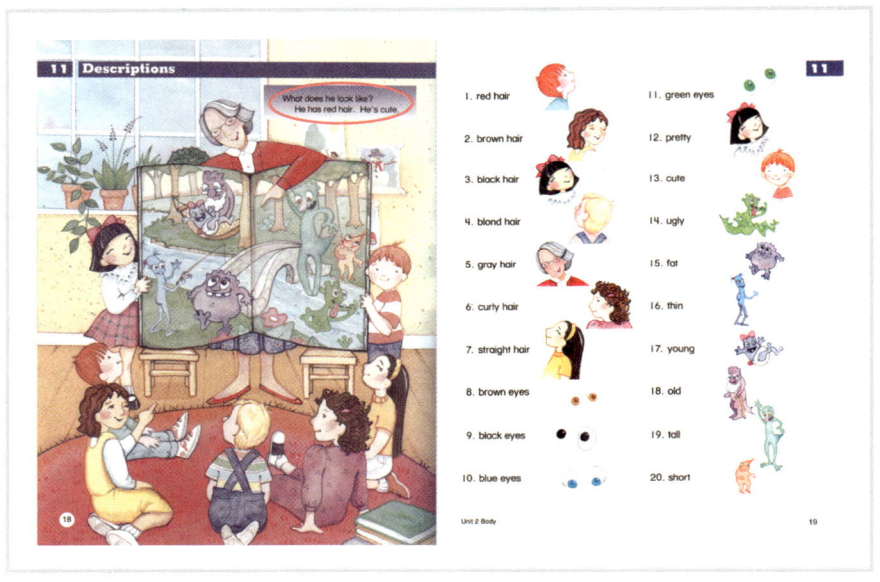

〈Let's Go Picture Dictionary〉 18~19쪽
왼쪽 페이지 상단에 응용할 문장이 있다. 이 문장에 오른쪽 페이지의 단어들을 넣어 활용한다. 예를 들면 5번 단어를 활용해 What does she look like? / She has gray hair.라고 하는 것이다.

즉, 장면을 보며 주어진 단어를 활용하여 질문과 대답을 주고받을 수 있게 되어 있는 것이다. 다음 표현을 참고해 아이와 이야기를 해보자.

What does he look like? 그는 어떻게 생겼나요?
He has red hair. He's cute. 그의 머리카락은 빨개요. 그는 귀여워요.
What does she look like? 그녀는 어떻게 생겼나요?
She has brown hair. She's cute. 그녀의 머리카락은 갈색이에요. 그녀는 귀여워요.

● **대화 연습을 여러 번 오버랩해서 한다**

영어회화실력을 늘리기 위해서는 말을 많이 해봐야 한다. 한 가지 표현을 적어도 일주일 이상 연습하며 익히게 하자. 그렇다고 같은 문장을 앵무새처럼 반복해서 말하게 하라는 것이 아니다. 같은 표현으로 게임도 하고 써보기도 하는 등 다양한 활용을 통해 반복하라는 것이다. 그런 다음 다른 표현을 배울 때 그전에 배운 것을 오버랩하면서 진행하면 아무리 오래전에 배운 것이라고 해도 쉽게 잊지 않는다.

무조건 교재를 첫 장부터 가르칠 필요는 없다. 아이의 흥미나 나이에 맞는 주제를 선택하는 것이 학습효과를 높이는 방법이다. 예를 들어 〈Let's Go Picture Dictionary〉의 경우 first, second와 같은 Ordinals(서수)나 Time(시간)은 어린 아이들에게는 어려운 주제일 수 있다. 따라서 Shapes and Colors(모양과 색깔)나 Parts of the Body(신체 부위)부터 시작하는 것이 좋다.

- **대답보다는 질문하는 습관을 들여라**

영어를 오래 배운 아이들에게 What do you like to do in winter?(겨울에 뭐하기를 좋아해요?)라고 물어보면 흔히 I like skating.(스케이트 타는 것을 좋아해요.)와 같이 배운 대로 대답하곤 한다. 하지만 거꾸로 같은 질문을 다른 사람에게 해보라고 하면 대부분 당황한다. 학교나 학원에서 선생님이 묻는 말에 대답하는 것에만 익숙해져 있을 뿐 질문하는 연습을 제대로 하지 않았기 때문이다.

한쪽은 일방적으로 질문만 하고 한쪽은 대답만 한다면 5분도 못 가서 대화는 끊기고 만다. 그리고 실생활에서도 대답해야 하는 상황보다 질문해야 하는 상황이 더 많다. 따라서 평소 집에서 질문하는 연습을 많이 시키는 것이 좋다.

특히, 그림영어사전을 활용할 때는 엄마가 질문하는 것보다 아이가 묻고 엄마가 대답하는 방법을 택하는 것이 더 효과적이다. 질문할 수 있는 아이는 대답도 할 수 있지만, 대답만 할 줄 아는 아이가 질문도 잘한다고 할 수는 없다.

놀이를 통해 문장과 단어를 연습한다

- **언스크램블 놀이**

언스크램블(unscramble) 놀이는 헝클어진 단어를 문장 순서에 맞게 나열하는 것이다. 길쭉한 종이에 배운 문장을 적고 단어마다 가위로 잘라 섞은 다음 아이에게 단어를 조합해서 문장을 완성하게 하는 놀이다.

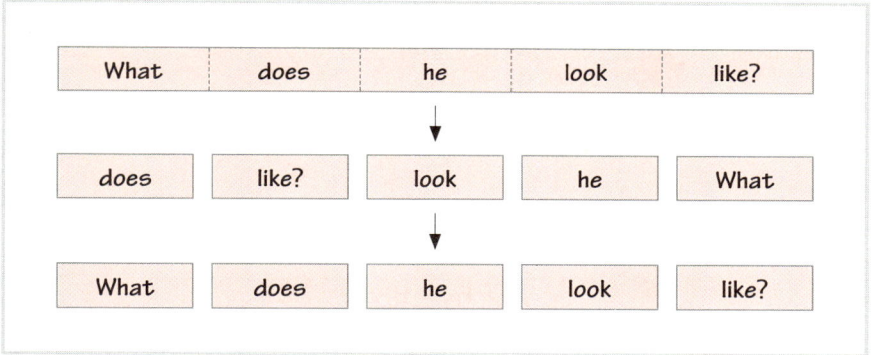

언스크램블 놀이
길쭉한 종이에 배운 문장을 적고 단어마다 자른 후 헝클어 놓는다. 아이는 대문자, 마침표, 물음표 등을 참고해 문장을 완성한다.

그림영어사전에 나온 문구로 문장을 만들고 쓴다

〈Let's Go Picture Dictionary〉의 왼쪽 페이지에 나와 있는 문장을 쓰는 연습을 해보자. 이때 오른쪽 페이지에 나와 있는 단어를 바꿔가며 써보면 효과적이다. 이런 연습을 통해 단어만 바꾸면서 같은 문장패턴을 활용하는 법을 익힐 수 있다. 문장을 쓸 때 우리말 뜻을 적는 것은 도움이 되지 않는다. 오히려 영어표현의 유연성을 떨어뜨릴 뿐이다.

쓰는 분량은 아이의 수준에 맞게 조절하도록 한다. 문장을 쓸 때 반드시 소리 내어 읽으면서 쓰는 습관을 들이게 한다. 소리를 내면서 단어를 쓰다보면 소리와 철자와의 관계를 스스로 깨달을 수 있기 때문이다.

1. red hair  What does he look like?
He has red hair.

2. brown hair  What does she look like?
She has brown hair.

〈Let's Go Picture Dictionary〉의 문장 써보기
왼쪽 페이지의 기본 문장에 오른쪽 페이지의 단어를 대치해 써본다. 단어를 바꿔 쓰는 연습을 하면서 문장의 패턴을 익힐 수 있다.

그림영어사전에서 제시한 단어와 문장패턴에 익숙해지면 이를 활용해 간단한 글을 창작해보자. 예를 들어 가족관계에 관한 단어를 익혔다면 다음 예문처럼 자신의 가족관계를 영어로 표현해보게 한다.

I have one brother and one sister. 저에게는 남동생 한 명과 여동생 한 명이 있어요.

I have four grandparents. 저에게는 할머니 할아버지가 네 분 계세요.

Dad has one sister. She is my aunt.
아빠에게는 누나가 한 분 계세요. 그분은 제 고모예요.

I have three cousins. 저에게는 사촌이 세 명 있어요.

TiP 인터넷 사이트 활용하기

▶ **ABC 티치 www.abcteach.com**
Fun Activities에 들어가면 다양한 주제의 Word Search(단어 찾기)나 Word Unscramble(단어 조합하기) 자료를 얻을 수 있다. 먼저 주어진 단어를 읽고 사전을 이용해 뜻을 알아본 다음 누가 먼저 모든 단어를 다 찾아내는지 시합을 해본다. 단어를 찾으면서 Did you find _____?(~을 찾았나요?), I can't find it.(못 찾겠어요.), I found _____.(~을 찾았어요.)라는 표현을 연습해보자. 이 외에도 이 사이트에서 제공하는 다른 자료들을 활용해보자.

▶ **온라인 행맨 게임**
www.gamehangman.com
www.englishclub.com/esl-games/hangman
www.bigmoneyarcade.com/index.php?action=playgame&gameid=666
행맨(hangman 매달린 사람) 게임은 아이들이 가장 즐기는 게임 중 하나로, 이를 이용해 단어와 스펠링을 연습할 수 있다. 사이트에 접속하면 여러 카테고리가 나타나는데 그중 하나를 선택하여 그 범주에 해당하는 단어를 알아맞혀야 한다. 잘못된 글자를 고를 때마다 옆에 있는 교수대에 사람의 신체 부위가 하나씩 생긴다. 사람 모양이 완성되면 게임에서 지고, 사람은 교수형을 당하게 된다. 모든 단어에는 모음이 한 개 이상 들어 있기 마련이므로, 게임을 할 때 일단 모음(a, e, i, o, u)부터 시작하는 것이 유리하다는 점을 아이에게 알려준다.

▶ **브레인 스펠체크 www.funbrain.com/spell**
영어 스펠링을 연습할 수 있는 사이트다. 문제 수준이 **Easy**와 **Hard**로 구분되어 있으며 한 번에 네 단어씩 20개의 문제가 나온다. 일단 **Easy**부터 시도해보자. 네 개의 단어 중 철자가 틀린 단어를 찾아 클릭한 다음 아래 박스(칸)에 정확한 철자를 적어 넣는다. 그런 다음 Check It을 클릭하면 왼쪽에 맞았는지(correct) 틀렸는지(incorrect) 점수판이 나타난다. 영어 스펠링뿐만 아니라 영문 타자 연습에도 도움이 된다.

영어방송 최대한 활용하기

매일 조금씩 꾸준히 시청하는 게 중요하다

영어를 능숙하게 구사하는 부모라면 평소 집에서 아이와 영어로 대화를 나눌 수 있겠지만, 일반 가정에서 이런 영어 환경을 만들어주기란 쉽지 않다. 영어를 잘하려면 많이 듣고 많이 말해봐야 하는데 대부분의 아이는 그런 기회를 거의 얻지 못한다. 하지만 영어방송을 잘 활용하면 기대 이상의 성과를 얻을 수 있다.

EBS, 인터넷 강좌, TV 방송 등을 통해 다양한 영어 프로그램을 접할 수 있지만 광범위하게 여러 가지를 보는 것보다 아이의 수준에 맞고 아이가 좋아하는 프로그램 두세 가지를 정해놓고 정기적으로 시청하는 것이 더 효과적이다.

요즘은 EBS나 여러 교육 사이트에서 강좌를 많이 제공하고 있으므로 이를 수강하거나 TV 영어방송을 규칙적으로 시청하게 한다. 매일 30분이라도 한 방송을 1년 이상 꾸준히 보면 효과를 볼 수 있다. 그러나 무리한 규칙을 정하면 반드시 실패하게 되어 있다. 성인들이 영어를 잘 못하는 것은 바로 이 '꾸준함'에서 실패하기 때문이다. 영어는 결코 단기간에 습득할 수 없다. '조금씩 꾸준히'라는 전략을 세우고 매일 실천해야 한다.

엄마가 함께 방송을 보고 듣는다

강좌나 방송을 꾸준히 시청하려면 반드시 엄마의 도움이 필요하다. 아침 방송을 규칙적으로 듣거나 보기로 계획했다면 아이가 시간에 맞춰 잠자리에서 일어날 수 있도록 도와줘야 한다. 그리고 아이가 규칙적으로 방송을 보는 습관이 들 때까지 가능하면 방송을 보거나 들을 때 함께 있어주는 것이 좋다.

아이와 함께 방송을 볼 때 "지금 이게 무슨 뜻이지?"라든지 "한번 따라 해봐", 또는 "지금 한 말 외워봐"라는 식으로 자꾸만 아이에게 부담을 주는 행동은 삼간다. 흥미와 재미를 느껴야 아이가 방송을 꾸준히 볼 수 있다.

아이와 함께 방송을 보면서 같이 웃고 내용에 관해 이야기를 나누는 것이 바람직하다. 이 과정에서 아이들은 영어를 배우는 재미에 푹 빠지게 될 것이다. 아이가 내용을 따라가며 즐거움을 맛볼 수 있도록 지켜보는 것이 엄마의 역할이다.

한 프로그램을 반복해서 보게 한다

아이들은 자신이 좋아하는 책을 여러 번 반복해서 읽는다. 영화도 마찬가지다. 〈해리포터〉 시리즈를 다섯 번 넘게 읽고 영화는 스무 번도 넘게 봤다는 아이도 있고, 애니메이션 〈인어공주〉가 너무 재미있어서 한 달간 매일 한 번씩 꼭 봤다는 아이도 있다. 누가 굳이 시키지 않아도 재미있으면 자꾸 반복해서 보게 되고, 어느새 영화에 나오는 대사를 따라 하는 경지에 이르게 된다.

또한, 영화를 자주 보면 영어표현뿐만 아니라 상식도 풍부해진다. 아이를 책상에 붙잡아 앉혀놓는 것보다 책, 영화, 비디오 등 시청각 자료들을 아이에게 제공해주는 것이야말로 무엇보다 값진 교육이 될 것이다.

우리말 자막을 가린다

우리말 자막이 있으면 듣고 이해하려고 노력하기보다는 자막에 의존해 내용을 이해하게 된다. 따라서 우리말 자막이 있는 영화나 방송을 볼 때는 자막을 가리도록 한다. 자막을 가리는 방법에는 여러 가지가 있다. 자막 부분에 청테이프를 붙이는 방법도 있고 도화지 등으로 자막 가리개를 만드는 방법도 있다. 이런 방법이 번거롭다면 TV 화면에 생기는 정전기를 이용해 두루마리 화장지를 붙여보자. 화장지 너비가 자막이 나오는 부분에 딱 맞고 붙이거나 떼기도 쉽다.

영어방송은 우리말 자막이 아닌 영어 자막을 제공하기도 하는데 일단은 아이가 원하는 대로 선택할 수 있게 해주는 것이 좋다. 또는, 처음에는 자막을 보지 않고 방송시청을 하다가 그다음에 자막을 보며 시청을 하는 것도 효과적이다.

TiP
TV 방송 활용하기

▶ **EBS**
TV뿐만 아니라 영어학습 전용 인터넷사이트(www.ebse.co.kr)를 통해서도 영어학습 프로그램을 제공하기 때문에 아무 때나 편리하게 이용할 수 있다. 유아, 초등, 중학 등 학교급별로, 수준별로 다양한 학습 프로그램이 편성되어 있다. 무료로 시청할 수 있는 프로그램이 많을 뿐만 아니라 파일 다운로드 서비스까지 제공하므로 EBS만 잘 활용해도 충분한 효과를 볼 수 있다.

▶ **디즈니채널**
외국방송 중 디즈니채널에서 방송되는 프로그램들은 초등학생의 영어공부에 상당한 도움이 된다. 〈곰돌이 푸〉, 〈알라딘〉, 〈인어공주〉 등 유명 애니메이션뿐만 아니라 청소년용 시트콤, 영화 등을 온종일 원어로 즐길 수 있다.

STEP 6 전래동화 100배 활용하기

<Classic Tales> 시리즈에 도전한다

옥스퍼드(Oxford) 출판사의 전래동화 〈Classic Tales〉 시리즈는 2장에서 소개한 애디슨 웨슬리 출판사의 전래동화보다 단어 수가 훨씬 많다. 또한, 단계가 높아질수록 내용이 길어지고, 과거시제도 등장한다. 그 때문에 아이에게 새로운 도전이 될 만하다.

하지만 아이에게 너무 어렵다고 여겨지면 초급 단계만 읽게 하는 것이 좋다. 지레 질려서 영어에 흥미를 잃을 수 있기 때문이다. 2장 STEP 10에서 소개한 책을 읽는 방법을 참고하여 〈Classic Tales〉 시리즈를 활용해본다.

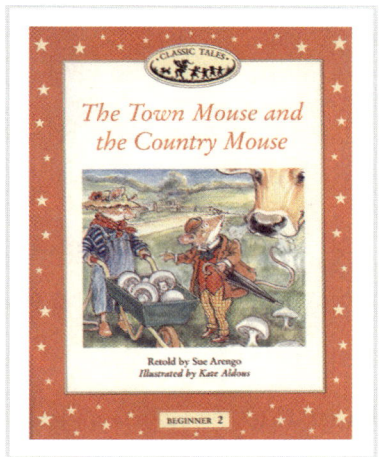

〈Classic Tales〉 시리즈의 대표 동화
〈The Town Mouse and the Country Mouse〉

<Jazz Chant Fairy Tales>로 영어의 리듬을 익힌다

아무리 발음기호대로 정확하게 읽어도 음절이나 강세가 정확하지 않으면 상대가 알아듣지 못한다. 음절이나 강세를 제대로 살리기 위해서는 영어의 리듬을 타는 법을 알아야 한다. 고학년이 되어 영어를 처음 접하는 아이를 가진 엄마들의 가장 큰 고민 중의 하나가 발음이다. 확실히 연령이 높아질수록 영어 발음을 습득할 때 모국어의 개입 현상이 두드러지게 나타나는 경향이 있다. 그래서 영어책을 읽을 때나 말을 할 때 한국어 억양이 들어가게 된다.

영어의 리듬을 익히는 좋은 방법 중 하나가 챈트(chant)를 활용하는 것이다. 챈트는 멜로디 없이 박자만으로 부르는 동요라고 할 수 있다. 문장에 리듬을 넣고 여러 번 반복함으로써 그 표현을 익히고 기억하기 쉽게 만든 것이다.

예를 들어 I like apples, apples, apples. I like bananas, bananas, bananas. What do you like?처럼 박자를 맞춰 특정 표현을 계속 반복하는 것이다. 이 과정을 통해 아이는 영어의 리듬과 표현을 쉽게 익힐 수 있다.

평상시 집에서 〈Jazz Chant Fairy Tales〉를 활용해 아이에게 영어의 리듬을 익히게 하자. 옥스퍼드 출판사의 〈Jazz Chant〉 시리즈 중 한 권인 〈Jazz Chant Fairy Tales〉는 〈Three Little Pigs〉나 〈Chicken Little〉 같은 유명한 동화를 연극대본으로 각색한 후 재즈 리듬을 이용해 만든 챈트 모음집이다. 같은 표현이 계속해서 반복되어 나오기 때문에 영어의 리듬을 즐겁게 익히는 데 도움이 된다.

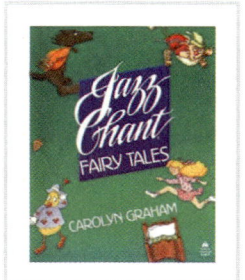

〈Jazz Chant Fairy Tales〉
유명한 전래동화를 챈트로 각색해 묶었다.

또한, 〈Jazz Chant Fairy Tales〉를 전래동화책과 같이 활용하면 효과적이다. 예를 들어 동화책 〈Classic Tales〉 시리즈의 〈The Little Red Hen〉을 읽고 나

서 〈Jazz Chant Fairy Tales〉의 해당 부분을 들으면 내용을 이해하기도 쉬울 뿐만 아니라 내용이나 표현의 차이점과 공통점을 찾는 재미도 맛볼 수 있다.

〈Jazz Chant Fairy Tales〉의 〈Little Red Hen〉과 〈Classic Tales〉의 〈The Little Red Hen〉
같은 내용을 다양한 형식의 글로 함께 읽으면 내용을 이해하기 쉬울 뿐만 아니라 내용이나 표현의 차이점과 공통점을 찾는 재미도 맛볼 수 있다.

음성녹음을 들으면서 동시에 따라 읽어보기

처음에는 책을 보지 않고 음성녹음만 들으면서 어느 정도 내용을 이해하는지 확인한다. 그런 다음 책의 문장을 손가락으로 짚어가며 음성녹음을 다시 한 번 들어본다. 책을 보면서 음성녹음의 속도에 맞춰 소리 내어 읽는다.

음성녹음을 들으면서 동시에 소리 내어 읽는 것은 처음에는 어렵게 느껴질지 모르지만, 영어의 속도와 박자감각을 키우는 데 많은 도움이 된다.

읽는 도중에 박자를 놓치거나 문장을 완전히 따라 하지 못하더라도 멈추지 말고 끝까지 진행하게 하자. 몇 번 반복해서 따라 읽다 보면 점점 발음과 리듬이 정확해지는 것을 느낄 수 있다.

STEP 7 말하기와 쓰기를 위한 문법 가르치기

말하기, 읽기, 쓰기를 병행할 수 있는 문법책을 골라라

영어표현의 유창성(fluency)을 기르려면 결국 정확성(accuracy)이 뒷받침되어야 한다. 바로 여기에 문법을 배우는 목적이 있다. 다시 말해, 시험을 위한 문법보다는 말하기와 쓰기를 위한 문법을 가르쳐야 한다는 것이다.

일단 동화책을 통해 자연스럽게 기본적인 단어와 문장에 노출된 아이들은 문법학습을 시작했을 때 훨씬 습득이 빠르다. 효과적인 문법학습을 위해서는 말하기, 쓰기, 읽기를 모두 병행할 수 있는 문법교재를 선택하는 것이 중요하다. 특히, 실생활에서 사용하는 표현 위주로 정리되어 있고 그림이나 활동을 통해 말하기, 읽기, 쓰기를 연습할 수 있도록 구성된 원서 문법책이 좋다.

현재 국내에 나와 있는 문법책 중에서는 롱맨(Longman) 출판사에서 나온 〈Grammar Time〉이나 옥스퍼드 출판사의 〈Grammar One〉이 초급용으로 알맞다. 중학교 진학을 앞둔 고학년이라면 케임브리지(Cambridge) 출판사에서 나온 〈Essential Grammar in Use〉가 활용도가 높다. 문법책을 활용할 때는 문제풀이 위주로만 공부하지 말고 다양한 활동을 통해 학습하도록 하자.(5장에서 문법 개념을 익힐 수 있는 활동을 좀 더 자세하게 소개했다.)

단어 카드를 활용하여 문법 개념을 연습한다

그림영어사전에서 단어를 선별해 단어 카드를 만든다. 하나의 문법 개념을 익힌 후 아이에게 무작위로 5~10개 정도의 단어 카드를 뽑게 한다. 그런 다음 뽑은 카드의 단어와 배운 문법 개념을 활용해 문장을 만들어보게 한다. 이렇게 활용한 문장을 공책에 적어본다.

예를 들어 조동사 can을 배운 후 아이가 뽑은 단어가 fish, car, play, grapes, dog라면 다음과 같은 질문과 대답을 만들어볼 수 있을 것이다.

- **fish** → Can fish run? / No, they can't.
- **car** → Can you drive a car? / Yes, I can.
- **play** → Can you play baseball? / No, I can't.
- **grapes** → Can you eat grapes? / Yes, I can.
- **dog** → Can dogs swim? / Yes, they can.

아이가 뽑은 단어가 orange juice, balloon, kite, shell, driver고, 현재진행형을 익혔다면 다음과 같은 문장을 만들 수 있다.

- **orange juice** → I'm drinking orange juice.
- **balloon** → I'm playing with a balloon.
- **kite** → He is flying a kite.
- **shell** → They are collecting shells.
- **driver** → The driver is driving a bus.

질문 카드를 활용해 말하기 연습하기

질문 카드로 매일 질문 연습하기

'너는 커피를 좋아하니?'라는 문장을 영어로 만들어보라고 하면 Do you like coffee?라고 정확하게 만들 수 있는 아이들은 많다. 여러 번 연습하면서 자연스레 암기한 문장이기 때문이다. 그러나 '너희 어머니는 커피를 좋아하시니?'라는 문장을 영어로 만들어보라고 하면 아주 간단한 문장인데도 Does your mom like coffee?라고 정확하게 만드는 아이들이 뜻밖에 많지 않다.

문법문제를 잘 풀거나 단어를 많이 암기하고 있다고 해서 영어로 질문을 잘할 수 있는 것은 아니다. 설령 문법 지식이 많아도 이를 사용해보지 않으면 질문이 자연스럽게 나올 수 없다.

아이가 의문문을 얼마나 정확하게 만들 수 있는지를 보면 문법 개념을 얼마나 잘 이해하고 있는지 확인할 수 있다. 문장구조에 관한 기본적인 지식과 시제 개념이 정립되어 있지 않으면 정확한 의문문을 만들 수 없기 때문이다.

평소에 엄마와 아이가 영어로 질문을 주고받을 수 있는 수준이라면 가장 좋겠지만 그럴 수 없는 상황이라면 질문 카드를 활용해볼 것을 권한다. 질문 카드를 통해 반복적으로 질문 문장을 연습하는 동안 자연스럽게 의문문의 패턴을 깨닫고 정확한 의문문을 사용할 수 있게 된다.

● 질문 카드 만들고 활용하기

적당한 크기의 두꺼운 종이에 우리말로 질문을 적어 질문 카드를 만든다. 이때 영어문장은 적지 않는다. 이렇게 만든 질문 카드를 상자에 담아두고 매일 무작위로 5장씩 뽑아서 카드에 쓰인 질문을 영어로 만들고 대답하게 한다. 매일 5장씩 무작위로 질문 카드를 뽑다 보면 같은 질문을 여러 번 반복해서 연습하게 되기 때문에 반복 학습을 할 수 있다.

아이들은 you로 시작하는 질문에는 익숙하지만 주어와 시제를 조금만 변형시켜도 헷갈리거나 당황한다. 따라서 제대로 의문문을 학습시키기 위해서는 질문 카드를 만들 때 you 이외의 주어와 다양한 시제를 사용하자.

> 당신은 어디에 살고 있나요?
>
> 당신은 내일 무엇을 할 건가요?
>
> 그녀는 어느 학교에 다니나요?
>
> 톰은 지금 무엇을 하고 있나요?

질문 카드 만들기
질문 카드를 만들 때는 you 이외의 다양한 주어와 여러 시제를 사용한다.

그리고 아이가 영어의 문장구조나 문법 개념을 새로 익힐 때마다 그것에 맞게 질문 카드를 늘려간다. 그날그날 뽑은 질문 카드의 질문과 대답을 영어공책에 적게 해 의문문의 문장 패턴을 다시 한 번 익힐 수 있게 한다.

★ 질문 카드에 쓰면 좋은 질문

❶ 당신이 가장 좋아하는 음식은 무엇입니까?
❷ 당신은 어디에 살고 있습니까?
❸ 당신의 조부모님은 어디에 살고 계십니까?
❹ 당신의 어머니는 커피를 좋아하시나요?
❺ 당신 아버지의 직업은 무엇입니까?
❻ 당신의 아버지는 어디에서 일하십니까?
❼ 당신은 몇 시에 일어나죠?
❽ 당신의 어머니는 몇 시에 주무세요?

❾ 당신은 내일 무엇을 할 겁니까?
❿ 당신은 무엇이 되고 싶습니까?
⓫ 당신의 남동생은 어떻게 생겼습니까?
⓬ 당신의 가족은 몇 명입니까?

⓭ 숙제했나요?
⓮ 숙제가 있어요?
⓯ 그는 어디에 가는 거죠?
⓰ 당신은 빨간 펜을 가지고 있습니까?
⓱ 그는 어느 학교에 다닙니까?
⓲ 그는 몇 학년입니까?
⓳ 당신은 어제 무엇을 했습니까?
⓴ 당신은 지금 가야 하나요?
㉑ 당신은 어디서 오셨습니까?
㉒ 그는 오늘 무엇을 입고 있습니까?
㉓ 당신은 무슨 과목을 제일 좋아합니까?
㉔ 아침 먹었어요?
㉕ 학교는 몇 시에 시작합니까?
㉖ 당신은 미국에 가본 적 있습니까?
㉗ 수영할 줄 아나요?
㉘ 당신의 아버지는 매일 신문을 읽으십니까?

㉙ 당신의 엄마는 지금 뭘 하고 계세요?
㉚ 당신의 신발은 어디에 있나요?

❶ What's your favorite food?
❷ Where do you live?
❸ Where do your grandparents live?
❹ Does your mom like coffee?
❺ What does your father do?
❻ Where does your father work?
❼ What time do you get up?
❽ What time does your mom go to bed?
❾ What are you going to do tomorrow?
❿ What do you want to be?
⓫ What does your brother look like?
⓬ How many people are there in your family?
⓭ Did you do your homework?
⓮ Do you have homework?
⓯ Where is he going?
⓰ Do you have a red pen?
⓱ What school does he go to?
⓲ What grade is he in?
⓳ What did you do yesterday?
⓴ Do you have to go now?
㉑ Where are you from?
㉒ What is he wearing today?
㉓ What's your favorite subject?
㉔ Did you eat breakfast?
㉕ What time does your school start?
㉖ Have you ever been to the USA?
㉗ Can you swim?
㉘ Does your dad read the newspaper every day?
㉙ What is your mom doing now?
㉚ Where are your shoes?

챗봇(Chat Bot) 활용하기

다른 나라에 사는 사람들과 온라인으로 채팅할 수 있는 사이트는 많다. 그러나 그들과 실제 채팅을 나누는 게 생각처럼 쉽지 않다. 무엇보다, 부족한 영어실력이 가장 큰 걸림돌이 된다. 이럴 때 그런 두려움 없이 대화를 나눌 수 있는 채팅 버디, '챗봇'을 활용하면 좋다.

인공지능 프로그램이 언어학습에까지 적용되어 만들어진 획기적인 학습도구가 바로 채터봇(chatterbot), 혹은 줄여서 챗봇(chat bot)이라고 부르는 프로그램이다. 챗봇은 한마디로 인터넷상에서 함께 채팅할 수 있는 가상로봇이다. 사용자가 질문을 입력하면 챗봇은 답을 제공한다. 현재 여러 챗봇 프로그램이 개발되어 있지만 그중 EFL Classroom(http://community.eflclassroom.com/page/bot)이라는 사이트에서 제공하는 '앨리스'라는 챗봇이 영어를 배우는 학생들에게 적합하다. You say라고 적혀있는 창에 묻고 싶은 질문을 입력하면 앨리스가 답을 한다. 질문이 생각나지 않으면 Questions라는 탭에서 좋아하는 색깔, 가수 등 기본 질문을 선택할 수 있다. 또한, 챗봇의 음성까지 들을 수 있어서 대화 연습에 많은 도움이 된다. 많은 챗봇이 유료인데 반해 앨리스는 무료로 서비스를 제공한다는 점 또한 앨리스의 장점이다.

그밖에 다른 챗봇을 [TIP]에서 소개했으므로 참고하여 아이와 알맞은 챗봇을 찾아 대화를 나누게 하자.

앨리스 봇(Alice Bot)
앨리스와 쉬운 문장으로 대화를 나눌 수 있으며 앨리스의 음성까지 들을 수 있어서 대화 연습에 많은 도움이 된다.

TiP
인터넷 사이트 활용하기

▶ **데이브 E.S.L. 밧** www.alicebot.org/dave.html

현재 유료로 서비스를 제공하고 있지만, 영어를 외국어로 배우는 ESL 학생들을 위해 만들어진 챗밧 프로그램이기 때문에 활용도가 높다. 엘리스 밧처럼 음성을 들을 수 있으며 대부분의 대화가 쉬운 문장으로 이루어지기 때문에 기초 대화 연습을 하는 데 도움이 된다.

▶ **엘리자 밧** www.nlp-addiction.com/eliza/

'엘리자'라는 챗밧과 무료로 대화를 나눌 수 있다. 대화 중에 챗밧으로부터 가끔 어려운 질문을 받을 때가 있지만, 도전의 기회로 삼고 꾸준히 대화를 시도해보는 것이 영어 실력을 높이는 데 도움이 된다.

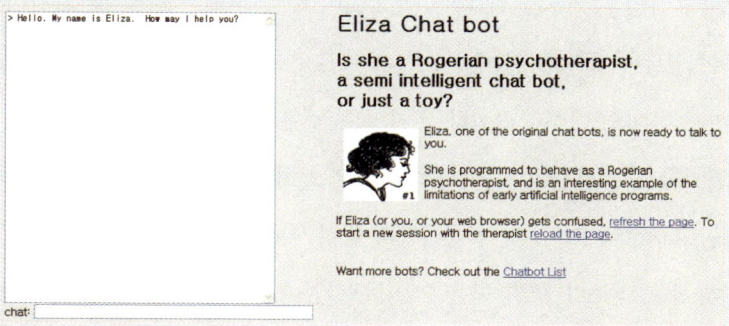

▶ **대화 사전** www.eslgold.com

Speaking에서 **Phrases for Conversation**으로 들어가면 인사하기(Greetings), 가족 소개하기(Talking about family), 좋아하는 것에 대해 말하기(Talking about favorite things) 등 상황별로 대화에 사용할 수 있는 표현들이 정리되어 있다. 챗밧과 대화를 나눌 때 이 표현들을 활용하면 좋다.

영어일기 쓰기는 필수

영어일기는 말하기, 쓰기의 밑거름

영어로 일기를 쓰는 것은 자신의 생각을 정리하고, 영어의 문장구조에 대한 이해력과 표현력을 키우는 데 매우 효과적이다. 영어일기를 쓸 때 자신이 하고 싶은 말이 있는데 적절한 단어나 표현을 모르면 사전을 찾게 된다. 이런 경험이 축적되면서 아이의 단어실력이나 표현력도 늘게 된다.

영어일기를 꾸준히 쓰는 아이들 대부분은 말하기, 읽기, 쓰기 등 모든 면에서 실력을 골고루 갖추고 있다. 물론, 간혹 말하기보다는 쓰기를 좋아해서 쓰기 능력이 말하기 능력보다 훨씬 좋은 아이들도 있다. 그러나 글쓰기를 잘하는 아이들은 당장은 눈에 띄지 않더라도 머지않아 글쓰기로 축적된 실력을 마음껏 발휘하게 될 날이 반드시 온다.

영어일기를 쓸 때 주의할 것은 우리말로 일기를 쓴 다음 그것을 영어로 번역하는 방법은 피해야 한다는 것이다. 영어를 능숙하게 구사하는 사람이 아니라면 우리말을 영어로 옮기는 것은 콩글리시를 익히게 되는 지름길이다. 문법적으로 틀린 문장이라도 처음부터 영어로 쓰는 습관을 들이게 하자. 요즘은 유료회원으로 가입하면 온라인상에서 영어일기를 첨삭 지도받을 수 있는 사이트도 있다.

이 STEP에서는 영어일기를 쓰기 위해 알아야 할 기본적인 사항만 언급하려 한다. 영어일기를 쓰는 구체적인 방법은 4장에 소개되어 있으므로 참고하자.

아이에게 영어사전 사용법을 가르쳐준다

아이들이 영어일기를 쓰다 보면 모르는 단어나 표현에 부딪히게 되는데, 이때 아이가 영어에 흥미를 잃지 않도록 옆에서 잘 지도해야 한다. 아이가 물을 때 모른다고 해서 당황할 필요가 없다. 아이와 함께 사전을 찾아보거나 사전을 사용하는 방법을 가르쳐주면 된다.

영영사전과 영한사전, 한영사전 모두 다 이용하는 것이 좋다. 사전을 선택할 때는 가능하면 예문이 많은 것을 고른다. 한영사전에서 예문을 확인하고 찾고자 하는 의미의 단어와 가장 근접한 단어를 찾은 다음 다시 영한사전이나 영영사전으로 단어의 뜻을 확인한다. 한영사전만을 참고하면 의도와는 달리 엉뚱한 단어나 표현을 사용하게 될 소지가 있기 때문이다. 예를 들어 '배(과일)'에 해당하는 영어단어를 찾으려다 잘못해서 pear가 아닌 ship(타는 배)이나 stomach(사람의 배)를 찾을 수도 있다. 단어를 찾으면 유의어가 여러 개 나오기도 하는데, 이때는 그중 가장 쉬운 단어를 함께 가르쳐주는 것도 좋다.

아이에게 생각할 수 있는 경험적 자료를 제공한다

처음에는 굳이 길게 쓸 필요 없이 두세 문장만 써도 상관없다. 중요한 것은 내용이다. '컴퓨터 게임을 했다', '아침에 몇 시에 일어나고 몇 시에 잠들었다' 등의 매

> Date = Wednesday, December 9th
> Weather = cold
>
> "Social study"
> I learned social in school.
> I learned about seoul's past
> Ofigure, and tooay's figure.
> We read sentences and we saw
> the picture. Next we played "finding
> Capital city". First, teacher
> said countrys then we found
> name of
> Capital city. Second teacher
> said Capital city then we
> found name of countrys. It
> was very fun. Because I
> like Geo-graphy. I want to
> do this game again.

한나의 영어일기
5학년인 한나는 평소 책고 많이 다양한 분야에 관심을 가지고 있었다. 3년 정도 꾸준히 영어학습을 해온 상태로 문법적으로 완벽하지는 않지만 자신의 생각을 자세하게 서술하려고 노력했다.
날짜: 12월 9일 수요일, 날씨: 추움, 제목: 사회공부
나는 학교에서 사회를 공부했다. 서울의 옛모습과 오늘날의 모습에 대해 배웠다. 우리는 글을 읽고 사진을 보았다. 그 후에 '수도 찾아보기'를 했다. 먼저 선생님이 나라 이름을 말하면 우리는 수도를 찾았다. 그다음에 선생님이 수도를 말하면 우리는 나라를 찾았다. 정말 재미있었다. 나는 지리를 좋아하기 때문에 이 게임을 또 하고 싶다.

일 반복되는 일과를 적는 것은 별로 도움이 되지 않는다. 다양한 경험을 하게 하고, 한두 문장이라도 그 경험들에 대한 자신의 느낌과 생각을 표현하는 연습을 시켜야 한다.

앞의 일기를 쓴 한나는 5학년으로 평소 책을 많이 읽고 다양한 분야에 관심이 있는 학생이다. 2년 동안 꾸준히 영어공부를 한 상태로, 한나의 일기는 문법적으로 완벽하지는 않지만 사회수업 시간 때 한 일과 자신의 생각을 구체적으로 잘 표현하고 있다. 한나가 단어만 외우고 문법만 공부했다면 이 정도로 영어일기를 쓰지는 못했을 것이다.

외국에서 공부하는 한국 유학생들이 가장 힘들어 하는 것 중 하나가 자신의 의견을 제대로 표현하는 것이다. 이것이 힘든 이유는 표현력이 부족하고 사고가 미숙하기 때문이다. 생각하는 힘을 키우는 데에는 독서와 경험을 빼놓을 수 없다. 경험이 짧은 아이는 그만큼 생각하는 폭도 좁다. 책을 많이 읽지 않은 아이가 표현력이 부족한 것은 당연하다. 다양한 문장을 만들기 위해서는 아이의 세계도 그만큼 다양해야 한다. 아이가 항상 I played computer game.처럼 컴퓨터 게임 관련한 내용의 문장밖에 만들지 못한다면 그것은 그 아이의 세계가 그것으로 한정되어 있기 때문이다.

독서나 여행 등으로 아이의 세계를 넓혀주고, 사고력을 길러주는 것이 궁극적으로 아이의 교육에 얼마나 큰 도움이 되는지 꼭 명심하길 바란다.

TiP
인터넷 사이트 활용하기

▶ **리틀팍스 www.littlefox.co.kr**
영어자료실에 들어가면 우리나라 아이들이 직접 쓴 영어일기를 볼 수 있다. 아이의 영어일기 쓰기를 지도할 때 참고한다.

▶ **다이어리 프로젝트 www.diaryproject.com**
다양한 연령대의 사람들이 쓴 영어일기를 볼 수 있다. 많은 영어표현을 배울 수 있으니 가끔 읽어보면서 좋은 표현은 메모해두었다 활용하자.

▶ **애드립 게임 www.sundhagen.com/babbooks/adlib.cgi**
애드립(adlib) 게임이란 말 그대로 '즉흥 이야기 만들기' 놀이다. 주어진 카테고리 안에 단어를 써넣으면 하나의 이야기가 자동으로 만들어진다. 예를 들어 Adjective(형용사)라는 칸에는 pretty, big, small 등 형용사를 적고, Noun(명사) 칸에는 table, doctor, paper와 같이 명사를 적는다. Plural noun(복수명사)에는 children, boys, teeth 등 두 개 이상을 나타내는 명사를 입력한다. 그런 다음 See the Story를 클릭하면 입력된 단어가 들어간 이야기가 완성돼 나타난다. 그 이야기를 읽기자료로 활용해도 좋다. 초등 저학년 아이들에게는 어려울 수 있고 어휘실력을 어느 정도 갖춘 초등 고학년 이상의 아이들에게 적합한 놀이다.

Adjective:	pretty
Animal:	
Best Friend:	
Food:	
Noun:	doctor
Past Tense Verb:	took
Plural Noun:	teeth
TV Show:	
Teacher's Name:	
Verb #1:	
Verb #2:	

See the Story!

Things That Drive Me Crazy
I just hate it when:
Mom serves **cake** for dinner.
My pet **my dog** chews my **doctor**.
Mrs. Green gets mad at the class for being **pretty**.
My best friend **Linda** decides to **go** with somebody else.
I get **took** for something I didn't do.
Dad makes me wear **teeth** to school.
My favorite TV show "**Show How**" gets canceled because the station has to broadcast a news conference.
People **pull** into my bedroom without knocking.

다독으로 어휘와 읽기실력 높이기

사전을 사용하지 말고 다독에 도전하라

언젠가 미국에서 살아보지도 않았는데 훌륭한 읽기, 말하기, 쓰기 실력뿐만 아니라 원어민을 능가하는 풍부한 어휘력까지 갖춘 사람을 본 적이 있다. 그 비법은 알고 보니 영어 원서 1,000권을 읽는 것에 있었다. 수업시간에 초등학생들에게 이 말을 해주었더니 몇 명의 아이들이 자극을 받아 실제 1,000권 읽기에 도전했다. 그 아이들은 짧고 쉬운 동화책부터 시작하여, 자신이 읽은 책의 제목을 공책에 쓰기 시작했다. 그 후 몇 년이 흘렀지만, 그동안 그 아이들이 책 읽기를 꾸준히 했다면 다른 아이들에 비해 영어실력이 훨씬 늘었을 것임이 틀림없다.

'다독(extensive reading)'이란 한 마디로 많은 책을 읽는 것이다. 다만, 책을 읽으면서 모르는 단어가 나오면 과감히 건너뛰고 읽는다. 낯선 단어가 나올 때마다 사전을 찾는다면 한 페이지 읽는 데도 많은 시간이 소요될 것이고, 그러다 보면 금방 시들해져서 얼마 가지 않아 책 읽기를 포기하게 되기 때문이다. 책을 많이 읽으려면 즐거워야 하는데, 단어만 찾다 보면 읽기의 즐거움은 느끼지도 못하고 금방 좌절하기 마련이다. 따라서 모르는 단어가 나오면 일단 문맥을 통해 추측하고 넘어가는 것이 좋다. 물론, 특정 단어가 자주 반복해서 나오거나 줄거리를 이해하기 위해 그 단어의 의미를 반드시 알아야 한다면 그때 사전을 찾게 한다. 연구에 따르면 문맥을 통해 단어의 의미를 추측하기 위해서는 책에 나오는 전체 단어의 80%를 알아야 한다고 한다. 즉, 사전 없이 책을 읽기 위해서는 쉬운 책부터 시작하여 서서히 책의 수준과 읽기의 양을 늘려가서 많은 어휘를 습득해 놓아야 한다는 것을 알 수 있다.

수준에 맞는 읽기 교재 선택하기

요즘 중급 이상의 실력을 갖춘 학습자들을 대상으로 한 리더스 시리즈가 많이 수입되고 있는데, 초등학생들에게는 〈I Can Read Book〉 시리즈를 권한다. 특히, 칼데콧(Caldecott)상 수상작가 아널드 로벨(Arnold Lobel)의 〈Frog and Toad Are Friends〉, 〈Frog and Toad Together〉, 〈Owl at Home〉, 〈Mouse Soup〉은 꼭 읽어봐야 할 작품이다. 칼데콧상은 뉴베리(Newbery)상과 더불어 미국의 동화작가에게 주어지는 가장 영예로운 상이다.

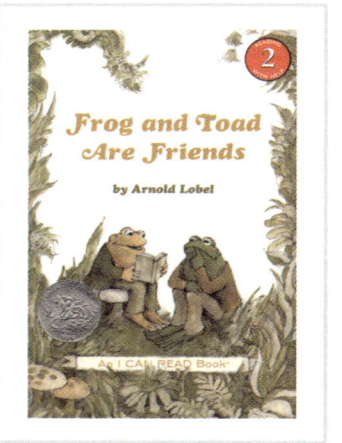

〈Frog and Toad Are Friends〉
칼데콧상 수상작가 아널드 로벨의 작품으로 개구리와 두꺼비의 우정을 다루고 있다.

이외에도 해리라는 개가 주인공으로 등장하는 유명한 시리즈 중 하나인 〈Harry and the Lady Next Door〉와 아멜리아라는 소녀의 재미난 일화를 다룬 〈Amelia Bedelia〉도 아이들이 즐겁게 읽을 수 있는 동화다.

초등 2~6학년 학생들에게 적합한 리더스 시리즈로는 〈Magic Tree House〉 시리즈가 있다. 이 시리즈는 시간여행을 하는 주인공의 모험담을 다양하게 담고 있다. 또한, 책별로 관련된 과학 정보를 담고 있는 리서치 가이드(Research Guide)가 함께 나와 있으므로 두 권을 같이 읽게 하면 학습효과를 배가할 수 있다. 예를 들어 미라와 피라미드를 소재로 하여 아이들의 모험을 그리고 있는 이야기책 〈Mummies in the Morning〉을 읽은 후에 미라와 피라미드에 관해 더욱 자세히 설명하고 있는 리서치 가이드 〈Mummies and Pyramids〉로 궁금한 사실을 더 깊이 공부할 수 있다. 이야기책과 비교하면 리서치 가이드가 더 어렵게 느껴질 수 있으므로 2~4학년 정도의 아이라면 이야기책만 읽어도 된다.

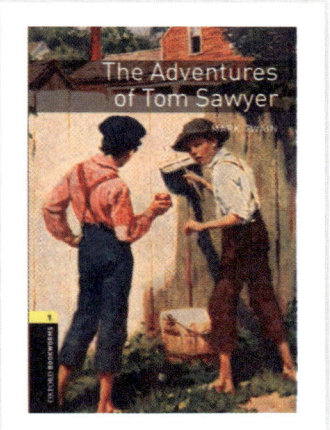

초등 고학년이나 중학생에게 적합한 리더스 시리즈로는 〈Oxford Bookworms Library〉 시리즈가 있다. 〈Oxford Bookworms Library〉 시리즈는 〈The Adventures of Tom Sawyer 톰소여의 모험〉이나 〈The Wizard of Oz 오즈의 마법사〉처럼 유명한 고전을 아이들이 쉽게 읽을 수 있도록 단어와 문장구조를 단순하게 바꾸었다. 분량도 많지 않아 금방 읽을 수 있으므로 아이들이 책 읽기에 자신감을 가질 수 있다. 또한, 책 끝 부분에 챕터별로 문제가 실려 있어서 아이가 내용을 이해했는지 확인할 수도 있다. 그러나 책 읽기의 즐거움을 살리고 싶다면 이 문제들을 푸는 데 집착할 필요는 없다.

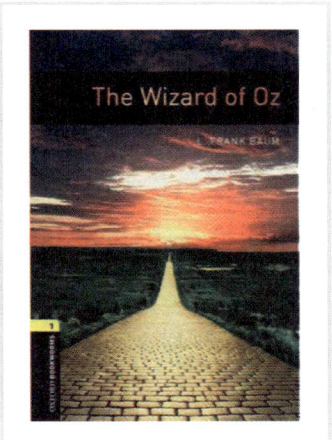

우리나라 출판사에서도 많은 리더스 시리즈를 개발하여 출간하고 있는데, 그중

〈Happy Readers〉 시리즈의 Basic에 해당하는 책이 내용이나 난이도, 구성면에서 초등학생에게 적합하다.

모든 리더스 시리즈는 단계별로 구성되어 있으므로 아이와 함께 서점에 가서 유명한 고전 중 아이가 큰 부담 없이 읽을 수 있는 책을 고른다.

의미 덩어리로 문장 읽기

우리나라는 아이들이 영어로 책을 읽을 때 막 빨리 읽으면 '저 애는 영어가 참 유창해'라고 생각하는 경향이 있다. 그러나 이는 오해다. 유창성을 판가름하는 중요한 기준은 '의미 덩어리(chunk)'로 끊어서 읽거나 말할 수 있는가 하는 것이다. 비록 천천히 읽더라도 제대로 끊어 읽기를 하는 아이가 빨리 읽으면서 제대로 끊어 읽지 않는 아이보다 훨씬 유창하다고 할 수 있다.

제대로 끊어 읽는다는 것은 '의미 덩어리'로 단어들을 묶어서 그 덩어리 사이사이에 포즈(pause 잠깐 멈춤)를 넣어 문장을 읽는다는 뜻이다. 예를 들어 〈Oxford Bookworms Library〉 시리즈의 〈The Adventures of Tom Sawyer〉에 나오는 다음 문장을 의미 덩어리로 나눠보자.

> Tom walked to the chair next to the new girl, sat down and opened his book. ▶ 8p

의미 덩어리로 단어를 묶는 기준은 주어(Tom), 전치사와 명사(next to the new girl), 타동사와 목적어(opened his book), 쉼표 등이다. 따라서 정답은 다음과 같다.

Tom / walked to the chair / next to the new girl, / sat down / and opened his book.

의미 덩어리로 끊는 것은 독해력 향상과 말하기를 위해서도 매우 중요하다. 토익 스피킹이나 국가영어능력평가(NEAT)의 말하기 영역 등 여러 어학시험에서 '의미 덩어리로 끊어 말하기'가 유창성을 판단하는 중요한 채점 항목으로 제시된 것만 봐도 이것이 영어에서 얼마나 중요한지 알 수 있다.

영어 잘하는 아이로 키우고 싶다면 처음부터 의미 덩어리로 끊어 읽는 습관을 갖게 하는 것이 중요하다. 어떤 아이들은 의미 덩어리를 기가 막히게 찾아 적절하게 포즈를 넣어가며 읽는 법을 빨리 터득한다. 선천적으로 언어감각을 타고난 아이들이 그러하다. 그러나 선천적인 어학능력이 없다고 절망할 필요는 없다. CD를 주의 깊게 들으며 여러 번 연습하다 보면 나중에 새로운 문장을 보고도 자연스럽게 덩어리로 끊어 읽기가 된다.

책을 읽기 전에 먼저 CD를 한두 번 들려준 다음 아이가 내용을 얼마나 이해하는지 확인한다. 그런 다음 CD를 들으면서 책을 읽는다. 이때 CD를 따라 읽으면 더욱 효과적이다. 긴 문장은 CD를 들으면서 의미 덩어리 사이사이에 슬래쉬(/)를 쳐서 단어들을 묶어본다.

책을 읽을 때는 전체적인 이야기 흐름을 이해하는 것을 목표로 하자. 한 문장 읽고 우리말로 번역하고 다시 한 문장 읽고 번역하는 것은 중학교에 가서 해도 충분하다.

● **독후감 쓰기**

창작동화나 고전을 읽은 난 후에는 아이에게 독후감을 써보게 한다. 독후감에는 책 제목, 작가, 읽은 날짜를 쓰고 줄거리와 느낀 점을 쓰는 게 원칙이지만 처음에는 줄거리를 쓰는 것이 어렵게 느껴질 수 있다. 따라서 시작 단계에서는 자신이 좋아하는 등장인물을 그림으로 표현하거나 그 등장인물을 서너 문장으로 묘사하는 것으로도 충분하다. 그런 다음 차츰 수준을 높여가는 것이 좋다. 독후감을 쓰는 방법에 대해서는 4장에서 자세하게 설명하고 있다.

TiP
인터넷 사이트 활용하기

▶ **스토리북 온라인** www.storybookonline.net
아이들이 직접 창작한 동화들과 이미 잘 알려진 동화를 새로운 시각으로 다시 쓴 작품들을 만나볼 수 있다. 〈Little Red Riding Hood 빨간 망토 이야기〉를 늑대의 시각에서 여러 사람이 다시 각색한 이야기를 읽어보자.

▶ **인터넷 도서관** www.ipl.org/div/kidspace/
인터넷 도서관인 Internet Public Library에서 제공하는 자료사이트로 우수한 자료와 책을 무료로 열람할 수 있다. **Story Hour**로 들어가면 우리에게 잘 알려진 동화부터 창작동화까지 다양하게 읽을 수 있다. 또한, **Reading Zone**의 **Short Stories**로 들어가도 많은 창작동화를 읽을 수 있을 뿐만 아니라 다른 사이트들과 링크가 되어 있어 무궁무진한 읽기 자료를 얻을 수 있다.

▶ **매직 트리하우스 사이트**
www.randomhouse.com/kids/magictreehouse

Games로 들어가면 Mission Game, Fact Tracker Showdown 등의 게임을 즐길 수 있다. 이 게임을 통해 리서치 가이드에서 읽은 정보를 이해했는지 확인할 수 있다.

과학도서를 통해 새로운 차원으로 도약하기

과학도서를 통해 영어와 교과지식, 두 마리 토끼를 잡아라

자녀의 영어교육에 관심 있는 부모라면 '몰입교육'이라는 말을 들어봤을 것이다. 영어몰입교육(English Immersion Program)은 영어 교수법 중 하나로 영어를 이용하여 다른 교과목을 가르치는 것이다. 즉, 영어로 사회, 과학, 수학 등을 가르쳐서 영어실력도 늘리고 교과목에 대한 지식까지 습득시키는 것이다.

현재 우리나라에서도 영어몰입교육의 실효성에 대해 연구와 논의가 계속되고 있다. 그러나 영어와 다른 교과목을 둘 다 가르칠 수 있는 교사가 많지 않다는 점과 지역에 따라 아이들의 교육수준이 다르다는 점, 그리고 사교육을 더욱 부추기는 결과를 가져올 수 있다는 점 때문에 영어몰입교육을 우리나라에 도입하기에는 시기상조라고 주장하는 사람들이 많다.

하지만 앞으로 한국의 영어교육 정책이 어느 방향으로 흐르든지 영어와 다른 교과를 하나로 묶는 것은 훌륭한 방법임이 틀림없다. 수능, 텝스, 토플 등 여러 영어인증시험에서 사회, 역사, 과학 관련 지문을 많이 출제하고 있기 때문에 그런 글에 익숙한 아이들은 영어인증시험에서 좋은 결과를 얻을 수 있을 것이다. 또한, 장차 대학에서 원서로 된 전공서적을 읽을 때도 사회, 과학 관련 도서를 많이 읽은 아이들의 학업 성취도가 그렇지 않은 아이들과 비교했을 때 더 뛰어날 것임은 분명하다.

나이가 어리고 영어를 처음 접하는 아이들은 영어에 대한 흥미와 자신감을 갖게 하려고 전래동화나 고전을 주로 읽힌다. 그러나 이런 이야기체의 글은 과학지식을 다루는 사실적이고 분석적인 글과는 어휘나 글의 구성 면에서 크게 다르다. 아이들이 나이가 들어 영어실력과 인지능력이 높아지고 처리할 수 있는 정보의 양과 폭이 늘어나는 것에 맞춰 아이들에게 더욱 깊은 수준의 과학도서를 읽게 하면 과학용어를 자연스럽게 배울 수 있고 사실적인 글에도 익숙해지게 된다.

과학도서 100배 활용하기

국내에서 판매되고 있는 여러 과학도서 중 〈National Geographic Theme Sets〉, 〈The Magic School Bus〉, 〈Focus on Science〉 시리즈를 초등학생에게 추천할만하다. 〈National Geographic Theme Sets〉는 태양계를 다룬 〈Our Solar System〉 시리즈, 동물의 생활사를 다룬 〈Life Cycles〉 시리즈, 날씨와 기후를 다룬 〈Weather and Climate〉 시리즈 등 중요한 과학지식을 다양한 주제로 나눠 전달하고 있다.

책의 내용을 깊이 이해하며 효과적으로 읽는 방법은 간단하다. 먼저 공책을 한 권 사서 My Science Book이라고 제목을 쓰고, 아이에게 책을 읽으면서 새로 나온 어휘를 그 공책에 정리하게 한다. 책을 다 읽은 후에는 핵심 내용을 공책에 정리하게 한다.

또 다른 과학도서 시리즈인 〈Focus on Science〉는 초등학생부터 중학생까지 읽을 수 있다. 가장 기초 단계인 A나 B는 초등 저학년도 읽을 수 있을 만큼 쉬운 어휘와 문장으로 쓰여 있다. 이 시리즈의 특징은 책 한 권에 여러 주제의 과학 관련 글들을 묶어서 문제와 함께 제시하고 있다는 점이다. 앞서 언급한 책 한 권에 한 가지 주제만을 다루는 책들과는 다르다. 이 시리즈는 책 한 권에 다양한 분야의 정보를 담고 있으므로 아이들에게 과학상식을 풍부하게 가르쳐줄 수 있다.

마지막으로 〈The Magic School Bus〉는 TV 만화로 제작될 만큼 인기가 높은 시리즈다. 우리말로 번역되어 출간되어 있으며 DVD도 출시되어 있을 정도로 사랑을 받고 있다. 이 시리즈는 Ms. Frizzle이라는 기괴한 모습의 선생님이 마법의 스쿨버스를 타고 아이들과 바닷속, 사람의 몸속, 우주, 땅속 등 여러 곳을 여행하며 과학지식을 알려주는 방식으로 이야기가 진행된다. 어휘나 내용이 쉽지는 않지만 풍부한 과학지식을 제공해줄 뿐만 아니라 만화처럼 구성되어 있어 독자에게 읽는 재미를 준다. 다만, 요즘 국내에서는 만화로 된 〈The Magic School Bus〉 시리즈의 원서를 구하기가 쉽지 않으므로 가능하면 중고 도서라도 구해서 읽어보기를 권한다. 시리즈 중 특히 〈Inside the Earth〉, 〈Inside the Human Body〉, 〈Lost in the Solar System〉 등이 내용 면에서 초등학생에게 추천할 만하다. 애니메이션 DVD를 구해서 책과 함께 활용하면 아이들이 내용을 이해하는 데 더욱 도움이 될 것이다.

TiP
인터넷 사이트 활용하기

▶ **키다리영어샵** www.ikidari.co.kr
교육메일/세미나에서 〈National Geographic Theme Sets〉에 대한 활동자료를 제공하고 있다. 이를 잘 활용하면 워크시트도 쉽게 만들 수 있다.

▶ **매직스쿨버스** www.scholastic.com/magicschoolbus/games/
Games and Activities 페이지에서 과학과 관련된 게임을 즐길 수 있다. 특히, Space Chase 게임에서는 Ms. Frizzle이 숨어있는 행성을 찾는 과정을 통해서 태양계에 관한 정보를 다시 한 번 복습할 수 있다.

영어인증시험 활용하기

시험의 워시백 효과를 노려라

영어인증시험은 잘못 활용하면 아이에게 독이 될 수 있지만 잘 활용하면 아이의 영어실력을 높이는 촉진제가 될 수도 있다. 인지능력이나 영어 의사소통능력 면에서 준비되지 않은 아이나 너무 어린아이에게 영어시험을 보게 하는 것은 아이에게 전혀 득이 되지 않는다. 유치원 아이에게 단어 시험을 본다거나 초등 저학년 아이에게 토익이나 토플을 보게 하는 것은 이제 막 걸음마를 배우는 아기에게 뛰라고 하는 것이나 다를 바 없다. 모든 것은 순리대로 진행해야 한다. 적어도 초등 4학년 이상은 되어야 시험으로 인한 압박감을 이겨낼 수 있다. 저학년 아이에게 영어인증시험을 강요할 생각이 조금이라도 있다면 차라리 이 **STEP**은 읽지 말고 건너뛰라고 권하고 싶다. 하지만 아이가 초등 고학년이라면 영어시험을 활용해 아이의 영어실력 향상을 모색해볼 만하다.

시험에는 '워시백 효과(washback effect)'가 있기 때문에 시험은 아이의 영어실력 향상에 도움이 된다. 워시백 효과란 학습자들의 학습 내용은 시험 유형에 영향을 받는다는 것으로, 아이가 시험을 대비하는 과정에서 실력이 느는 긍정적인 효과를 기대할 수 있다. 예를 들어 수험자가 토플의 말하기 시험을 준비하며 말하기 연습을 많이 하다 보면 실제 말하기 실력이 늘게 된다는 것이다.

이런 긍정적인 워시백 효과를 노리고 국가에서 개발한 시험이 바로 국가영어능력평가(NEAT)이다. 한국 사람들이 읽기와 듣기는 잘해도 막상 말하기와 쓰기 능력이 떨어지는 주된 원인은 기존의 대학입학시험제도에 있다는 반성하에 국가영어능력평가가 개발되었다. 즉, 지금까지 수능에서 듣기와 읽기 능력만을 평가하다 보니 학교 수업도 듣기와 읽기에만 치중하게 되었고, 그 결과 학생들의 말하기와 쓰기 능력이 떨어지게 되었다는 것이다. 따라서 시험 유형을 바꾸면 말하기와 쓰기를 강조하는 방향으로 학교 교육이 바뀌게 될 것이라는 예상하에 읽기와 듣기뿐 아니라 말하기와 쓰기 능력을 평가할 수 있는 시험을 개발하게 된 것이다. 그리고 이렇게 바뀐 시험 유형과 제도에 맞춰 시험을 준비하는 과정에서 학생들의 말하기와 쓰기 능력이 향상될 것이라고 기대하고 있다.

어느 정도 일리 있는 취지다. 시험을 통해 자신의 실력을 확인하는 과정에서 아이는 부족한 부분을 발견하고 더욱 노력하게 될 것이다. 그리고 시험 결과가 좋으면 아이에게 성취감을 심어줄 수 있다. 그 성취감이 영어학습에 대한 동기를 불러일으키고, 결과적으로 아이의 영어실력 향상을 가져오게 될 것이다.

영어인증시험 활용법

일반적으로 널리 알려진 영어인증시험으로는 PELT, PELT Junior, JET, TOSEL, NEAT, TOEIC, IELTS, TEPS, TOEFL, TOEFL Junior 등을 꼽을 수 있다. 이 가운데 TOEIC, IELTS, TEPS, TOEFL은 적어도 고등학생 이상의 성인들을 대상으로 하는 시험으로 직업이나 대학생활과 관련된 내용을 다루고 있기 때문에 초등학생들에게는 적합하지 않다. 물론, 간혹 '초등학생이 토익 만점을 맞았다'라는 뉴스를 접할 때가 있지만, 그 경우는 그 아이가 특별한 아이일 뿐 이를 일반화할 수는 없다.

초등학생들이 많이 보는 시험으로는 PELT Junior, JET, TOSEL, TOEFL Junior 등이 있다. 이 시험들은 대부분 여러 등급으로 나뉘어 있으므로 처음에는 아이의 수준보다 약간 쉽거나 약간 어렵다고 여겨지는 등급을 선택해 시험을 보게 하는 것이 좋다. 그래야 아이들이 시험을 통해 성취감을 맛볼 수 있다. 아이의 능력에 비해 시험이 지나치게 쉬우면 아이가 아예 흥미를 못 가질 수 있고, 또 너무 어려우면 좌절감을 맛볼 수 있으므로 주의해야 한다. 약간 쉽거나 살짝 어려운 등급을 통과한 다음에 충분히 준비를 한 후 수준을 차츰 높여가는 것이 좋다.

인증시험을 준비하기 위한 가장 쉬운 방법은 시중에 나와 있는 문제집을 사서 직접 풀게 하는 것이다. 학원에 보내거나 인터넷 강좌의 도움을 받는 것도 좋은 방법일 수 있지만, 기왕이면 엄마의 도움을 받아 아이가 스스로 문제를 풀어보는 것이 좋다. 아이와 함께 목표를 정한 다음 그 목표를 달성할 때마다 상을 주는 것도 아이에게 동기를 부여하는 방법이 될 수 있다.

상이라고 해서 비싼 것을 사주라는 말이 아니다. 아이가 원하는 것을 하게 해주거나 고학년 아이라면 용돈을 조금 올려주는 것으로 충분하다. 약속만 하고 지키지 않는 부모도 있는데 이것은 약속을 아예 하지 않는 것만 못하다. 장기적으로 봤을 때 아이에게 부모에 대한 불신을 심어줄 뿐이기 때문이다. 아이와 한 약속은 어떤 약속이든 반드시 지켜야 아이도 목표에 도달하기 위해 온 힘을 다하게 된다.

[알아두자!] 주요 영어인증시험의 종류

종 류	대 상	주 관 기 관
TOEFL	미국을 비롯한 영어권 나라의 유학을 준비하는 고등학생~성인	ETS
TOEIC	대학진학이나 취업을 준비하는 고등학생~성인	YBM 시사 어학원
TEPS	대학(원) 진학 및 취업을 준비하는 고등학생~성인	TEPS 관리위원회
IELTS	영국을 비롯한 영어권 나라의 유학을 준비하는 고등학생~성인	영국문화원
TOEFL Junior	초등학생~중학생	ETS
TOSEL	초등학생~성인	EBS
PELT standard	중학생~고등학생	한국외국어평가원
PELT Junior	초등학교 3~6학년생	한국외국어평가원
PELT kids	초등학교 1~2학년생	한국외국어평가원
JET	초등학생	YBM 시사 어학원

국가영어능력평가(NEAT) 알아보기
출처 | 한국교육과정평가원(www.kice.re.kr)

요즘 영어교육 분야의 큰 이슈는 바로 '국가영어능력평가'다. 영어로는 National English Ability Test(NEAT)라고 한다. 그동안 중등교육은 수능 시험을 최종 목표로 하다 보니 듣기와 읽기 중심의 수업 방식에서 벗어나지 못하고 있었다. 이러한 중등교육의 방향을 말하기와 쓰기 중심으로 바꾸기 위해서 도입한 것이 바로 국가영어능력평가다. 평가 방향을 바꾸면 전반적인 교육 방향도 바뀌게 될 것이고, 그 결과 학생들의 말하기와 쓰기 실력이 향상될 것이라고 기대하고 있다.

■ 평가 방식
일반 학교에 설치된 시험장에서 인터넷을 통해 시험을 치르는 인터넷 기반 시험(Internet-based Test: iBT) 방식을 채택하고 있다. 학생들은 컴퓨터 앞에 앉아 자신의 목소리를 녹음하고, 직접 타이프를 쳐서 영작문을 완성한다.

영역	시험방식
듣기	헤드셋을 통해 듣고 화면의 답안 선택
읽기	화면의 지문을 읽고 답안 선택
말하기	화면의 문제를 보고 헤드셋을 사용하여 직접 음성 답안 녹음
쓰기	화면의 문제를 보고 컴퓨터 키보드를 사용하여 직접 답안 입력

■ 평가의 종류와 성격
고등학교 3학년생을 대상으로는 두 종류의 시험, 2급과 3급이 있다. 수험생은 진로 및 특성에 따라 선택하여 시험을 치를 수 있다.

구분	2급	3급
평가 목표	영어과 교육과정 성취기준의 달성 정도와 대학에서 영어로 학업을 수행하는 데 필요한 기본적인 영어 사용능력을 평가함	영어과 교육과정 성취기준의 달성 정도와 일상생활에서 실질적으로 쓰이는 실용 영어능력을 평가함
대상자	기초 학술 영어능력 평가를 필요로 하는 고 3학생	실용 영어능력 평가를 필요로 하는 고 3학생
평가 내용	기초 학술 주제와 관련된 정보를 이해하고 활용하는 능력 학업과 관련된 소재나 상황에 맞게 표현하는 능력	실용적 주제와 관련된 정보를 이해하고 활용하는 능력 일상생활에서 상황에 맞게 표현하는 능력

■ 문항 수 및 시험 시간

영역	문항수		시험시간
	2급	3급	
듣기	32	32	35분
읽기	32	32	50분
말하기	4	4	15분
쓰기	2	4	35분
계	70	72	135분

■ 평가준거와 성적산출

절대평가고, 절대적인 성취 기준에 도달한 정도에 따라 성적이 부여된다. 듣기, 읽기, 말하기, 쓰기 영역별로 A, B, C, D의 총 4개 등급으로 구분된다.

■ 말하기와 쓰기의 문항유형

말하기 2급		말하기 3급	
문항유형	문항수	문항유형	문항수
연계질문에 답하기	4 (하위 문항 수)	그림 보고 질문에 답하기	3 (하위 문항 수)
그림 묘사하기	1	연계질문에 답하기	4 (하위 문항 수)
발표하기	1	그림 묘사하기	1
문제 해결하기	1	문제 해결하기	1
계	7	계	9

쓰기 2급		쓰기 3급	
문항유형	문항수	문항유형	문항수
일상생활에 관한 글쓰기	1	상황에 맞는 짧은 글쓰기	1
		그림의 세부묘사 완성하기	1
자기 의견 쓰기	1	편지쓰기	1
		그림 묘사 및 추론하여 글쓰기	1
계	2	계	4

4장

영어 글쓰기 실력 높이기

1. 영어로 자기 소개하기
2. 좋아하는 것 묘사하기
3. 사물 묘사하기
4. 그림 묘사하기
5. 비교하기
6. 영어일기 쓰기
7. 사건 묘사하기
8. 영어 독후감 쓰기
9. 이야기 창작하기
10. 영어 에세이 쓰기

알아두세요~

일반적으로 언어의 기능을 듣기, 읽기, 말하기, 쓰기의 4개 기능으로 분류한다. 이 중에서 듣기와 읽기는 '수용적 언어능력(receptive skill)'이라고 하고, 말하기와 쓰기를 '생산적 언어능력(productive skill)'이라고 한다. 듣기와 읽기를 통해 정보를 받아들이고 해석한 후 말하기와 쓰기를 통해 새로운 정보를 생산한다는 의미에서 이렇게 묶는 것이다.

흔히 수용적 언어능력보다 생산적 언어능력이 더 어렵다고 본다. 그렇다면 말하기와 쓰기 중에서 어느 쪽이 더 어려울까? 영어회화에 주눅이 들어 있는 우리나라 사람들은 말하기가 더 어렵다고 생각할지 모른다. 하지만 우리가 영어로 말을 제대로 못 하는 이유는 말하기 능력을 발달시킬 수 있을 만큼 충분히 연습할 기회를 갖지 못했기 때문이다. 듣기, 읽기, 말하기, 쓰기를 골고루 발달시킬 기회가 주어진다면 말하기보다 더 어려운 영역은 쓰기일 것이다. 우리말로 말을 잘한다고 해서 글을 잘 쓰는 것은 아니다. 미국에서 1~2년 정도 살다 온 아이들도 말은 웬만큼 유창하게 하지만 글쓰기 실력은 제대로 갖추지 못한 경우가 많다. 글을 잘 쓰기 위해서는 좋은 강의를 듣고, 좋은 책을 읽고, 수준 높은 대화에 참여해봐야 한다. 또한, 무엇보다 글을 많이 써봐야 한다. 요즘 많은 영어인증시험에 쓰기 영역이 추가된 것도 수험자의 영어실력을 총체적으로 평가하는 데 쓰기보다 더 신뢰할 만한 잣대를 찾기 어렵기 때문이다.

지금까지는 영어회화 실력을 키우는 데 총력을 기울여왔다면 이제부터는 영어 글쓰기 능력을 키우기 위해서도 많이 노력해야 한다. 더 빨리 세계화가 진행되어가는 상황에서 앞으로 영어로 글을 잘 쓰는 능력은 아이들이 꼭 갖추어야 할 능력이 될 것이다.

글을 잘 쓰려면 영어의 문장구조에 대한 지식도 갖추고 있어야 할 뿐 아니라 책을 통해 다양한 지식을 쌓아놓아야 한다. 따라서 평소 다양한 장르별로 많은 책을 읽는 습관을 들이는 것이 중요하다. 3장 STEP 9 '영어일기 쓰기는 필수'에서도 언급한 바 있지만, 우리말로든 영어로든 독서와 경험의 중요성은 아무리 강조해도 지나치지 않다.

이 장에서는 초등학생 수준에 맞는 효과적인 글쓰기 방법을 활동의 난이도에 따라 제시하려 한다. 다만 여기에서 제시하는 수준은 초등학교 영어 공교육에서 제시하는 쓰기 영역의 교육목표와는 다르다. 초등학교 영어 공교육에서는 주로 듣기와 말하기 위주이기 때문에 문자언어 교육은 쉽고 간단한 내용의 글을 읽고 쓰는 수준에 머문다. 중학교에 가서야 비로소 본격적인 문자언어 교육이 이루어진다.

초등학교 학년별 영어 교과 '쓰기 영역' 내용

학 년	내 용
4학년	(가) 알파벳 인쇄체 대소문자를 보고 쓴다. (나) 구두로 익힌 낱말을 따라 쓴다.
5학년	(가) 소리와 철자의 관계를 바탕으로 쉬운 낱말을 듣고 쓴다. (나) 실물이나 그림에 해당하는 낱말을 쓴다. (다) 학습한 낱말을 듣고 받아쓴다. (라) 쉬운 낱말을 외워 쓴다.
6학년	(가) 구두로 익힌 어구나 문장을 쓴다. (나) 예시문을 참고하여 실물이나 그림을 한 문장으로 묘사하여 쓴다. (다) 문장 안에서 인쇄체 대소문자와 구두점을 바르게 쓴다. (라) 쉽고 간단한 생일 카드나 감사 카드를 쓴다.

출처: 한국교육과정평가원 〈초등학교 교육과정〉

위 표에서 보는 바와 같이 현재 초등학교에서 이루어지는 글쓰기 수준은 낱말 쓰기, 사물이나 그림 묘사하기 정도다. 이 정도는 이미 2장과 3장에서 소개한 활동에서 다루어지고 있다.

따라서 이 장에서는 글쓰기 수준을 좀 더 높여서 아이들이 자신의 생각을 표현하고 새로운 이야기를 창작하는 수준에 도달하는 데에 목표를 둔다. 또한, 아이들이 국가영어능력평가를 대비하여 필요한 글쓰기 능력을 갖출 수 있도록 실질적인 활동과 방법을 제시한다.

한 가지 명심할 것은 절대 서둘지 말라는 것이다. 급히 먹은 음식은 체하기 마련이다. 특히, 아이가 어릴수록 걸음마를 배우듯이 한 단계 한 단계 천천히 밟아 올라가는 것이 중요하다. 그리고 아이가 혼자 걸을 수 있기까지 부모는 지시하거나 통제하는 사람(controller)이 아닌 도우미(helper)로서 동행하는 것을 잊지 말아야 한다.

영어로 자기 소개하기

소개 내용

살다 보면 자신을 소개할 일이 많다. 낯선 이에게 편지를 쓸 때, 펜팔이나 채팅을 할 때, 학교 입학원서를 쓸 때, 이력서를 쓸 때 자신을 소개해야 한다. 이런 경우를 대비해 자기를 소개하는 법을 알아둘 필요가 있다. 초등학생 수준에서 소개의 글에 꼭 들어가야 할 내용은 다음과 같다.

- **Name**(이름) – My name is __Nara Kim__.
- **Age**(나이) – I am __11__ years old.
- **School**(학교) – I go to __Hanbit__ Elementary School.
- **Grade**(학년) – I am in the __fourth__ grade.
- **Address**(주소) – I live in __Seoul__.
- **Phone number**(전화번호) –
  My phone number is __010-1111-2222__.
- **Email address**(이메일 주소) –
  My email address is __narakim@kokoma.com__.

여기에 덧붙여 가족, 친구, 좋아하는 것, 취미 등을 소개하면 더욱 좋다. 그러나 처음부터 무리할 필요는 없다. 일단, 아이 신상에 관한 가장 기본적인 정보부터 정확히 표현하는 법을 배우게 한다. 이름과 나이는 쓸 수 있지만 학교나 학년을 영어로 어떻게 표현하는지 모르는 아이들이 뜻밖에 많다. 파닉스를 배우고 짧은 동화책을 읽기 시작한 아이(3장 STEP 3)라면 시도할 수 있다.

명함 만들기

아이와 함께 영어로 명함을 만들어보자. 일반 명함보다는 좀 더 큰 크기의 흰 종이를 준비한다. 글씨를 작게 쓰는 데 어려움을 느끼는 초등 저학년 아이라면 A4 크기의 종이를 이용해도 좋다. 본격적으로 명함을 만들기 전에 소개 내용을 문장으로 써본 후 사인펜으로 이름, 나이, 생일, 학교, 학년, 주소, 전화번호, 이메일 주소 등을 명함 종이에 쓴다. 이때 명함이라는 특성상 정보를 반드시 문장으로 쓰지 않아도 된다. 내용을 다 쓴 다음 색연필로 예쁘게 그림을 그려 명함을 장식해보자.

명함 만들기
❶ A4 용지 반 정도 크기의 두꺼운 종이, 사인펜, 색연필을 준비한다.
❷ 사인펜으로 이름, 나이, 생일, 학교, 학년, 주소, 전화번호, 이메일 주소 등을 쓴다.
❸ 색연필로 그림을 그려 명함을 장식한다.

자신을 소개하는 미니북 만들기

자신을 소개하는 내용으로 미니북을 만들게 하자. 먼저 미니북에 들어가야 할 내용과 페이지 구성을 생각해본다. 이름, 나이, 취미, 좋아하는 것 등 아이가 자신에 관해 소개하고 싶은 내용은 무엇이든 미니북에 담아도 된다. 구상이 끝나면 각 페이지에 문장을 쓰고 그림을 그린다. 미니북을 만드는 구체적인 방법에 대해서는 2장 **STEP 6**을 참고한다.

자신을 소개하는 미니북 만들기
자신의 이름, 나이, 좋아하는 동물, 색깔, 장래 희망 등을 구체적으로 소개하고 있다.

영어일기 첫 장에 자기 소개하기

아이의 영어일기 첫 장에 자신에 대한 소개의 글을 써보게 한다. 먼저 아이에게 어떤 내용이 들어가면 좋은지 예를 보여준다. 이때 일기장을 의인화해서 마치 펜팔 친구에게 자기소개를 하듯이 편지 형식으로 소개문을 쓰게 하는 것이 좋다. 소개문을 쓸 때는 Dear Diary라고 쓴 다음 Hello!라는 인사말과 함께 Let me introduce myself.(나를 소개할게.)라는 문장을 덧붙인다. 그리고 소개의 글 마지막에는 I'm glad to talk to you.(너와 얘기하게 되어 기뻐.)라는 문장을 넣는다. 맨 아래에 Love와 아이의 이름을 쓴다.

> Dear Diary.
> Hello! Let me introduce myself.
> My name is Hyun Jung. My family is my mom, Dad, Grandfa, and my Brother. I like my father because he is kind. My mom is scary. I go to Yong Du Elementary School. I learn about Korean, math, fun living, art, and Computers. My favorite subjests are Korean, art and computer class. My friends like Computer class, too. My friend is Jung Hwa. She is my second best friend. My favorite place is Kidzania. My best friend is So Yeon And I'm fun every day. I'm glad to talk to you.
>
> Love,
> Hyun Jung.

일기장에게 자기 소개하기
일기장에게 자기 이름과 가족, 좋아하는 과목, 친한 친구 등을 언급하며 자신에 관하여 잘 소개하고 있다.

인터넷 활용하기

인터넷 사이트 www.manythings.org/casp에서 자기소개 쓰기를 연습할 수 있다. 사이트에 접속하여 A Self Introduction을 클릭하면 이름, 나이, 사는 곳, 좋아하는 것, 싫어하는 것, 취미, 좋아하는 음식, 그 음식을 얼마나 자주 먹는지 등에 대한 기본 정보를 입력하는 페이지가 나타난다. 이곳에 기본 정보를 입력한 후 Write it을 클릭하면 여러 version으로 자기를 소개하는 글을 볼 수 있다. 그중 Version 1을 골라 아이에게 자세히 읽게 한다. 그런 다음 컴퓨터를 보지 않고 기억을 더듬어 공책에 그 내용을 그대로 써보게 한다. 이때 내용을 다 기억하기 어려울 수 있으므로 이름, 나이 등 쓸 항목을 제시해준다. 아이가 글을 완성한 다음에는 컴퓨터를 보며 빠진 게 무엇인지, 단어를 제대로 썼는지 등을 확인한 후 틀린 부분을 고쳐 쓰게 한다. 이 활동을 통해 아이들은 자기소개서의 기본 형식을 익힐 수 있다. 초등 3학년 이상의 아이에게 적합한 활동이다.

www.manythings.org/casp의 A Self Introduction을 활용한 예

그래머 체커(Grammar Checker) 활용하기

영어로 글을 쓸 때 가장 고민되는 문제 중 하나가 바로 문법 오류를 어떻게 바로잡을 것인가 하는 점이다. 영어교사나 원어민에게 도움을 청할 수 있다면 다행이겠지만 대부분 그럴 수가 없다. 이럴 때 그래머 체커 프로그램을 활용하면 도움이 된다. 그래머 체커는 문법 오류를 찾아내어 수정해주는 프로그램이다. 인터넷에서 Grammar Checker를 검색하면 여러 사이트에서 제공하는 프로그램을 볼 수 있다.

사용법은 대부분 간단하다. 사용자가 문장을 입력하고 확인 버튼을 누르면 프로그램이 문법적으로 잘못된 부분을 자동으로 찾아 더 정확한 단어를 제공해준다. 이런 프로그램은 철자, 시제, 수의 일치 등 간단한 오류를 찾는 데 도움이 된다. 다만 그래머 체커에도 몇 가지 단점이 있는데, 가장 큰 단점은 모든 오류를 찾아주지는 못한다는 것이다. 특히, 문장 구조가 복잡하면 문법 오류를 제대로 찾아내지 못한다. 또한, 대부분의 그래머 체커는 유료 프로그램이다. 불완전한 프로그램에 돈을 내기가 아깝다는 생각이 들 수 있다. 그러나 이러한 단점에도 불구하고 그래머 체커 외에 다른 대안이 없는 사람들에게는 분명 유용한 도구임이 틀림없다.

좋아하는 것 묘사하기

글쓰기의 기본적인 주제 중 하나가 바로 자신이 좋아하는 것 즉, 자신이 좋아하는 음식, 사람, 노래, 영화, 게임, 취미 등에 대해 쓰는 것이다.

학교 영어시간에도 What's your favorite color?, What's your favorite food? 등의 질문을 수도 없이 하며 답을 주고받는다. 영어회화 코스북에 빠지지 않고 나오는 주제기도 하다. 국가영어능력평가의 쓰기 영역의 질문 유형 중 하나가 개인적인 질문에 대한 답을 쓰는 것이다. 주로 좋아하는 음식이나 영화가 무엇인지, 그것을 왜 좋아하는지, 취미가 무엇인지 등을 묻는다. '자신이 좋아하는 것'은 그만큼 중요하고 기본적인 주제다.

동화책을 읽고 그림사전을 통해 단어실력을 쌓기 시작한 아이라면 시도해볼 만하다(3장 STEP 4). 이제 간단한 문장으로 자신이 좋아하는 것을 표현하는 법을 알아보자.

기본 질문 유형 익히기

하루에 한 개씩 '가장 좋아하는 _____'을 묻는 질문 하나와 답을 공책에 쓰는 연습을 하게 한다. 초등학교 1~2학년이라면 답을 그림으로 그려도 좋다. 예를 들어 가장 좋아하는 음식이 피자라면 피자 그림을 그리게 한다. 다음에 제시된 질문 목록을 참고하자.

Questions(질문)	Answers(답)
1. What's your favorite color? 가장 좋아하는 색깔은 무엇인가요?	My favorite color is _____.
2. What's your favorite food? 가장 좋아하는 음식은 무엇인가요?	My favorite food is _____.
3. What's your favorite song? 가장 좋아하는 노래는 무엇인가요?	My favorite song is _____.
4. What's your favorite movie? 가장 좋아하는 영화는 무엇인가요?	My favorite movie is _____.
5. Who's your favorite person? 가장 좋아하는 사람은 누구인가요?	My favorite person is _____.
6. What's your favorite season? 가장 좋아하는 계절은 무엇인가요?	My favorite season is _____.
7. What's your favorite book? 가장 좋아하는 책은 무엇인가요?	My favorite book is _____.
8. What's your favorite subject? 가장 좋아하는 과목은 무엇인가요?	My favorite subject is _____.
9. What's your favorite sport? 가장 좋아하는 운동은 무엇인가요?	My favorite sport is _____.
10. Which country do you want to visit? 가보고 싶은 나라는 어디인가요?	I want to visit _____.
11. What do you want to be? (커서) 뭐가 되고 싶은가요?	I want to be a(n) _____.
12. What's your hobby? 취미는 무엇인가요?	My hobby is _____-ing.

What's your favorite season?
어떤 계절을 좋아하는지, 그 계절에 어떤 활동을 하는지 잘 묘사하고 있다.

확장된 질문 익히기

자신이 좋아하는 것에 대해 쓸 수 있게 되면 질문을 덧붙여 그것을 '왜' 좋아하는지 쓰게 한다. Why do you like it[him/her]?이라는 질문을 추가하면 된다. 이 질문에 자신 있게 답할 수 있는 아이는 그다지 많지 않다. 아이 스스로 Why라는 질문에 대한 답을 생각해보게 한 후 한두 문장으로 답을 쓰게 한다. 답은 I like it[him/her] because ~로 시작하면 된다.

초등학교 1~3학년 아이라면 앞의 질문을 주제로 미니북을 만들어도 좋다. 미니북을 만드는 방법은 2장 STEP 6을 참고한다.

What's your favorite season?
어떤 계절을 좋아하는지, 또 왜 좋아하는지 설명하고 있다.

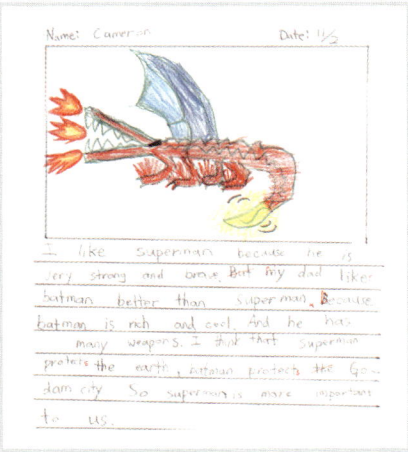

What do you want to be?
무엇이 되고 싶은지에 대해 쓴 글이다. 왜 과학자가 되고 싶은지에 대한 구체적인 이유를 훌륭하게 묘사하고 있다.

Who is your favorite person?
가장 좋아하는 사람으로 슈퍼맨을 선택하여 쓴 글이다. 외국에서 한 번도 살아본 적이 없지만, 평소 영어책을 많이 읽고 꾸준히 영어일기를 쓴 초등학교 3학년 학생의 작품이다. 어른의 도움 없이 쓴 아이의 글치고는 정확하고 뛰어난 표현력을 보여주고 있다.

챗봇 활용하기

3장 STEP 8에서 챗봇에 대해 소개한 바 있다. 챗봇과 대화를 하기 위해서는 단어의 철자를 알아야 하고 타이프를 칠 줄 알아야 한다. 따라서 챗봇과의 대화는 좋은 글쓰기 연습이 될 수 있다. 앨리스 봇이나 데이브 봇처럼 영어를 배우는 학생들을 위해 개발된 챗봇과 자신이 좋아하는 것에 대해 자유롭게 대화를 나누어 보자.

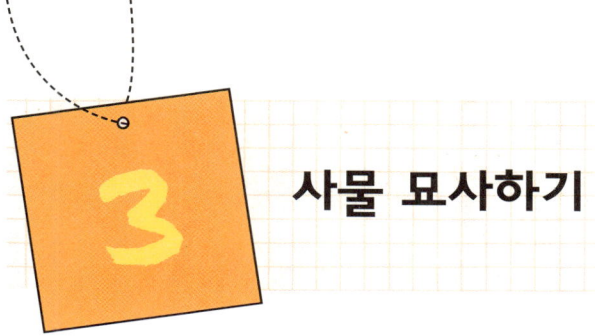

사물 묘사하기

사물이나 사람 묘사하기는 다양한 영어인증시험의 듣기, 말하기, 쓰기 영역에 반드시 등장하는 필수 항목 중 하나다. 사물 묘사에는 사물의 수, 명칭, 색깔, 모양, 위치, 용도 등의 기본 정보가 나와야 한다.

사물을 묘사할 때 쓸 수 있는 가장 기본적인 문장표현에는 다음과 같은 것들이 있다.

> There is (a/an) _____. 〈단수〉 ~이 있다.
>
> There are _____. 〈복수〉 ~이 있다.
>
> I see _____. ~이 보인다.
>
> It looks (like) _____. ~처럼 보인다.

다음에 소개하는 활동은 동화책을 읽고 그림사전을 통해 단어실력을 쌓기 시작한 아이(3장 STEP 4)라면 시도해볼 수 있다. 이제 간단한 문장으로 사물을 묘사하는 법을 알아보자.

전치사를 넣어 문장 쓰기

사물의 위치를 표현하기 위해서는 전치사를 제대로 활용할 수 있어야 한다. 일반적으로 전치사를 쉬운 개념으로 여기지만 뜻밖에도 전치사를 정확하게 쓰지 못하는 아이들을 종종 본다.

예를 들어 '책이 가방 안에 있어요.'라는 문장을 영어로 옮긴다면 The book is in the bag.이라고 해야 옳다. 그러나 어떤 아이들은 the book the bag in이라고 말하거나 아니면 The book in the bag is.라고 말하기도 한다. 습관이 잘못 들었거나 영어의 문장구조를 이해하지 못했기 때문에 이런 오류가 발생한다. 따라서 처음부터 영어의 문장구조를 정확히 익히면서 전치사의 개념을 잡고 사용하는 습관을 들일 필요가 있다.

위치를 나타내는 기본 전치사는 다음과 같다.

in(~안에)   on(~위에)

under(~아래에)   next to(~옆에)

beside(~옆에)   behind(~뒤에)

in front of(~앞에)   between A and B(A와 B 사이에)

책, 연필, 컵 등을 가지고 전치사를 사용하여 문장 만드는 연습을 해보자. 공책에 사물들의 위치를 표현하는 영어문장을 써주고 아이에게 각 문장에 맞는 그림을 그리게 한다. 이 활동을 통해 아이가 전치사의 개념을 잡으면 다음에는 아이 스스로 전치사를 넣은 문장을 쓰고 그림을 그리게 한다.

전치사 연습하기
흰 종이나 공책에 전치사를 넣은 문장을 쓰고 그림을 그리게 한다.

전치사를 이용하여 자신의 위치 나타내기

전치사를 이용하여 자신의 위치 나타내기
자신의 위치를 전치사를 이용한 문장으로 쓰고 그림을 그렸다.

아이의 방 묘사하기

방 묘사하기는 전치사와 사물의 이름을 익히는 데 매우 효과적인 활동이다. 먼저 방에 무엇이 있는지 아이와 함께 이야기해 본다. 그런 다음 엄마가 사물을 하나 가리키고 그것이 어디에 있는지 아이에게 물어보며 전치사를 연습한다.

또는 '스무고개(20 Questions)'라는 놀이를 해도 좋다. 엄마가 방안에 있는 사물을 머릿속으로 선택한다. 아이는 전치사를 넣어 질문을 만든다. 예를 들어 Is it on the desk?(그건 책상 위에 있나요?), Is it on the wall?(그건 벽에 걸려 있나요?)이라는 질문을 만든다. 이런 식으로 20개의 질문을 하면서 그 사물이 무엇인지 알아맞히는 것이다.

이렇게 충분히 단어와 전치사 연습을 한 후 쓰기로 들어간다. 아이의 방에 있는 사물 5개 정도를 골라 알맞은 전치사를 써서 각 사물의 위치를 나타내는 문장을 종이나 공책에 쓰게 한다. 처음부터 아이에게 너무 많은 문장을 쓰게 하면 아이가 질릴 수 있으므로 나이에 맞게 쓰는 양을 조절하는 것이 좋다.

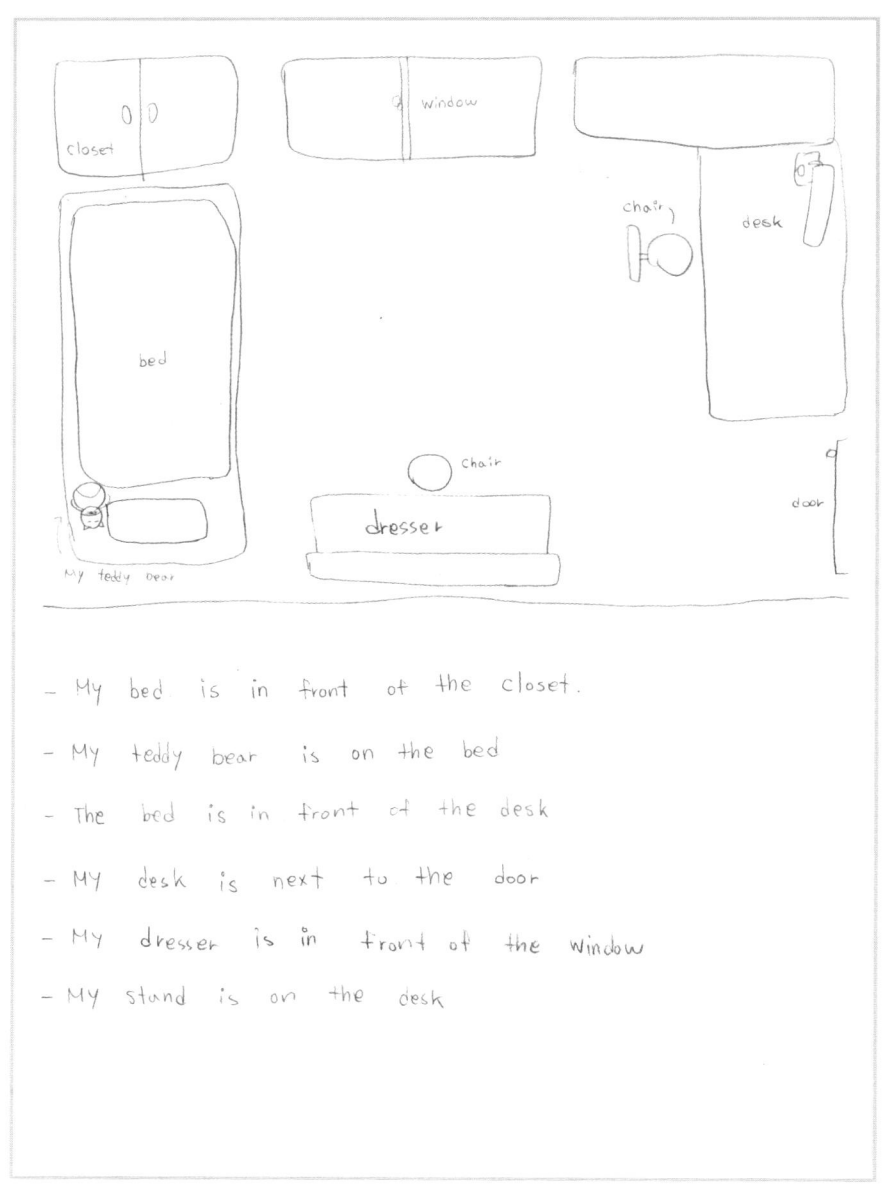

- My bed is in front of the closet.
- My teddy bear is on the bed
- The bed is in front of the desk
- My desk is next to the door
- My dresser is in front of the window
- My stand is on the desk

아이의 방 묘사하기
아이의 방에 있는 사물 5개 정도를 골라 각 사물의 위치를 나타내는 문장을 쓰게 한다.

그림 묘사하기

그림 묘사하기는 사물, 사람, 동작, 장소 등 그림을 구성하는 모든 요소에 대한 총체적인 묘사를 포함한다. 따라서 사물에 대한 명칭과 위치, 사람의 모습과 동작, 전체적인 배경을 표현하는 방법을 알아야 한다.

There is ~, There are ~, I see ~ 등의 표현이 여기에서도 유용하게 쓰인다. 또한, 사람이나 동물의 동작은 현재진행형(be동사+동사-ing)을 써서 표현한다. 현재진행형의 학습법에 대해서는 5장을 참고한다. 배경 묘사를 할 때는 in the park, in the library처럼 큰 배경에 대해 먼저 언급한 후 next to the tree, in front of the car 등 세부묘사로 들어가도록 한다.

동화책 그림 묘사하기

동화책이나 그림책에 나와 있는 그림을 영어로 묘사해보자. 먼저 영어로 아이에게 그림에 대해 물어본다.

Who do you see? 누가 보이나요?

Where are they? 그들은 어디에 있나요?

How many people are there? 몇 사람이 있나요?

What are they doing? 그들은 무엇을 하고 있나요?

그런 다음 아이에게 질문을 바탕으로 그림을 묘사하는 글을 써보게 한다. 한 장면에 너무 많은 항목이 들어 있다면 각 항목에 번호를 붙인 후 각 항목을 2~3개의 문장으로 묘사하는 연습을 하게 한다.

〈Oxford Classic Tales〉 시리즈 중 〈The Town Mouse and the Country Mouse〉 11쪽
한 장면에 너무 많은 항목이 들어 있다면 각 항목에 번호를 붙인다.

> The town mouse and the country mouse
> (1) The girl is holding a red balloon
> (2) The two dogs are sleeping
> (3) The two mice are looking at the clock
> (4) I see a clock It is 5 o'clock

동화책 그림 묘사하기
각 그림 항목을 문장으로 묘사하게 한다.

● **그림을 보고 두 개의 낱말을 이용하여 문장 만들기**

그림 묘사하기와 관련해서 다른 방법을 활용해도 좋다. 먼저 아이에게 장면과 관련된 두 개의 낱말을 제시한다. 아이는 그 낱말을 넣어 그림을 묘사하는 문장을 쓴다. 예를 들어 풍선을 들고 뛰어가는 아이들의 그림에 balloon / hand 두 낱말을 제시한다. 또한, 시계를 보고 있는 두 마리의 생쥐 그림에 mice / clock 두 낱말을 제시한다. 이 방법은 아이가 무엇에 초점을 맞춰 그림을 묘사해야 하는지에 대한 구체적인 방향을 제시해준다.

● **질문에 대한 답 쓰기**

또 다른 그림 묘사하기 활동으로 아이에게 그림과 관련된 세부적인 질문을 제시하는 방법이 있다. 아이는 그 질문에 대한 답을 문장으로 쓴다. Oxford 출판사의 〈Classic Tales〉 시리즈는 각 권 마지막 페이지에 다양한 연습문제를 제시하고 있다. 그중에서 그림에 관한 질문에 답하는 문제를 참고하자.

〈Oxford Classic Tales〉 시리즈 중 〈The Town Mouse and the Country Mouse〉 21쪽
각 질문에 대한 답을 문장으로 작성하게 한다.

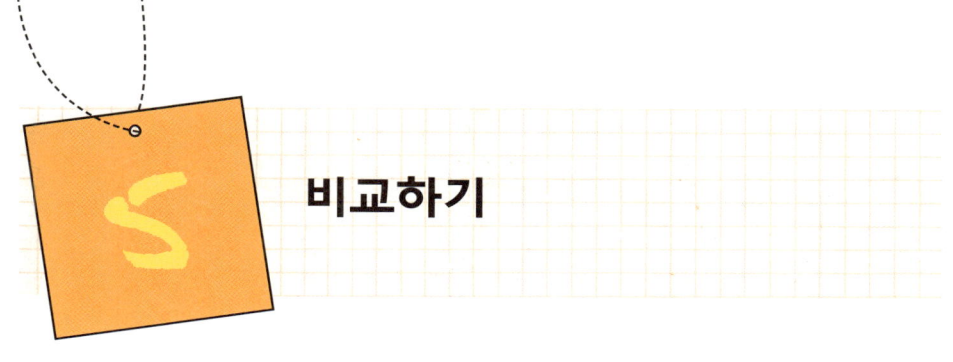

비교하기

두 대상의 차이점과 공통점을 찾아 비교하는 것은 글쓰기의 기본 주제 중 하나다. 장소, 동물, 음식, 사람, 운동 등 비교할 수 있는 대상은 무궁무진하다. 처음부터 어려운 소재로 시작할 필요가 없다. 아이의 나이와 언어 수준을 고려하여 쉽고 흥미로운 소재부터 시작하는 것이 좋다. 예를 들어 아이가 좋아하는 두 동물에 대해 비교하거나 가족에 관한 비교 글을 써보게 할 수 있다.

일반적으로 비교하는 글을 쓸 때 형용사의 비교급 표현을 자주 활용하게 된다. 다음은 비교 글을 쓸 때 참고할 만한 표현이다.

A is _____-(i)er than B. / A is more _____ than B.	A는 B보다 더 ~하다.
A is less _____ than B.	A는 B보다 덜 ~하다.
A is as _____ as B.	A는 B처럼 ~하다.
A is the same as B.	A는 B와 같다.
A is _____, but B is _____.	A는 ~이지만, B는 ~하다.

아이에게 두 사물을 제시하고 비교급을 활용하여 문장을 쓰게 한다. 예를 들어 train – bus / pencil – crayon / strawberry – apple / coffee – ice cream을 비교하는 문장은 다음처럼 쓸 수 있다.

>The train is faster than the bus. 기차는 버스보다 빠르다.
>The pencil is longer than the crayon. 연필은 크레파스보다 길다.
>The strawberry is smaller than the apple. 딸기는 사과보다 작다.
>Coffee is hotter than ice cream. 커피는 아이스크림보다 뜨겁다.

위의 문장에 아이의 생각을 덧붙이면 좋은 글이 된다.

비교급 문장 만들기에 익숙해지면 대상의 범위를 확장해 비교하는 글을 써보게 한다. turtle(거북이) – rabbit(토끼) / city(도시) – country(시골) / math(수학) – art(미술) 등 다양한 소재를 활용해보자.

The Turtle and the Rabbit
쉽고 간단한 문장으로 거북이와 토끼를 비교했다. 이처럼 처음에는 간단한 문장으로 시작한다.

[알아두자!] 비교하기 좋은 소재

1. 교통수단 train − bus / ship − airplane / bicycle − car
2. 음식 Kimchi − pizza / watermelon − melon / coffee − milk
3. 교과목 math − art / gym − music / English − Korean
4. 장소 city − country / mountain − sea / Seoul − Busan
5. 동물 rabbit − turtle / whale − dolphin / cat − dog
6. 자연 winter − summer / moon − sun / tomato − apple
7. 사람 dad − mom / my best friend − myself / Superman − Spiderman
8. 운동 baseball − ice hockey / soccer − rugby / badminton − tennis

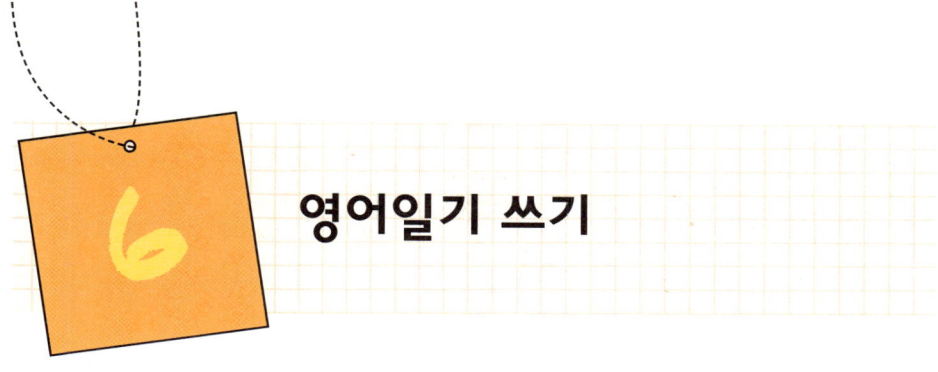

영어일기 쓰기

빈칸 채우기부터 시작한다

처음부터 장문의 영어일기를 쓰라고 하면 아이는 어떻게 시작해야 할지 몰라 당황하기 쉽다. 그래서 우선 빈칸 채우기부터 시작하는 것이 좋다.

다음 예문처럼 중요한 단어가 들어갈 자리를 빈칸으로 남겨둔 상태에서 아이에게 문장을 받아 적게 한다. 그리고 자신의 이야기로 빈칸을 채우게 한다. 처음 한두 달 동안은 매일 다섯 문장 정도씩 예문을 골라 빈칸 채우기를 하다가 분량을 차츰 늘려간다.

What's the date today? 오늘 며칠이죠?
Today is __Monday__. 오늘은 월요일입니다.
What's the weather like today? 오늘 날씨는 어떻습니까?
It is _____. 날씨는 ~합니다.
I played _____. ~하고 놀았습니다.
I ate _____. ~을 먹었습니다.
I studied _____. ~을 공부했습니다.

I read _____. ~을 읽었습니다.

I had _____ class. ~수업을 했습니다.

I saw _____. ~을 보았습니다./~을 만났습니다.

I went to _____. ~에 갔습니다.

I didn't _____. ~을 하지 않았습니다.

I don't _____. ~을 하지 않습니다.

한두 문장을 간단히 쓰기 시작한다

어느 정도 빈칸 채우기에 익숙해지면 아이 스스로 문장을 만들 수 있게 된다. 매일 날짜, 요일, 날씨를 적고 그날 있었던 일 중 가장 중요한 사건 한 가지를 적게 한다. 영어일기를 쓰라고 하면 남자아이들은 **I played computer games.**(저는 컴퓨터 게임을 했어요.) 딸랑 한 문장 쓰고 끝나는 경우가 대부분이다. 이렇게 매일 반복되는 일상적인 일 말고 특별한 사건이나 자신의 생각, 읽은 책이나 본 영화의 내용을 적어보게 한다. 짧은 한 문장을 쓰기가 수월해지면 차츰 문장의 길이나 문장수를 조금씩 늘려간다. 다음 예문을 참고하자.

I played soccer with my friends. 나는 친구들과 축구를 했다.

I watched a movie. It was very scary. 나는 영화를 봤다. 아주 무서웠다.

I went shopping with my mom and bought a bag.
나는 엄마랑 쇼핑했고 가방을 샀다.

I went to a library. I read a book about insects.
나는 도서관에 갔다. 곤충에 관한 책을 읽었다.

I went to Sujin's birthday party. I gave her a book.
나는 수진이의 생일 파티에 갔다. 나는 수진이에게 책을 주었다.

중심 사건에 대해 구체적으로 써보게 한다

한두 문장으로 일기를 쓰는 것이 익숙해지면 아이는 영어일기 쓰기에 자신감이 생기기 시작할 것이다. 그러면 이제 좀 더 구체적인 내용으로 일기를 쓰게 한다. 그날 있었던 일 중 가장 인상 깊었던 사건을 골라 이에 관해 자세히 기술해보게 한다.

수업 중에 배운 내용, 친구들과 함께한 놀이, 읽은 책, 영화, TV 프로그램, 친구와의 대화 등 생각해보면 쓸 거리가 분명히 있다. 아이 스스로 한 가지 사건을 골라 구체적으로 내용을 쓰게 한 다음 자신의 생각이나 느낌을 덧붙이게 한다.

> I got up early Because. I couldn't finished my homework. I washed my face and I brushed my teeth. I finished my homework and I went to school.
> I jumproped in the school yard and I went to the science classroom.
> I studied and I ate lunch
> I finished school and I went my home
> I played computer game and I studied on-line class
> I ate dinner and I watched TV
> I read a book and I went to bed

형민이의 영어일기
전체적으로 큰 문법적 오류는 없지만, 일상적인 일과만을 지루하게 나열하고 있다. 이런 식으로 계속 영어일기를 쓰면 쓰기실력이 늘지 않을 뿐만 아니라 일기 쓰기에 금방 싫증을 느끼게 된다.

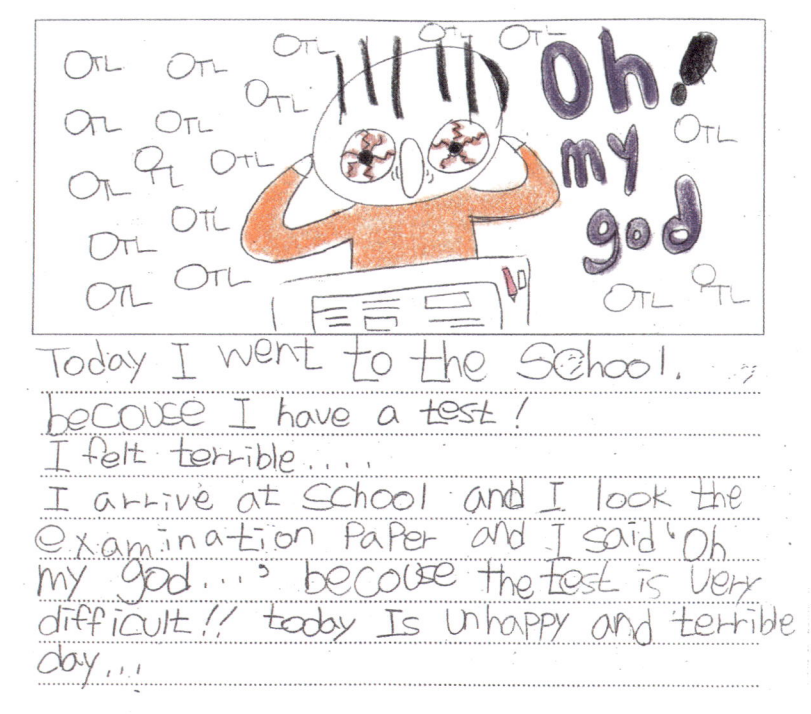

희수, 상효의 일기
두 일기 다 하루에 있었던 일 중 인상 깊었던 사건 하나를 골라 구체적으로 내용을 묘사하고 있다. 희수는 끔찍했던 시험을, 상효는 종이비행기를 만든 즐거운 경험을 소재로 일기를 썼다. 약간의 문법적 오류가 있지만 이런 식으로 계속 일기를 쓰는 것이 영어실력 향상에 큰 도움이 된다.

영어일기의 기본 요소

영어일기의 기본 요소를 알아두자.

1. 날짜 날짜는 요일, 월, 일 순으로 쓴다. (예) Monday, June 16

2. **날씨** sunny / windy / snowy / rainy / cold / hot 등 형용사를 사용한다.

3. **제목** 하루 중 가장 인상 깊었던 일을 생각해보고 이와 관련된 제목을 쓴다.

4. **일기장을 의인화하기** 일기장을 자신의 가장 소중한 친구라고 생각하면 일기 쓰기가 더욱 즐거워진다. 일기의 첫머리에 Dear Diary라는 호칭을 붙여보자.

5. **구체적인 내용** 매일 반복되는 일보다는 한 가지 특별한 사건을 골라 이에 관한 구체적인 내용을 기술한다.

6. **1인칭 시점** 일기는 반드시 1인칭(I) 시점으로 쓴다.

7. **장식하기** 나뭇잎, 꽃, 그림, 사진 등으로 일기를 예쁘게 장식한다. 자신의 일

기에 대한 애정이 더 생길 것이고 더욱 정성스럽게 일기를 쓰게 될 것이다.

8. 일기를 매일 쓸 필요는 없다. 특별한 일이 없다면 일주일에 3~4일 정도만 써도 좋다.

9. 사소한 문법적 오류에 집착하지 않는다. 지나치게 문법적으로 정확하게 쓰려고 하다 보면 틀린 문장을 쓸까 봐 무서운 나머지 글을 자유롭게 쓰지 못해 일기 쓰기의 재미가 반감될 수 있다. 그러므로 문법적 정확성보다는 내용의 질에 초점을 맞추어 아이가 자신의 생각을 자유롭게 표현할 수 있게 한다.

사건 묘사하기

일련의 사건을 기술하는 능력은 글을 잘 쓰기 위해 반드시 필요하다. 사건을 기술하기 위해서는 무엇보다 사건과 관련 있는 핵심 단어를 알아야 한다. 그러나 핵심 단어를 넣어 문법적으로 흠 없는 문장을 썼다고 해서 좋은 글이라고 할 수는 없다. 짜임새 있는 좋은 글이 되기 위해 반드시 들어가야 할 요소는 바로 문장과 문장을 자연스럽게 연결해주는 '연결사'다.

우리말의 '그리고', '그러나', '그래서'처럼 영어에서 가장 많이 쓰는 연결사로는 and, but, however, so 등이 있다. 연결사는 문장과 문장을 붙여주는 풀과 같은 역할을 한다. 연결사 없이 문장만을 나열하다 보면 흐름이나 개연성이 없는 이야기가 되고 만다. 연결사의 중요성은 독후감이나 에세이 쓰기에서도 강조된다. 이 STEP의 내용 마지막에 글을 쓸 때 알아두면 좋은 연결사를 소개했다. 영어 공책의 앞장에 목록을 써놓고 아이가 글을 쓸 때 참고하게 하자.

<Picture Stories> 활용하기

그림을 보며 사건을 묘사하는 연습을 하게 한다. 다행히 이런 연습을 위해 아주 좋은 원서가 시중에 나와 있는데, 그중 롱맨(Longman) 출판사에서 나온 〈Picture Stories〉와 〈More Picture Stories〉를 활용해보자. 이 책은 이야기를 만화처럼 그림으로 묘사한다. 먼저 그림을 보며 사건의 내용을 생각하고 각각의 장면을 한 문장으로 말해보게 한다. 그런 다음 제시된 연습문제를 풀면서 사건 묘사에 필요한 표현을 익힌 후 다시 전체적인 이야기를 글로 쓰게 해보자. 이때 적절한 연결사를 활용하여 문장과 문장을 연결해야 한다는 점을 잊지 않게 한다.

이외에 추천할 만한 책으로 〈Very Easy True Stories〉가 있다. 이 책은 신문이나 잡지에서 재미있는 여러 이야기를 모아 쉬운 문장구조와 단어를 사용하여 소개하고 있다. 지문이 나오기에 앞서 사건을 묘사하는 일련의 그림이 제시되어 있다는 점이 이 책의 장점이다.

먼저 그림을 보면서 전체적인 사건을 추측하고 각 그림에 대해 한 문장으로 말해보게 한다. 그런 다음 글을 읽으며 아이는 자신의 추측이 맞는지 확인한다. 마지막으로 이야기에 관련된 연습문제를 풀어보며 단어를 익힌다. 어느 정도 이야기에 익숙해지면 다시 그림 페이지로 돌아가 본격적인 글쓰기를 시작한다. 글을 보지 않고 그림만을 보면서 연결사를 적절히 활용하여 이야기를 완성한다. 이때 각 장면에 대해서는 한두 문장으로만 표현하게 한다. 본문 지문에 나온 것과 동일한 문장으로 쓸 필요가 없다는 점을 아이에게 알려주고 아이가 창의적으로 자신의 문장을 만들 수 있게 격려하자. 〈Very Easy True Stories〉는 1998년에 출간되었지만 지금도 ESL 읽기 교재로서 국내외에서 높은 점수를 얻고 있다.

[알아두자!] 중요한 연결사

역 할	영 어 표 현	뜻
덧붙이기	also and furthermore / moreover in addition next then	또한 그리고 게다가 덧붙여 그다음에 그런 다음
반대하기	but / however although / even though in contrast / on the contrary on the other hand	그러나 비록 ~일지라도 대조적으로/반대로 반면에
예 들기	for example / for instance such as	예를 들어 ~와 같은
이유 들기	because	왜냐하면
강조하기	clearly certainly indeed	분명히 확실히 정말로
결론짓기	therefore / thus finally consequently in conclusion	따라서/그러므로 마지막으로 결과적으로 결론적으로

영어 독후감 쓰기

독후감 쓰기는 영어교육에서뿐만 아니라 우리말 교육에서도 강조되고 있다. 어려서부터 책을 읽고 독후감을 쓰는 습관을 갖는 것은 글쓰기 실력과 사고력을 키우는 데 많은 도움이 된다.

독후감 쓰기를 통해 아이는 자신이 읽은 책의 내용을 얼마나 잘 이해했는지 보여줄 수 있고, 책 내용에 대해 자신의 생각과 느낌을 전달할 수 있다. 즉, 요약된 줄거리를 보면 아이가 이야기의 중요한 내용이 무엇인지 파악했는가를 확인할 수 있고, 얼마나 많은 영어단어와 표현을 익혔는지 확인할 수 있으며, 등장인물들에 대한 호불호와 가장 감명 깊게 읽은 장면, 책을 통해 얻은 교훈 등을 알 수 있다. 독후감 쓰기는 3장의 STEP 10에서 소개한 동화책들을 읽기 시작한 아이라면 시도해 볼 수 있다.

이야기에 대한 짧은 감상문 쓰기

영어 독후감을 한 번도 써보지 않은 아이라면 독후감 쓰기에 대해 심적 부담을 가질 수밖에 없을 것이다. 사실, 독후감 쓰기는 아이들에게 몹시 어려운 과제다.

핵심 내용만을 간추려서 긴 내용을 짧게 요약하는 능력이 아이들에게는 부족하기 때문이다.

따라서 처음에는 이야기에 대한 짧은 감상문 쓰기부터 시도하게 한다. 이때 It is a fun story.나 I like the story.와 같은 진부한 문장을 쓰기보다는 왜 그렇게 생각하는지를 구체적으로 표현하는 것이 중요하다.

> We read The Giving Tree by Shel Silverstein.
> I think It is a sad story, because the tree is very kind, but the boy is very bad. The tree gives every thing to the boy, but but the boy did nothing for the tree.
> I think if I were the boy I would grow a tree.

Shel Silverstein의 〈The Giving Tree〉를 읽고 쓴 감상문
〈아낌없이 주는 나무〉를 읽고 나무와 소년에 대한 자신의 느낌을 훌륭하게 묘사하고 있다. 왜 슬픈 이야기라고 생각하는지, 왜 소년이 나쁘다고 느꼈는지, 마지막으로 자기가 소년이라면 어떻게 할지 구체적으로 설명하고 있다.

이야기의 기본 구조 이해하기

모든 이야기는 시작(beginning), 중간(middle), 끝(ending)이라는 3단 구조로 이루어진다. 시작 단계에서는 등장인물을 소개한다. 이 단계에서 주인공이 무엇을 원하는지, 무엇을 꿈꾸는지 알 수 있다. 중간 단계에서는 주인공에게 여러 사건이 일어나며 '클라이맥스(climax 절정)'에 이르게 된다. 그리고 끝 단계에서는 주인공이 원하는 것을 얻게 되는지, 꿈을 이루게 되는지 등을 알 수 있다.

〈아기돼지 삼형제 Three Little Pigs〉의 이야기 구조를 살펴보자. 시작 단계에서는 아기돼지 삼형제가 소개되고 그들이 각자 원하는 집을 짓는 장면이 나온다. 중간 단계에서 늑대가 나타나 두 형제의 집을 부수고 막내 돼지의 집까지 부수려고 하는 장면이 나온다. 그리고 끝 단계에서 늑대가 죽음을 맞이하고 막내 돼지는 평화로운 삶을 얻는다.

책을 읽은 후 아이에게 이야기의 시작, 중간, 끝 단계를 구분하게 하자. 이런 과정을 통해 아이는 내용을 더 잘 이해할 수 있고, 자신 있게 독후감을 쓸 수 있다.

독후감 양식 활용하기

본격적으로 영어 독후감을 쓰기에 앞서 아이에게 전체 줄거리를 우리말로 요약하게 한다. 이를 통해 5 W's(who, what, when, where, why)에 익숙해지게 하자. '누가(주인공), 무엇을(사건), 언제(시간), 어디에서(장소), 왜(이유)' 했는지를 이해할 수 있어야 독후감을 제대로 쓸 수 있다. 공책에 다음과 같은 도표를 그리고 핵심 정보를 채워넣게 한다.

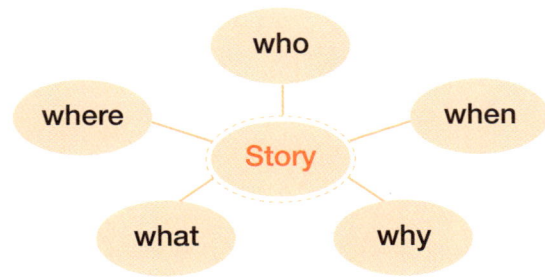

이제 본격적으로 독후감 쓰기에 들어가 보자. 아이들에게 독후감을 쓰라고 하면 정보만 장황하게 늘어놓는 경우가 많으므로 이를 방지하기 위해 독후감 양식을 제공해주는 것이 좋다. 일반적으로 독후감에는 책의 제목, 저자, 주인공, 배경, 내용 요약, 느낀 점 등이 기본 항목으로 들어간다. 인터넷 사이트 인챈티드러닝(www.enchantedlearning.com)에서 다양한 독후감 양식을 제공하고 있으므로 이를 활용하자. 아이가 독후감의 기본 형식에 익숙해질 때까지 이러한 양식에 맞춰 독후감을 써보게 한다.

```
Name of Book:
Author of Book:
Characters:
Setting:

What happened in the beginning?

What happened in the middle?

What happened in the end?

What is your favorite part of the book?
```

```
Name of Book: _____
Author of Book:_____
Main Characters: _____
_____
Setting(Where):_____
_____
A summary of the book: _____
_____
What is your favorite part of the book?
_____
In my opinion, the book is _____
_____
_____
```

독후감(book report) 양식
책의 제목, 저자, 주인공, 배경, 내용 요약, 느낀 점 등이 독후감의 기본 항목으로 들어간다.

아이가 처음 독후감을 쓸 시기에는 문법적 정확성에 지나치게 집착하지 말자. 문장의 의미 이해에 방해가 되지 않는 사소한 문법적 오류는 일단 넘어가고, 내용 전달에 문제가 되는 심각한 오류에만 초점을 맞추어 교정하자.

이야기 창작하기

이야기 창작은 나이가 어린 아이들도 가능하다. 간단한 미니북을 만들고 기존 동화를 변형하여 새로운 이야기를 만드는 것 모두 창작 활동에 포함된다. 아이들은 이야기 창작을 통해 읽기와 쓰기 능력을 향상하고, 상상력을 키울 수 있다. 처음에는 영어로 이야기를 쓴다는 것이 어렵게 느껴질지 모른다. 그러나 대부분의 아이는 독후감이나 일기 쓰기보다 자기들의 이야기를 만들어가는 데 더 큰 즐거움을 느낀다. 부모가 조금만 도와주면 아이는 내재한 창작력을 발휘하여 기쁨을 느낄 수 있게 되고, 이것은 아이들에게 적극적으로 글을 쓰고자 하는 동기로 작용한다.

동화책에서 이야기의 구조 발견하기

2장 STEP 12에서 모방의 효과에 대해 언급한 바 있다. 저학년 아이들은 이야기의 기본 구조를 의식적으로 배우지 않아도, 모방을 통해 기본 구조를 이해하고 새로운 아이디어를 만들어 낼 수 있다.

고학년 아이들이라면 독후감 쓰기를 통해 이야기의 기본 구조를 발견할 수 있다. 이야기의 기본 구조에 대해서는 이번 장 **STEP 8** '영어 독후감 쓰기'를 참고한다.

[이야기의 구조 설명하기]

1. 먼저 아이에게 친숙한 영어동화책을 한 권 골라 읽어준다. 그리고 모든 이야기에는 시작, 중간, 끝이 있으며 이것이 이야기의 구조임을 알려준다.
2. 책 표지를 보며 제목, 작가, 삽화가를 확인한다.
3. 책을 읽은 후 아이에게 이야기의 시작, 중간, 끝 단계를 구분해보게 한다. 시작 단계에서는 주인공이 누구이며 무엇을 원하는지, 중간 단계에서는 주인공에게 무슨 문제나 사건이 발생하는지, 끝 부분에서 주인공이 원하는 바를 이루었는지 등을 물어보면 도움이 된다.

브레인스토밍 활용하기

'브레인스토밍(brainstorming)'은 작문, 문제 해결 등을 위해 많은 아이디어를 생각해내는 기법 또는 활동을 의미한다. 브레인스토밍은 아이디어의 질보다 양을 강조하여 가능한 많은 아이디어를 만들어 내는 데 초점을 맞춘다.

글쓰기에 브레인스토밍 기법을 활용하는 것은 간단하다. 우선 이야기의 등장인물에 대해 생각나는 모든 것을 종이 위에 써보게 한다. 각 인물이 소년인지, 소녀인지, 무엇을 좋아하는지, 무엇을 원하는지, 어떤 성격과 특징을 가졌는지 등 생각나는 대로 써본다.

모든 글쓰기는 브레인스토밍부터 시작하는 것이 좋다. 브레인스토밍을 통해 얻은 여러 아이디어 중에서 좋은 것을 골라내어 이야기 얼개를 만든다.

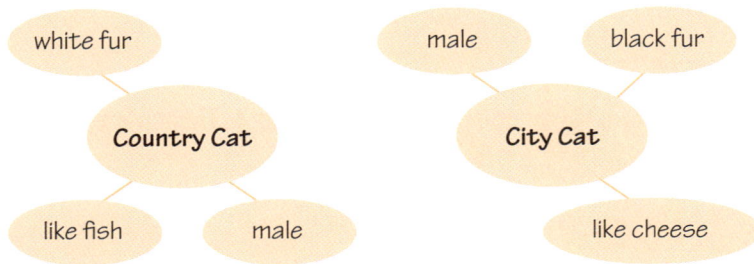

브레인스토밍
등장인물에 대해 생각나는 대로 종이에 써본다.

본격적으로 이야기 창작하기

● 시작 단계

먼저 브레인스토밍 과정을 거쳐 등장인물을 만들어낸다. 등장인물이 무엇을 원하는지, 어떤 성격과 특징을 가졌는지를 결정하고 이름을 짓는다. 그리고 한 문장으로 써보게 한다. 예를 들어 Once upon a time, there lived Country Cat and City Cat, and they wanted to race.(옛날에 시골 고양이와 도시 고양이가 살았어요. 그들은 경주하고 싶어했어요.)라고 시작할 수 있다. 여기에 두세 개의 문장을 덧붙이게 한다.

● **중간 단계**

주인공에게 어떤 사건이 전개되는지를 보여주는 단계다. 이 단계에서도 브레인스토밍을 활용하면 좋다. 그런 다음 아이에게 사건을 정리하고 한 문장으로 써보게 한다. 예를 들어 City Cat went to Country Cat's home and raced with Country Cat.(도시 고양이는 시골 고양이 집에 가서 시골 고양이와 경주를 했어요.)이라고 쓸 수 있다. 여기에 두세 개의 문장을 덧붙이게 한다.

● **끝 단계**

주인공이 원하는 바를 이루었는지를 알 수 있는 단계다. 아이에게 어떻게 이야기가 끝나길 원하는지 물어보며 가능한 결론을 브레인스토밍한다. 그런 다음 아이에게 생각을 정리하고 결론을 한 문장으로 써보게 한다. 예를 들어 Country Cat won the race.(시골 고양이가 경주에서 이겼어요.)라고 쓸 수 있다. 여기에 두세 개의 문장을 덧붙이게 한다.

● **동화책 완성하기**

이야기가 완성되면 크레파스로 그림을 그려 넣는다. 동화책처럼 꾸미고 싶다면 시작, 중간, 끝 단계의 페이지를 달리하여 각 단계에 해당하는 문장을 쓰고 알맞은 그림을 그리게 한다. 그 후 표지를 완성한다. 표지 앞장에는 제목과 아이의 이름을 쓴다. 예를 들어 Country Cat and City Cat (written by Changho)라고 쓴다. 그리고 표지 뒷장에는 간단하게 저자 소개를 넣는다. 어디에 사는지, 이것이 몇 번째 책인지(예: This is his first book.) 등을 저자 소개에 쓴다. 마지막으로 각 페이지를 묶어 동화책을 완성한다.

The country cat and city cat

Name: Han-__

Once upon a time, there lived country cat and city cat. country cat and city cat was friend and one day city cat went to city cat's home and he said "I can run faster then you." The country cat said confidently "Ok! then lest race!" so country cat and city cat raced. and country cat won. The city cat was very surprise and he said "How did you become so fast like that? That's because exercised all day. ok next time I will win you!"

Country Cat and City Cat
〈Country Mouse and City Mouse〉를 읽고 쓴 창작이야기다. 도시 고양이와 시골 고양이가 달리기 경주를 해서 시골 고양이가 이긴다는 내용으로 시작, 중간, 끝 단계가 잘 나타나 있다.

영어 에세이 쓰기

에세이는 어떤 주제에 대해 형식을 갖추어 자신의 주장과 논리를 전개하는 글이다. 학생들이 교복을 입는 것에 대한 찬반 의견, 여가를 가장 효과적으로 보내는 방법, 환경오염을 줄이는 방법 등 에세이의 주제는 광범위하다.

에세이 쓰기는 의견을 논리적이고 설득력 있게 전개해야 하며 특정 형식을 갖추어야 하므로 초등학생에게는 매우 어려운 과제다. 그러므로 에세이 쓰기는 영어 실력, 논리력, 사고력을 어느 정도 갖춘 초등학교 고학년 이상의 학생들을 대상으로 시작하는 것이 좋다.

현재 iBT 토플과 토익의 쓰기 평가, 국가영어능력평가 등도 에세이 쓰기를 도입하고 있으며, 이러한 시험에 대비해서 많은 영어교재가 출간되고 있다. 이 교재들을 활용하면 본격적으로 영어 에세이 쓰기를 연습할 수 있다. 여기서는 영어 에세이의 기본 구조, 연습 방법, 주의할 점에 대해서만 언급하려 한다.

영어 에세이의 기본 구조

영어 에세이는 서론(introduction), 본론(body), 결론(conclusion)으로 이루어진다.

서론에 글의 주제와 자신의 주장을 밝힌다. 본론에는 자신의 주장을 뒷받침하는 이유와 근거를 구체적으로 제시한다. 결론에는 자신의 주장을 다시 한 번 정리한다.

서론, 본론, 결론을 쓸 때 일반적으로 사용하는 몇 개의 표현을 익혀두는 것이 좋다.

[서론] 주장이나 의견 표현하기

I think ~ 나는 ~라고 생각한다.

I believe ~ 나는 ~라고 믿는다[생각한다].

I agree with the idea that ~ 나는 ~라는 생각[의견]에 동의한다.

I disagree with the idea that ~ 나는 ~라는 생각[의견]에 동의하지 않는다.

[본론] 이유나 근거 제시하기

First(ly) / Second(ly) / Finally 첫째/둘째/마지막으로

To begin with 먼저

The first reason why ~ ~의 첫 번째 이유는

For example 예를 들어

[결론] 결론 내리기

In conclusion 결론적으로

브레인스토밍 활용하기

앞서 모든 글쓰기는 브레인스토밍에서 출발하라고 강조했다. 영어 에세이를 쓸 때도 마찬가지다. 주제에 대해 생각나는 대로 많은 아이디어를 적어보는 것이 좋다. 브레인스토밍 후 생각을 골라내고 정리한 다음 에세이를 쓰기 시작한다.

그래픽 오거나이저 활용하기

'그래픽 오거나이저(graphic organizer)'는 추상적인 아이디어나 정보를 그림이나 도표로 시각화해서 나타낸 것이다. 영어, 과학, 수학, 사회 등 전 교과에 걸쳐 활용 범위가 매우 넓고 교육효과가 높아 학교에서 많이 사용한다. 독서나 작문을 할 때 그래픽 오거나이저를 활용하면 내용을 이해하거나 생각을 정리하는 데 도움이 된다.

그래픽 오거나이저 중에서 가장 대표적인 것이 바로 벤다이어그램(Venn Diagram)이다. 수학 시간에 합집합과 교집합의 개념을 배울 때 벤다이어그램을 사용하는데, 독서나 작문을 할 때도 벤다이어그램을 통해 대상 간의 차이점과 공통점을 정리할 수 있다. 예를 들어 자가용과 버스의 장단점을 비교하는 글을 쓴다고 가정하자. 먼저 자가용과 버스의 차이점과 공통점을 벤다이어그램으로 다음과 같이 정리할 수 있다.

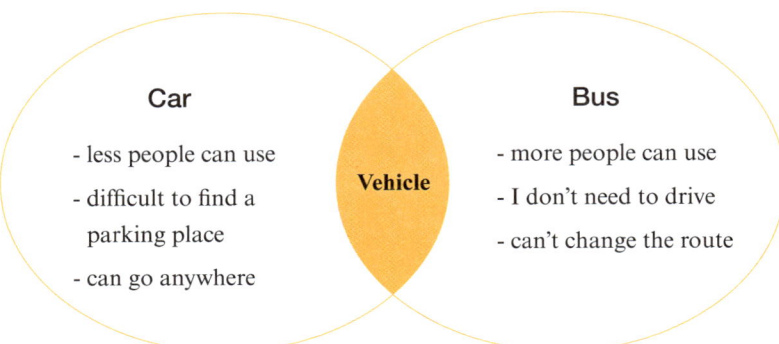

벤다이어그램 이외에도 수많은 형태의 그래픽 오거나이저가 존재한다. 그중에서 어떤 형태가 효과적인 그래픽 오거나이저인가는 주제에 따라 결정된다. 인터넷 사이트 티처 플러스(www.teacherplus.co.kr/resource/graphic)에서 다양한 형태의 그래픽 오거나이저를 제공하고 있으므로 주제에 맞는 형태를 선택하여 활용하자.

영어 에세이 쓸 때 주의할 점

1. 연습, 연습, 연습 이외의 왕도는 없다.

에세이를 잘 쓰기 위해서는 많은 책을 읽어야 하며 많은 글을 써봐야 한다. 그만큼 오랜 시간이 걸린다. 남의 글을 외운다고 좋은 글을 쓸 수 있는 것도 아니다. 그러므로 참을성 있게 오랜 시간을 들여 꾸준히 연습해야 한다. 연습 이외의 왕도는 없다.

2. 직설적으로 주장을 말하라.

자신의 생각을 이야기할 때 빙글빙글 돌려가며 말하는 사람이 있는가 하면 직설적으로 자신의 주장을 말하는 사람이 있다. 영어는 직설적으로 주장을 밝히는 것을 선호한다. 먼저 자신의 주장을 간단명료하게 말하고 나서 그에 대한 이유나 설명을 덧붙인다.

3. 구체적인 예를 들어라.

직설적으로 주장을 밝혔다고 에세이가 완성되는 것은 아니다. 반드시 자신의 주장을 뒷받침하기 위한 근거와 이유를 제시해야 한다. 그러나 많은 아이가 어떻게 근거와 이유를 제시해야 할지 몰라 당황한다. 이때 자신의 경험과 관련된 구체적인 예를 들면 좋다. 예를 들어 컴퓨터 게임이 왜 해로운지를 설명하기 위해 '컴퓨터 게임을 하다가 늦잠을 자서 다음날 학교에 지각했다'와 같이 자신의 실제 경험을 이야기할 수 있다. 근거와 이유가 여러 가지라면 First(ly), Second(ly), Third(ly) 등의 표현을 사용하여 제시하는 것이 좋다.

4. 연결사를 사용하라.

앞서 연결사의 중요성에 대해 언급한 바 있다. First, Second, Finally, However, On the other hand, Moreover, Furthermore, In conclusion 등 연결사를 잘 활용하면 글의 논리적인 흐름면에서 완성도가 높아진다.

5. 문장과 단락 쓰기의 기본 규칙을 지켜라.

글을 쓸 때 단락 구분 없이 문장을 나열하는 아이들이 많다. 새로운 단락은 앞 단락과는 줄을 바꿔서 시작해야 하고, 첫 부분을 들여쓰기 한다는 것을 기억해야 한다. 또한, 문장의 첫 글자는 대문자로 써야 한다는 것과 문장 마지막에는 마침표와 같은 구두점을 찍어야 한다는 규칙도 지키지 않는 경우가 많다. 아이에게 문장과 단락 쓰기의 기본 규칙을 가르쳐서 이런 실수를 저지르지 않게 해야 한다.

> If I can visit everywhere that I want during the summer vacation. There are many places that I'll want to visit. For example, Paris, England, and China. But Most of all, I want to visit two places which England and Ja-Ju. Because England and Ja-Ju have a lot of tour attractions.
> First, There are many tour attractions in England. Because England has a long history and that is why England has a lot of tour attractions. Also, Many wars give them a lot of tour attractions, too. It decorates the England more beautiful. So, I can see many things in England. Furthermore, also I can learn many things in England such as history and about tour attractions. Because many old tour attractions have their own history and that is involved in many things. So, I have many thing that can learn. I can see and learn many things in the. So, I'd like to go there most.
> Next, There are many thing to see in JaJu. Because Ja-Ju is made by volcanic eruption. So many rocks can be tour attractions. For example, Dolharubongs, and volcano makes a lot of beautiful things to see that make us to feel it's amazing. Also, Ja-Ju has a good weather that good at plants to grow. So, JaJu is famous at fruit, too such as oranges. When I ate oranges from JaJu, I always thought I want to go there for see the land of plants oranges. Furthermore, TV show is also reason that I want to go there. When TV explains about Ja-Ju. It makes I thought I want to go there. So I want to go Ja-Ju, too.
> Then are many beautiful tour attractions in England and a lot of great things in JaJu. Sum up, I want to visit England and Ja-Ju most during summer vacation.

여름 방학 때 가고 싶은 장소에 대해 쓴 에세이
여름 방학 때 가고 싶은 장소와 그 장소를 선택한 이유를 서론, 본론, 결론으로 나누어 잘 설명하고 있다.

TiP 인터넷 사이트 활용하기

▶ **티처 플러스**

www.teacherplus.co.kr

클릭! 리소스에서 **그래픽 오거나이저**로 들어가면 다양한 형태의 그래픽 오거나이저를 무료로 얻을 수 있다. 주제별로 나뉘어 있으므로 적합한 그래픽 오거나이저를 선택하여 활용해보자.

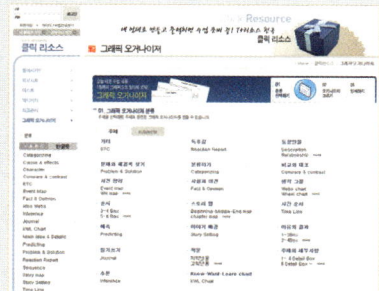

▶ **인챈티드러닝** **www.enchantedlearning.com/essay/**

아이들에게 적합한 수많은 에세이 주제를 제시하고 있다. '내가 초능력을 갖게 된다면', '내가 투명인간이라면', '새로운 휴일을 만든다면' 등의 흥미로운 주제들이 제시되어 있으므로 잘 활용하자.

5장

재미있는 문법공부법

1   There is와 There are 익히기
2   have / has 익히기
3   현재진행형 익히기
4   현재시제 익히기
5   의문문 익히기 (시점이 현재일 때)
6   부정문 익히기 (시점이 현재일 때)
7   대명사 익히기
8   과거시제 익히기
9   미래시제 익히기
10   문장을 통합적으로 익히기

알아두세요~

문법은 문장을 만들기 위해 단어를 배열하고 단어의 형태를 결정하는 규칙이다. 문법을 배제한 채 올바른 영어를 사용한다는 것은 불가능하므로 문법교육은 반드시 필요하다. 또한, 듣기와 말하기, 읽기, 쓰기 영역에서 제대로 활용하지 못하는 문법 지식은 의미가 없다.

문법을 가르치는 방법에는 두 가지가 있다. 하나는 문장의 규칙이나 문법 용어를 먼저 가르친 다음 문법적 정확성에 따라 단어를 배열하도록 하는 방법이다. 과거의 영어교육은 주로 이 방법에 따라 이루어졌다. 결과적으로 이 방법은 의사소통능력을 키우는 데 그리 성공적이지 못했다는 평가를 받고 있다.

다른 하나는 같은 형식을 지닌 여러 문장을 연습하면서 그 문장들을 공통으로 꿰고 있는 규칙을 깨닫고 이를 내재화시키는 방법이다. 우리가 문법을 의식하지 않고도 정확하게 우리말로 의사소통할 수 있는 것은 많이 듣고, 말하고, 읽고, 글을 쓰면서 문법 지식을 내재화하고 자동화시켰기 때문이다. 마찬가지로, 영어도 문장을 반복연습함으로써 문법을 내재화·자동화할 수 있다.

예를 들어 공원에 있는 사람들이 지금 무엇을 하고 있는지 행동을 묘사한다고 하자. '어떤 남자는 걷고 있고(A man is walking.), 어떤 여자는 자전거를 타고 있고(A woman is riding a bike.), 어떤 여자는 달리고 있다(A woman is running.)'는 묘사를 통해 아이는 현재의 행동을 나타낼 때 '~ is + 동사-ing'라는 규칙을 사용한다는 것을 깨닫게 된다.

이런 식으로 문장을 만들다 보면 언제 is를 쓰고 언제 are를 쓰는지 특별히 가르치지 않아도 어느 순간 터득하게 된다. 주어가 he니까 is를 쓰고, 주어가 you니까 are를 써야 한다고 머릿속으로 하나하나 따져가며 문장을 만들지 않아도 말할 때 저절로 be동사를 정확하게 구분하여 사용할 수 있게 되는 것이 바로 문법의 내재화·자동화다.

물론, 이런 방식으로 영어의 모든 규칙을 터득하기는 어렵다. 그러려면 모국어처럼 많이 듣고 말할 기회가 충분히 주어져야 하는데 우리나라에서 영어를 배우는 아이들에게는 현실적으로 불가능하다. 따라서 두 가지 문법학습 방법을 병행할 수밖에 없다. 즉, 규칙을 가르치면서 동시에 놀이나 활동을 통해 자연스럽게 체득하게 하는 것이다.

영어교육 전문가도 아니고, 자신도 받아본 적 없는 놀이를 통한 문법학습을 진행한다는 것이 엄마에게 부담이 될 수 있다. 하지만 이 장에서 안내하는 방법을 따라 하다 보면 큰 부담 없이 집에서도 충분히 문법을 가르칠 수 있다.

이 장에서는 아이들이 어려워하고 가장 많이 실수하는 문법 개념을 중심으로 엄마와 함께 영어 문법을 배울 수 있는 학습놀이를 소개한다.

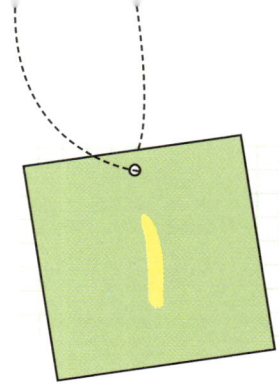

There is와 There are 익히기

'(무엇)이 있다'라고 말할 때 흔히 there is 또는 there are를 쓴다. 우리말은 수의 개념(단수/복수)을 그다지 엄격하게 따지지 않지만, 영어에서는 아주 중요한 개념이다. there is는 사물의 수가 하나(단수)일 때, there are는 사물의 수가 두 개 이상(복수)일 때 사용하며 흔히 위치를 나타내는 전치사(in, on, under 등)와 함께 사용한다. 다음에 제시하는 활동으로 쉽고 재미있게 there is나 there are를 익혀보자.

집안에 있는 물건 세어보며 말하기

학습 내용: there is / there are
[준비물] 영어공책, 필기도구

집안에 있는 물건의 개수를 세어보면서 there is, there are를 활용해 말해본다. 아이가 초등학생이라면 영어공책에 문장을 써보게 한다. 다음 문장을 참고해 응용해보게 하자.

There is a table in the room. 방에 탁자가 하나 있어요.

There are two chairs in the room. 방에 의자가 두 개 있어요.

There is a picture in the room. 방에 그림이 한 점 있어요.

There are two people in the room. 방에 두 사람이 있어요.

그림 받아쓰기 놀이하기

학습 내용: is / are, there is / there are, in / on / under
[준비물] A4 용지, 연필, 색연필

아이에게 종이와 연필을 주고, 엄마가 영어를 불러주면 아이는 내용에 맞춰 그림을 그리는 활동이다. 일종의 '그림 받아쓰기'라고 할 수 있다.

종이를 방이라 생각하고 그 안에 탁자, 의자, 고양이, 책, 사과 등을 엄마가 불러주는 위치에 그려 넣는다.

그림을 다 그린 다음 색칠을 하게 하면 아이가 더욱 재미를 느낄 것이다. 그림이 완성된 후 아이에게 그림을 묘사하게 한다. 다음 표현을 참고해보자.

There is a table in the room. 방에 탁자가 있어요.

There is a vase on the table. 탁자 위에 꽃병이 있어요.

The vase is yellow. 꽃병은 노란색이에요.

There are two chests in the room. 방에 서랍장이 두 개 있어요.

There is a clock on the wall. 벽에 시계가 하나 걸려 있어요.

have / has 익히기

have / has는 아주 쓰임새가 많은 단어인데도 대다수의 아이가 제대로 활용하지 못한다. have / has는 일차적으로 '~을 가지고 있다'라는 뜻을 가진다. 또한, I'm having lunch.(나는 점심을 먹고 있어요.)에서처럼 '식사를 하다'라는 의미로 쓰이기도 하고, We're having a good time.(우리는 재미있는 시간을 보내고 있어요.)에서처럼 '시간을 보내다'라는 의미로 쓰이기도 한다. have / has의 다양한 의미는 아이의 수준에 맞춰 알려준다.

I, you, they, 복수 주어일 때는 have를 사용하지만 she, he, it, 단수 주어일 때는 has를 사용한다는 것도 잊지 말자.

다음에 소개하는 활동으로 have / has의 사용을 익혀보자.

고 피시 게임 하기

학습 내용: have, 단수형과 복수형

[준비물] A4 용지 5매, 필기도구, 가위

먼저 고 피시(Go Fish) 카드를 만든다. 고 피시 카드는 일반적인 단어 카드와 비슷하지만 같은 단어를 적은 카드를 4장 만들어야 한다. A4 용지 5장을 8등분 해서 카드가 모두 40장이 나오도록 자른다. shoes, pencil, book, bag 등 명사 단어 10개를 4번씩 적어서 같은 카드를 네 장 만든다. 아이가 아직 글을 읽는 게 서툴다면 글자와 함께 그림을 그려 넣는다. 이렇게 해서 고 피시 카드를 40장 완성한다.

카드를 섞어서 엄마와 아이가 8장씩 나누어 갖고 남은 카드는 바닥에 뒤집어 놓는다. 자신이 가지고 있는 카드와 같은 카드를 상대방에게서 얻거나, 바닥에 놓인 카드 중에서 가져와 같은 카드 4장을 모두 모으는 것이 이 게임의 규칙이다. 먼저 다 모은 사람이 이긴다.

가위바위보를 한 다음 이긴 사람이 먼저 자기가 가진 카드 중에서 하나를 골라 Do you have any _____?(~을 가지고 있어요?)이라고 상대방에게 물어본다. 예를 들어 아이가 pencil 카드를 한 장 갖고 있다면 엄마에게 Do you have any pencils?(연필을 가지고 있어요?)라고 물어본다. 엄마가 pencil 카드를 한 장 갖고 있으면 Yes, I have a pencil.(예, 연필이 한 개 있어요.)이라고 대답하고 자신이 가지고 있는 pencil 카드를 아이에게 주어야 한다. 카드를 얻은 사람은 한 번 더 질문할 수 있다.

만약 엄마가 pencil 카드를 갖고 있지 않다면 엄마는 No, I don't have any pencils. Go fish!(아뇨, 연필은 없어요. 고 피시!)라고 대답한다. 그러면 아이는 바닥에 뒤집어 놓은 카드 중 한 장을 집는다. 그러고 나면 엄마가 질문할 수 있는 차례가 된다. 같은 카드 4장을 모두 모으면 자기 앞에 내려놓는다.

만약 자신이 같은 카드를 3장 갖고 있고 상대방이 1장을 가진 경우라도 상대방이 그 카드를 먼저 요구하면 카드 3장을 모두 줘야 한다. 자신이 가지고 있지 않은 카드를 요구하거나 자신이 어떤 카드를 가지고 있는데도 없는 척하면 속임수로 간주하여 무조건 게임에서 지게 된다. 여기에서 Go fish!라고 외치는 것은 전통적인 게임 이름으로 특별한 의미는 없다.

게임 중 물건 이름을 말할 때 아이가 복수형과 단수형을 제대로 사용하는지도 확인한다. 예를 들면 I have three book.(books로 말해야 한다), I have a pencils.(pencil이라고 해야 한다) 등으로 말하면 교정해준다. 다음 표현을 참고해 게임을 해보자.

> Do you have any pencils? 연필을 갖고 있어요?
> No, I don't have any pencils. Go fish! 아뇨, 연필은 없어요. 고 피시!
> Do you have any books? 책을 갖고 있어요?
> Yes, I have two books. 예, 책이 두 권 있어요.
> Can I have them? 그걸 제가 받을 수 있나요?
> Okay, here you are. 예, 여기 있어요.

누구의 물건인지 말하기

학습 내용: have / has
[준비물] 영어공책, 연필

식구들이 가진 물건을 하나씩 골라서 영어공책에 적는다. 예를 들어 car, bicycle, piano, book bag, scarf, ring 등을 적은 다음 아이에게 Who has a car?(누가 차를 갖고 있지요?)라고 묻는다. 아이는 Dad has a car.(아빠가 차를 갖고 있어요.)

라고 말하고 그 문장을 공책에 적는다. 그런 다음 식구들이 갖고 있지 않은 물건이 무엇인지 말해보고 그 문장을 공책에 적게 한다. 다음 표현을 참고해보자.

Mom has a car. 엄마는 차를 갖고 있어요.
I have a bicycle. 저는 자전거를 갖고 있어요.
I have a piano. 저는 피아노를 갖고 있어요.
Mom doesn't have a bicycle. 엄마는 자전거가 없어요.
Dad doesn't have a piano. 아빠는 피아노가 없어요.
I don't have a car. 저는 차가 없어요.

물건 이름으로 빙고 게임 하기

학습 내용: have
[준비물] 종이, 연필

16칸(4×4)짜리 빙고판을 만든다. have를 연습할 수 있는 물건 이름을 엄마와 아이가 함께 16~20개를 선별해서 각자 원하는 것을 빙고판에 적는다. 엄마와 아이가 번갈아가면서 빙고판에 적은 물건 이름을 말하고 선택한 단어에 동그라미를 친다. 이때 반드시 I have _____. 표현을 사용해야 하며 단어만 말하면 그 단어에 동그라미를 칠 수 없다. 상대가 말한 물건이 자신의 빙고판에 있으면 마찬가지로 동그라미를 친다. 먼저 한 줄 빙고를 완성한 사람이 승자가 된다. 다음 표현을 참고해 게임을 해보자.

I have a pencil. 연필을 갖고 있어요.

I have a book. 책을 갖고 있어요.

I have a hat. 모자를 갖고 있어요.

I have a pair of shoes. 신발을 갖고 있어요.

I have a car. 차를 갖고 있어요.

I have a doll. 인형을 갖고 있어요.

I have a bag. 가방을 갖고 있어요.

I have a ball. 공을 갖고 있어요.

I have some crayons. 크레파스를 갖고 있어요.

I have a computer. 컴퓨터를 갖고 있어요.

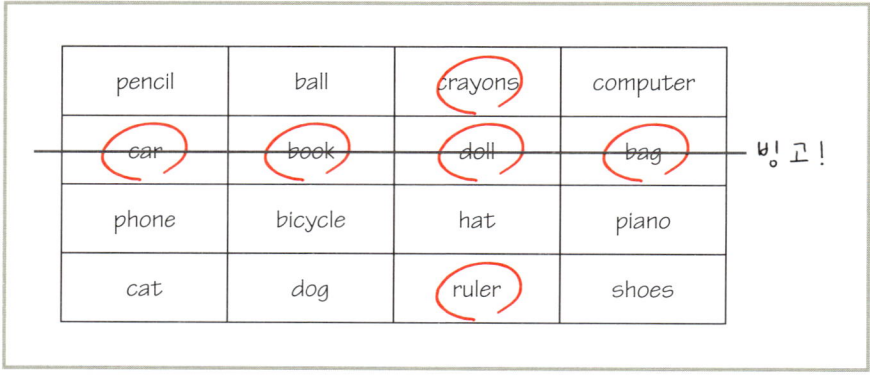

물건 이름으로 빙고 게임 하기
동그라미 칠 물건 이름을 말할 때 반드시 I have _____. 문장으로 표현한다.

현재진행형 익히기

우리말로 '~하고 있다'에 해당하는 문장을 표현할 때 'be동사 + 동사-ing' 형태인 현재진행형을 사용한다. 대부분의 아이는 굳이 어려운 문법 용어를 사용해 가르치지 않아도 쉽게 진행형의 개념을 습득한다.

그림책이나 동화책을 보면서 가장 많이 하는 질문 중 하나가 What is he[she] doing?(그/그녀는 무얼 하고 있나요?)이기 때문에 현재진행형의 개념은 아이들에게 비교적 익숙하다. 평소 그림이나 상황을 묘사하면서 현재진행형을 연습하는 것이 가장 효과적이다.

동작 알아맞히기 놀이하기

학습 내용: am / are / is + 동사-ing
[준비물] 없음

아이에게 먼저 동작을 나타내는 단어를 5개 정도 가르친다. 그런 다음 아이에게 한 가지 동작을 보여주고 What am I doing?(내가 지금 뭘 하고 있나요?)이라고 물어본다. 그러면 아이는 You are eating a pizza.(피자를 먹고 있어요.)처럼 완전한 문장으로 표현해야 한다. 이런 식으로 엄마와 아이가 번갈아가며 동작을 하고 무엇을 하는지 맞혀본다. 다음 표현을 활용하자.

> You are sitting on a sofa. 소파에 앉아 있어요.
> You are throwing a ball. 공을 던지고 있어요.
> You are walking. 걷고 있어요.
> You are opening the window. 창문을 열고 있어요.
> You are drinking some orange juice. 오렌지주스를 마시고 있어요.
> You are catching a fly. 파리를 잡고 있어요.
> You are sleeping on the bed. 침대에서 자고 있어요.
> You are reading a book. 책을 읽고 있어요.

누구인지 알아맞히기 놀이하기

학습 내용: am / are / is + 동사-ing
[준비물] 그림영어사전 또는 그림책

아이와 함께 공원이나 야외로 산책하러 갔을 때 할 수 있는 것으로, 주변 사람들을 보며 그중 한 사람의 동작을 말로 묘사하면 그 사람이 누구인지 알아맞히는 놀이다. 서로 설명하고 맞혀보자. 또, 이 놀이는 그림영어사전이나 그림책을 보면서도 할 수 있다. 엄마가 그림영어사전이나 책의 그림 중에서 한 인물이나 동물의 행동을 골라 묘사하면 아이는 해당 인물이나 동물을 가리킨다. 엄마와 아이가 번갈아가면서 해본다. 다음 표현을 참고하자.

He is jogging. 그는 조깅을 하고 있어요.

She is talking on the phone. 그녀는 통화하고 있어요.

She is wearing a red shirt. 그녀는 빨간 셔츠를 입고 있어요.

He is rollerblading. 그는 인라인스케이트를 타고 있어요.

They are stretching. 그들은 스트레칭을 하고 있어요.

She is looking at a tree. 그녀는 나무를 보고 있어요.

<Let's Go Picture Dictionary> 62쪽
다양한 동작 그림이 있어 현재진행형 문장을 연습하기에 안성맞춤이다. 글자 부분을 가리고 하는 것이 더 효과적이다.

현재시제 익히기

우리말로 '~하다', '~이다'에 해당하는 문장을 표현할 때 현재시제로 쓴다. 이때 주의해야 할 것은 주어에 따라 동사의 형태가 변한다는 것이다.

'~이다'를 나타내는 동사를 be동사라고 한다. be동사의 현재형은 주어가 1인칭 I일 때는 am이고, 2인칭인 you나 복수인 they일 때는 are이며, 3인칭 단수인 she, he, it일 때는 is이다.

'~하다'를 나타내는 동사는 일반동사라고 부른다. 일반동사 중 하나인 play를 예로 들면 play는 주어가 I, you, they일 때는 play로, 주어가 she, he, it일 때는 plays로 사용한다. 이렇게 주어가 3인칭이며 단수일 때 동사 다음에 -s나 -(i)es를 붙인다는 것은 영어에서 가장 기본적이며 중요한 규칙이다.

하지만 우리말에 없는 개념이라 아이들에게 이 규칙을 설명하기란 쉽지 않다. 그리고 '3인칭 단수 주어'라는 개념을 설명하고 말할 때마다 규칙을 상기시켜 동사 뒤에 -s나 -(i)es를 붙이게 하는 것은 별로 좋은 방법이 아니다. 이런 규칙은 그야말로 평상시에 많이 연습해 습관화시켜야 한다. 예를 들어 아이가 Junhee play the piano.(준희는 피아노를 칩니다.)라고 말했다면 엄마는 Oh, Jun-Hee **plays** the piano.라고 말하면서 틀린 부분만 고쳐서 그 문장을 반복해준다.

아이가 말을 할 때는 가능하면 말의 흐름을 막지 않는 것이 좋다. 문법 설명은 아이가 쓴 일기나 작문에서 틀린 부분을 고쳐줄 때 한다.

동물 이름 카드와 서식지 카드 매치시키기

학습 내용: 현재시제

[준비물] A4 용지, 영어공책, 필기도구, 가위

종이에 동물의 이름과 동물이 사는 곳(서식지)을 적은 다음 가위로 잘라 동물 이름 카드와 서식지 이름 카드를 만든다.

lion	dolphin	giraffe	penguin
camel	crocodile	rabbit	whale
panda	polar bear	shark	squirrel
bird	river	forest	desert
North Pole	South Pole	grassland	sea

동물 이름 카드와 서식지 카드 만들기

서식지 카드	동물 이름 카드			
sea	dolphin	whale	shark	
forest	bird	squirrel	rabbit	panda
desert	camel			
North Pole	polar bear			
South Pole	penguin			
grassland	lion	giraffe		
river	crocodile			

동물 이름 카드와 서식지 카드 맞추기
서식지 카드를 세로로 죽 늘어놓고 그 서식지에 사는 동물 이름 카드를 가로로 매치시켜 갖다 놓으면서 영어로 말해본다. 주어가 단수일 때와 복수일 때를 주의해서 말한다.

아이와 함께 각 동물이 어디에서 사는지 말하면서(예: The lion lives on the grassland. 사자는 초원에 살아요.) 서식지 카드 옆에 동물 이름 카드를 놓는다. 또는 공책에 서식지를 세로로 쭉 적고 그 옆에 그곳에 사는 동물의 이름을 적는다. 하나의 서식지에 사는 여러 동물의 이름을 말해보면서 주어가 하나일 때와 여러 개일 때 동사가 어떻게 달라지는지 연습한다. 다음 표현을 참고해보자.

The lion and the giraffe **live** on the grassland.
사자와 기린은 초원에 살아요.

The dolphin **lives** in the sea. 돌고래는 바다에 살아요.

The dolphin and the whale **live** in the sea.
돌고래와 고래는 바다에 살아요.

The crocodile **lives** in the river. 악어는 강에 살아요.

동물의 특징 말하기

학습 내용: 현재시제

[준비물] 없음

아이와 함께 각 동물의 습성에 관해 이야기를 나눠본다. 동물 다큐멘터리 등을 보면서 다음 표현을 응용해 설명하게 한다.

> The lion lives on the grassland. 사자는 초원에 살아요.
> It eats meat. 그것은 고기를 먹어요.
> It runs very fast. 그것은 아주 빨리 달려요.

일과 말하기

학습 내용: 현재시제

[준비물] 종이 또는 영어공책, 필기도구

일과를 종이나 공책에 적고 각각의 일과에 가족구성원을 넣어 문장을 만들게 한다. 다음 표현을 활용하게 하자.

> I get up at 7 o'clock. 전 7시에 일어납니다.
> My mom gets up at 6 o'clock. 엄마는 6시에 일어납니다.
> My dad goes to work at 8 o'clock. 아빠는 8시에 출근하세요.

My mom and I eat lunch at 1 o'clock. 엄마와 저는 1시에 점심을 먹어요.

My dad comes home at 9 o'clock. 아빠는 9시에 집에 옵니다.

I go to bed at 10 o'clock. 저는 10시에 잠자리에 들어요.

의문문 익히기 (시점이 현재일 때)

우리말은 문장 맨 뒤에 '~입니까?'나 '~합니까?'만 붙이면 의문문이 되지만 영어는 좀 복잡하다.

be동사가 쓰인 문장의 현재시제 의문문은 be동사를 문장 제일 앞으로 보내면 된다(예: She is Korean. → Is she Korean?). who, what, where, when, why 등과 같은 의문사가 쓰일 때는 의문사를 문장 제일 앞에 두고, '의문사 + be동사 + 주어 ~?'로 쓴다.(참고로, be동사가 쓰인 문장의 과거시제 의문문은 be동사를 주어의 인칭에 따라 바꿔쓴다.)

일반동사가 쓰인 현재시제 의문문은 문장의 제일 처음, 주어 앞에 do나 does를 쓰고, 'Do[Does] + 주어 + 동사 ~?'의 형태로 만든다. 주어가 I, you, they 또는 복수면 do를, 3인칭 단수면 does를 쓴다. who, what, where, when, why 등과 같은 의문사는 문장 제일 첫머리에 둔다.

이런 식으로 의문문의 형식을 하나하나 따져가며 상대방과 대화를 이어나가기란 쉬운 일이 아니다. 역시 반복을 통해 습관으로 만드는 것이 좋다. 의문문을 제대로 만들 수 있게 되면 영어의 가장 기본적인 문장 규칙을 터득했다고 해도 과언이 아니다.

스무고개 게임 하기

학습 내용: 의문사가 없는 일반동사의 의문문
[준비물] 없음

동물, 사람, 사물 등 주제를 하나 정한 다음 그 주제에 속한 단어 하나를 머릿속으로 생각한다. 아이는 질문을 통해 그 단어가 무엇인지 알아맞혀야 한다. 이때 질문을 20개나 10개로 제한하는데, 질문하는 사람은 who나 what, when, where 등 구체적인 정보를 묻는 의문사가 들어간 질문은 할 수 없다. 대답하는 사람은 오직 yes나 no로만 대답할 수 있으며 구체적인 정보를 제공해서는 안 된다.

처음에는 Do you _____?라는 의문문을 연습하다가 나중에 Does it _____?으로 바꿔 연습한다.

아이가 질문할 때 적절한 단어나 표현을 모르면 What's _____ in English?(영어로 ~이 뭐예요?)라고 물어보게 한다. 아이가 사전을 찾을 줄 안다면 스스로 사전을 찾게 한다.

문법적 실수가 있을 때는 아이의 문장을 고쳐서 한 번 반복해주고 아이에게 그 문장을 그대로 따라 말해보게 한다. 다음 대화를 참고하자.

엄마　Who am I? (What is it?) 나는 누구일까요? (그것은 뭘까요?)

아이　Do you live in the sea? (Does it live in the sea?)
　　　당신은 바다에 살아요? (그것은 바다에 살아요?)

엄마　No, I don't. 아니요.

아이　Do you on the grassland? 초원에요?

엄마	Do you <u>live</u> on the grassland? 초원에 살아요?
	(틀리면 대답하지 말고 옳은 문장을 말해주고 다시 질문을 반복시킨다)
아이	Do you live on the grassland? 초원에 살아요?
엄마	Yes, I do. 예, 그래요.
아이	Do you eat meat? 고기를 먹어요?
엄마	No, I don't. 아니요.
아이	Do you eat…? What's 풀 in English?
	~을 먹어요? '풀'이 영어로 뭐예요?
엄마	Grass. 그래스.
아이	Do you eat grass? 풀을 먹어요?
엄마	Yes, I do. 예.

평서문을 의문문으로 바꾸기

학습 내용: 의문사가 들어간 일반동사의 의문문

[준비물] 영어공책, 필기도구

Gina likes dogs.와 같은 간단한 문장 하나를 공책에 적는다. 그런 다음 의문사를 넣어 그 문장을 의미가 통하는 알맞은 의문문으로 바꾸는 연습을 하게 한다. 예를 들어 엄마가 why라는 의문사를 주면 아이는 Why does Gina like dogs? 라는 문장을 만드는 식이다.

매일 새 문장을 하나 제시하고 그것을 다양한 의문사가 들어간 의문문으로 바꾸는 연습을 한 달 정도 꾸준히 한다.

Gina likes dogs. 지나는 개를 좋아해요.

Why → Why does Gina like dogs? 지나는 왜 개를 좋아하나요?

Who → Who likes dogs? 누가 개를 좋아하나요?

What → What does Gina like? 지나는 무엇을 좋아하나요?

이 활동은 과거시제 의문문을 만드는 연습에도 활용할 수 있다. 뒤에 나오는 '8 과거시제 익히기'에서 과거시제를 학습한 다음 과거시제 의문문 만들기로 학습을 확장해보자.

참고로, 일반동사의 과거시제 의문문은 주어 앞에 무조건 did를 쓰고, 주어 뒤에 동사를 쓴다.

He played baseball yesterday. 그는 어제 야구를 했어요.

→ **Did** he play baseball yesterday? 그는 어제 야구를 했나요?

의문사가 있는 과거시제 의문문을 만들 때는 의문사가 did 앞, 즉 문장 맨 앞에 나온다는 것을 알려주고 연습시킨다.

He played baseball yesterday. 그는 어제 야구를 했어요.

→ Did he play baseball yesterday? 그는 어제 야구를 했나요?

→ **When** did he play baseball? 그는 언제 야구를 했나요?

부정문 익히기 (시점이 현재일 때)

부정문을 만들라고 하면 많은 아이가 무조건 no를 갖다 붙인다. '나는 뛰지 않았다'를 Me no running.이라고 하고, '생선을 좋아하지 않는다'를 Me no like fish.라고 한다. 문제는 이것이 습관이 되어서 나중에 문법에 맞게 문장을 만들려고 할 때도 자꾸만 no라는 표현이 튀어나오게 된다는 것이다. 따라서 처음부터 바르게 표현하는 습관을 들이는 것이 중요하다.

부정문의 규칙은 간단하므로 어렵지 않게 익힐 수 있다. 시점이 현재인 문장을 부정문으로 만들 때는 '주어 + be동사 현재형 + not + (동사-ing) ~'나 '주어 + do[does] + not + 동사 ~'로 쓰면 된다. (과거시제 부정문은 '주어 + be동사 과거형 + not + (동사-ing) ~', '주어 + did + not + 동사 ~'이다.)

No라고 말하지 않기 게임 하기

학습 내용: 부정문

[준비물] 없음

아이에게 사실을 묻는 질문을 던진다. 아이는 질문에 대해 완전한 문장으로 대답하되 절대 no라는 말을 해서는 안 된다. 하지만 yes라는 대답은 사용해도 된다. 아이가 no라고 말하거나 부정문을 제대로 만들지 못하거나 틀린 사실을 말하면 게임에서 지게 된다. 20개의 질문을 모두 통과하면 승자가 된다. 다음 대화를 참고해 게임을 해보자.

엄마 Do frogs have two legs? 개구리는 다리가 두 개인가요?
아이 Frogs don't[do not] have two legs. 개구리의 다리는 두 개가 아니에요.
엄마 Do you live in Seoul? 당신은 서울에 살아요?
아이 I don't live in Seoul. 전 서울에 살지 않아요.
엄마 Are you seven years old? 당신은 일곱 살이에요?
아이 Yes, I'm seven years old. 네, 전 일곱 살이에요.

그림 그리고 지우기 놀이하기

학습 내용: 부정문

[준비물] 종이, 필기도구, 지우개

한 사람이 말로 묘사를 하면 다른 한 사람은 그림을 그린다. 엄마와 아이가 번갈아가면서 문장을 하나씩 덧붙여가며 그림을 완성한다.

다음을 참고해 아이와 그림을 그리고 지우는 활동을 해보자.

Mary is wearing a hat.
메리는 모자를 쓰고 있어요.
Mary has a bag.
메리는 가방을 갖고 있어요.
A cat is standing next to her.
고양이가 메리 옆에 서 있어요.

A cat is standing next to her.라는 문장을 말하면 고양이 그림을 그린다.

이렇게 그림을 완성한 후에는 한 사람이 그려진 상황을 부정하는 부정문을 말하고 다른 사람은 문장에 맞게 그림을 지워나간다.

Mary is **not** wearing a hat.
메리는 모자를 쓰고 있지 않아요.
Mary **doesn't[does not]** have a bag.
메리는 가방을 갖고 있지 않아요.

Mary is not wearing a hat.
이란 문장을 말하면 지우개로 모자 부분을 지운다.

동화 내용 바꾸기

학습 내용: 부정문

[준비물] 동화책, 연필

아이가 읽은 동화책의 문장을 모두 부정문으로 바꾸는 연습을 해본다. 엄마가 각 문장의 동사에 밑줄을 그어주면 아이는 밑줄 그어진 부분을 부정형으로 바꿔 문장을 읽는다.

동화책의 문장을 부정문으로 바꿔 읽기
엄마가 동사에 밑줄을 그어놓으면 아이는 그 부분을 부정형으로 바꿔 문장을 읽는다.
⟨Classic Tales⟩ 시리즈 중 ⟨The Town Mouse and the Country Mouse⟩ 9쪽

대명사 익히기

대명사란 I, you, she, it과 같이 명사를 대신하는 단어를 말한다. 영어는 반복을 싫어하기 때문에 처음에 한번 특정 이름이나 명사를 말한 다음에 그 이름이나 명사를 다시 언급할 때는 she, it 등과 같은 대명사로 바꿔 말한다.

예를 들어 '준영이는 여덟 살입니다. 준영이는 강아지를 아주 좋아합니다. 준영이의 강아지 이름은 나라입니다.'라는 문장을 보자. 우리말은 '준영이'란 단어를 여러 번 반복해도 이상할 것이 없다. 그러나 영어는 Junyoung is 8 years old. **He**(그는) likes dogs very much. **His**(그의) dog's name is Nara.처럼 대명사를 사용해 되도록 같은 단어의 반복을 피한다.

그리고 위의 예문에서 알 수 있듯이 대명사는 쓰이는 위치에 따라 그 형태가 변한다. 예를 들어 I는 목적어로 사용될 때 me로, she는 her로, he는 him으로, they는 them으로 바뀐다. 단, you는 목적어로 쓰일 때도 똑같이 you다.

대명사 사용 역시 우리나라 어법과 매우 다르므로 많은 연습을 해서 익숙해져야 필요할 때 제대로 활용할 수 있다.

대명사를 넣어 문장 바꾸기

학습 내용: 주격 대명사와 목적격 대명사
(I - me, you - you, he - him, she - her, they - them, we - us)

[준비물] 영어공책, 필기도구

Junho likes cats.(준호는 고양이를 좋아해요.)와 같은 간단한 문장 하나를 공책에 적는다. 그리고 나서 동사는 그대로 두고 대명사만 바꿔가며 문장을 변형시키는 연습을 한다. 예를 들어 엄마가 I라는 대명사를 주면 아이는 I like cats.(나는 고양이를 좋아해요.)라는 문장을 만드는 식이다. 문장을 바꿀 때 동사의 형태가 바뀌는 것에도 주의해야 한다. 다음 예문을 참고해보자.

<u>Junho</u> likes <u>cats</u>.
  I   →   I **like** cats.
  they   →   They **like** cats.
   me →   Junho likes me.
   him →   Junho likes him.

이번에는 영어공책에 대명사가 없는 문장을 적는다. 그런 다음 대명사로 바꾸고 싶은 부분에 밑줄을 긋는다. 아이는 밑줄이 그어진 단어를 알맞은 대명사로 바꾼다. 다음 예문을 참고해보자.

  <u>Junho</u> likes cats.   I saw <u>Junho</u> yesterday.
   He   him

  Junho met <u>Gina and Sora</u> yesterday.
       them

누구의 물건인지 말하기

학습 내용: 소유격 대명사와 소유대명사
(my - mine, your - yours, his - his, her - hers)

[준비물] 목도리, 인형, 양말, 수첩, 시계, 휴대전화 등 주변에 있는 물건

아이에게 양말 한 켤레를 보여주며 Are they **your** socks?(네 양말이니?)라고 묻는다. 자신의 양말이면 아이는 Yes, they are **mine**.(네, 제 것이에요.)이라고 대답한다. 질문할 때는 my, your, his, her 등 소유격 대명사를 쓰고, 답할 때는 소유대명사를 사용하게 한다. 다음 대화를 참고해보자.

엄마   Are they your socks? 네 양말이니?
아이   Yes, they are mine. 네, 제 거예요.
엄마   Is it my watch? 그건 내 시계니?
아이   Yes, it's yours. 네, 그건 엄마 거예요.
엄마   Is it your scarf? 그건 네 스카프니?
아이   Yes, it's mine. 네, 그건 제 거예요.
엄마   Is it Daddy's notebook? 그건 아빠의 수첩이니?
아이   Yes, it's his. 네, 그건 아빠 거예요.
엄마   Is it grandma's phone? 그건 할머니의 전화기니?
아이   Yes, it's hers. 네, 그건 할머니 거예요.

소유대명사로 문장 바꿔 쓰기

학습 내용: 소유대명사(mine, yours, his, hers, theirs, ours)
[준비물] 영어공책, 필기도구

공책에 my, your, his, her 등이 들어간 문장을 적고 나서 소유대명사로 바꿀 부분에 밑줄을 긋는다. 아이에게 밑줄이 그어진 단어를 mine, yours, his, hers 등의 소유대명사로 바꾸게 한다. 다음 예문을 참고해보자.

  They are <u>your socks</u>.
     yours

  It is <u>my watch</u>.
    mine

과거시제 익히기

영어실력을 향상하기 위해 과거시제는 꼭 알고 넘어가야 할 매우 중요한 개념이다. 과거시제를 익히면 더 어려운 책에 도전할 수 있고 하루 동안 있었던 일에 관해 일기를 쓸 수도 있다. 우리말은 과거의 사건을 표현할 때 '~이었다', '~했다'라고만 하면 그만이지만 영어는 외워야 할 것이 많다. 문장을 과거시제로 쓰고 싶으면 동사를 과거형으로 바꿔야 한다. 그러기 위해서는 규칙동사와 불규칙동사를 구분할 수 있어야 하는데, 불규칙동사는 시제변화를 모두 외워야 한다.

불규칙동사의 시제변화를 익힐 때는 아이에게 먼저 영어의 과거, 현재, 미래시제를 우리말과 비교해서 가르친다. 그런 다음 동사변화표(대부분의 사전이나 문법책 뒤쪽에 동사변화표가 있다)를 암기하게 한다. 이때 처음부터 한꺼번에 암기시키기보다는 하루에 5~10개씩 외우게 하되 누적해서 반복·암기하게 하는 것이 효과적이다. 예를 들어 첫날 불규칙동사 5개를 외웠으면 둘째 날은 전날에 외운 것까지 포함해서 10개, 다음날은 첫날 것부터 포함해서 15개를 외우게 하는 것이다. 과거시제 역시 일상생활에서 자주 활용해야 표현하기 쉬워진다. 매일 5개의 과거시제 문장을 만들어보자. 이런 식으로 진행하면 아이가 지치거나 단어를 잊어버릴 염려를 하지 않아도 될 것이다.

동화 내용을 과거시제로 바꿔 말하기

학습 내용: 과거시제

[준비물] 동화책, 필기도구

현재시제로 쓰인 동화의 문장을 모두 과거시제로 바꾸는 연습을 한다. 엄마가 각 문장의 동사에 밑줄을 그어주면 아이는 밑줄 그어진 부분을 과거형으로 바꿔 문장을 읽는다.

동화 내용을 과거시제로 바꿔 읽기
엄마가 동사에 밑줄을 그어놓으면 아이는 그 부분을 과거형으로 바꿔 문장을 읽는다.
⟨Classic Tales⟩ 시리즈 중 ⟨The Town Mouse and the Country Mouse⟩ 2쪽

이야기 잇기 놀이하기

학습 내용: 과거시제
[준비물] 없음

엄마가 먼저 과거시제로 문장을 하나 말한다. 그러면 아이는 엄마가 말한 문장을 그대로 반복해서 따라 한 다음에 새로운 과거시제 문장을 덧붙인다.

이런 식으로 앞사람이 말한 문장을 처음부터 그대로 반복한 다음 새로운 내용을 추가해가면서 하나의 긴 문장으로 이야기를 만들어간다. 이때 앞에서 한번 사용한 동사를 다시 사용해서는 안 된다. 필요하면 동사변화표를 보면서 놀이를 진행한다.

이야기의 순서를 잊어버리거나 앞에 나온 동사를 반복하거나 과거시제로 문장을 만들지 못하면 게임에서 지게 된다. 사용할 동사의 수를 20개로 제한하거나 미리 사용할 동사를 10~20개 정도 정한 다음 그 범위 안에서 이야기를 진행해도 좋다.

Yesterday I went to town.(어제 전 시내에 갔어요.) → Yesterday I went to town and I bought some bread.(어제 전 시내에 가서 빵을 샀어요.) → Yesterday I went to town and I bought some bread and I saw Junho.(어제 전 시내에 가서 빵을 사고 준호를 만났어요.) → Yesterday I went to town and I bought some bread….(어제 전 시내에 가서 빵을 사고 ….)

불규칙동사로 빙고 게임 하기

학습 내용: 과거시제

[준비물] 종이, 필기도구

16칸(4×4)짜리 빙고판을 만들고, 빙고 게임에 사용할 불규칙동사 20개를 선별한다. 그중에서 엄마와 아이는 각자 자기가 쓰고 싶은 불규칙동사 16개를 골라 빙고판에 적는다.

동그라미 치고 싶은 단어를 말할 때는 그 단어를 과거형으로 바꿔 과거시제 문장을 만든다. 예를 들면 I bought a bag.이나 I drank some water.로 말하는 것이다. 단어만 말하면 동그라미를 칠 수 없으며, 자신이 말할 차례도 잃는 것을 규칙으로 정한다.

미래시제 익히기

영어로 미래를 표현하는 방법은 세 가지가 있다. 'will + 동사'로 쓰는 방법, 'be going to + 동사'의 형식을 사용하는 방법, 'be동사 + 동사-ing' 형식을 사용하는 방법이다. 세 방법 모두 미래를 나타낸다는 점에서 차이가 없어 보이지만 자세히 들어가면 각자 담고 있는 의미가 달라서 사용하는 상황 또한 약간 다르다. will은 어떤 사건에 대한 결과로 당연히 미래에 일어날 일을 묘사하거나 자신의 의지와 관계없는 미래의 일을 말할 때 사용하고, 'be going to + 동사'의 형식은 미래에 무슨 일을 하겠다는 결심을 나타낼 때, 그리고 'be동사 + 동사-ing'의 형식은 미리 약속하거나 계획해놓은 일, 정해져 있는 일을 이야기할 때 사용한다. 다음 예문을 보면 좀 더 분명하게 의미의 차이를 이해할 수 있을 것이다.

They have practiced a lot. They **will win**.
그들은 열심히 연습했습니다. 그들은 이길 것입니다. 〈열심히 연습한 결과, 당연히 일어날 일〉

I'm going to invite John to my party.
저는 파티에 존을 초대할 예정입니다. 〈미래에 있는 파티에 존을 초대하겠다는 결심〉

I'm playing tennis with John on Saturday.
저는 토요일에 존과 테니스를 하기로 했습니다. 〈미리 약속/계획해놓은 일〉

물론, 세 가지 표현을 구분하지 않고 사용하는 사람들도 많으므로 지나치게 의미 구분에 집착할 필요는 없고, 이 정도의 의미 차이가 있다는 것만 알고 있으면 된다. 의미를 내재화하는 것은 한 번의 암기로 이루어지지 않으므로 여러 상황에서 자꾸 활용하다 보면 구체적인 의미 차이를 터득하게 될 것이다.

한 가지 더 짚고 넘어가야 할 것은 be going to의 발음이다. 대부분의 미국인은 going to[고잉투]를 하나하나 분명하게 발음하지 않는다. What are you gonna do tomorrow?(내일 뭐 할 건가요?)나 I'm gonna go shopping.(쇼핑하러 갈 거예요.)라는 식으로 going to를 gonna[거너]라고 줄여서 발음하는 경향이 있다.

글을 쓸 때는 going to라고 표기해야 하겠지만 말할 때는 gonna라고 발음하는 습관을 들이는 것이 좋다. 그래야 나중에 미국인이 gonna라고 했을 때 무슨 의미인지 이해할 수 있기 때문이다.

무엇을 할지 알아맞히기 놀이하기

학습 내용: be going to + 동사
[준비물] 없음

동작을 보고 상대방이 앞으로 할 일을 be going to를 써서 묘사하는 놀이다. 예를 들어 아이가 크레파스를 집으면서 What am I gonna[going to] do?(내가 무얼 하려고 할까요?)라고 물으면 엄마는 You are gonna[going to] draw a picture.(너는 그림을 그릴 거야.)라고 말하는 식이다. 역할을 바꿔 엄마가 컴퓨터로 다가가 의자에 앉으면서 What am I gonna do?라고 물으면 아이는 You are gonna turn on the computer.(엄마는 컴퓨터를 켤 거예요.)라고 대답할 수 있다.

다음 표현을 참고해보자.

> You are going to play computer games. 당신은 컴퓨터 게임을 할 거예요.
> You are going to listen to music. 당신은 음악을 들을 거예요.
> You are going to drive a car. 당신은 차를 운전할 거예요.
> You are going to drink water. 당신은 물을 마실 거예요.
> You are going to play the piano. 당신은 피아노를 칠 거예요.
> You are going to wash your face. 당신은 얼굴을 씻을 거예요.
> You are going to brush your teeth. 당신은 이를 닦을 거예요.
> You are going to take a nap. 당신은 낮잠을 잘 거예요.
> You are going to clean the room. 당신은 방을 청소할 거예요.
> You are going to draw a picture. 당신은 그림을 그릴 거예요.

물건 이름 알아맞히기 놀이하기

학습 내용: will + 동사, be going to + 동사
[준비물] 없음

한 사람이 집에 있는 사물의 용도를 be going to와 will을 써서 설명하면 다른 사람은 그 물건의 이름을 알아맞히는 놀이다. (여기서는 be going to를 활용한 예만 적었다.) 먼저 아이에게 물건의 이름과 용도를 가르치자. 예를 들어 아이에게 달걀을 가리키며 What are you going to do with the egg?(달걀로 뭘 할 거예요?)라고 묻게

하고 엄마는 I'm going to fry it.(후라이를 할 거예요.)이라고 대답한다. 그리고 컵을 가리키며 What are you going to do with the cup?(컵으로 뭘 할 거예요?)이라고 묻게 하고 I'm going to drink water from it.(거기에 든 물을 마실 거예요.)이라고 대답한다.

어느 정도 사물 이름과 be going to 표현에 익숙해지면 본격적으로 놀이를 시작한다. 먼저 아이가 What are you going to do with it?이라고 물으면 엄마는 물건의 이름을 말하지 않고 be going to를 넣어서 그 물건의 용도를 설명한다. 그러면 아이는 그 물건의 이름을 알아맞히는 것이다. 그런 다음에는 역할을 바꿔 아이가 설명하고 엄마가 물건을 알아맞힌다. 다음 표현을 참고해보자.

I'm going to cut paper with them. 그걸로 종이를 자를 거예요.   (답 scissors)
I'm going to write a letter with it. 그걸로 편지를 쓸 거예요.   (답 pencil)
I'm going to draw a picture with it. 그걸로 그림을 그릴 거예요.   (답 crayon)
I'm going to eat it. 그걸 먹을 거예요.   (답 apple)
I'm going to make a boat with it. 그걸로 배를 만들 거예요.   (답 paper)
I'm going to wear them. 그걸 쓸 거예요.   (답 glasses)
I'm going to wash it. 그걸 씻을 거예요.   (답 plate)
I'm going to eat soup with it. 그걸로 국을 먹을 거예요.   (답 spoon)

영어로 주간계획표 짜기

학습 내용: be going to + 동사 / be동사 + 동사-ing
[준비물] 공책, 필기도구

공책에 주간계획표를 만들어 중요한 일 위주로 표를 채운다. 간단하게 요일과 시간, 할 일만 나열해도 된다. 그러고 나서 'be going to + 동사'나 'be동사 + 동사-ing'를 써서 주간계획을 말한 후 문장으로 쓰게 한다.

Date	Time	Schedule
Monday, July 18	4:00	piano lesson
I'm practicing the piano at 4 (o'clock) on Monday.		
Tuesday, July 19	2:00	swimming
I'm going to go swimming at 2 (o'clock) on Tuesday.		
Wednesday, July 20	5:00	dentist
I'm going to the dentist at 5 (o'clock) on Wednesday.		
Thursday, July 21	10:00	picnic
I'm going on a picnic with my friends at 10 (o'clock) on Thursday.		
Friday, July 22	1:00	Junho's birthday party
I'm going to Junho's birthday party at 1 (o'clock) on Friday.		

영어로 주간계획표 쓰기
'be going to + 동사'나 'be동사 + 동사-ing'를 써서 문장을 써보게 하는 것이 중요하다.

문장을 통합적으로 익히기

우리 속담에 '구슬이 서 말이어도 꿰어야 보배'라는 말이 있다. 영어공부에도 통용되는 속담이다. 문법 지식을 많이 갖고 있어도 그것을 하나로 통합해서 활용하지 못하면 아무런 소용이 없다. 즉, 말하거나 글을 쓸 때 문장의 기본 구조 및 시제의 개념을 자연스럽게 활용할 수 있어야 한다는 것이다. 그러기 위해서는 문장을 통합적으로 연습할 필요가 있다.

아이가 영어를 유창하고 정확하게 말하기 위해서는 간단한 표현도 문장으로 말하고, 쓰는 연습 또한 많이 해야 한다.

여기서 소개하는 '문장의 시제와 형태 바꿔 쓰기'와 '시제 주사위 놀이하기'는 문장을 통합적으로 익히게 돕는 좋은 방법이다.

문장의 시제와 형태 바꿔 쓰기

영어문장의 가장 기본 개념은 현재시제, 과거시제, 미래시제, 부정문, 의문문이다. 아이에게 문장을 연습시킬 때 이 개념에 맞춰 문장의 구조를 다양하게 바꿔

보게 한다. 이 활동을 통해 문장 응용력이 생기게 된다.

한꺼번에 많은 양을 하려고 하지 말고 동화책에서 매일 한 문장을 선택해 공책에 적은 후 그 문장의 시제나 형식을 변화시킨다. 다음 문장을 참고해보자.

선택한 문장	→ She was taking a walk in the park.
	그녀는 공원을 산책하고 있었습니다.
• 현재시제	→ She takes a walk in the park every morning.
	그녀는 매일 아침 공원을 산책합니다.
• 현재시제 의문문	→ Does she take a walk in the park every morning?
	그녀는 매일 아침 공원을 산책합니까?
• 현재시제 부정문	→ She doesn't take a walk in the park every morning.
	그녀는 매일 아침 공원을 산책하지 않습니다.
• 과거시제	→ She took a walk in the park yesterday.
	그녀는 어제 공원을 산책했습니다.
• 과거시제 의문문	→ Did she take a walk in the park yesterday?
	그녀는 어제 공원을 산책했습니까?
• 과거시제 부정문	→ She didn't[did not] take a walk in the park yesterday.
	그녀는 어제 공원을 산책하지 않았습니다.
• 미래시제	→ She is going to take a walk in the park tomorrow.
	She will take a walk in the park tomorrow.
	그녀는 내일 공원을 산책할 예정입니다.
• 미래시제 의문문	→ Is she going to take a walk in the park tomorrow?
	Will she take a walk in the park tomorrow?
	그녀는 내일 공원을 산책할 예정입니까?

시제 주사위 놀이하기

학습 내용: 과거시제, 현재시제, 미래시제
[준비물] 종이, 주사위, 견출지 또는 스티커, 상자

적당한 크기로 자른 종이 위에 동사를 써서 동사 단어 카드를 만들고 그 카드들을 상자 안에 담는다. 주사위를 준비하고 견출지나 스티커에 Present(현재), Past(과거), Future(미래), Question(의문문), NOT(부정문), ing(현재진행형)를 써서 주사위의 각 면에 붙인다. 이것이 시제 주사위가 된다.

아이에게 상자에 담긴 동사 카드 중 한 장을 선택하게 한 다음 시제 주사위를 던지게 한다. 주사위를 던져서 나온 문장 형태로 카드에 적힌 동사를 넣어 문장을 만들게 하면 된다.

예를 들어 꺼낸 동사 카드에 see가 적혀 있고 주사위를 던졌을 때 Past(과거)가 나왔다면 I saw Junho yesterday.(나는 어제 준호를 봤어요.)라는 문장을 만들면 된다. 그리고 buy 동사 카드를 고르고 주사위를 던졌을 때 Future(미래)가 나왔다면 I'm going to buy a new pencil.(저는 새 연필을 살 거예요.)이라고 말하면 된다. 이런 식으로 하루에 동사 단어 카드 5개 정도를 선택해서 꾸준히 문장 만드는 연습을 해보자.

시제 주사위
주사위 각 면에 6개의 문장 형태를 표시한다.

부록 ❶

우리 아이 영어공부에 관한 Q&A

이런저런 방법서와 지침서를 읽어도 해결되지 않는 우리 아이 영어공부에 관한 궁금증. 옆집 엄마에게 계속 묻기엔 자존심도 상하고, 눈치도 보이고… 아이의 영어공부와 관련해서 엄마들이 많이 하는 고민은 무엇일까요? 엄마들이 가장 많이 하는 질문만 모았습니다.

 궁금해요~

Q1 엄마의 영어 발음이 좋지 않은데 아이를 가르쳐도 될까요? 그러다가 아이가 엄마 발음을 배우면 어떻게 하죠?

내 아이의 영어 선생님으로 시작하기에 앞서 무엇보다 중요한 것은 나도 영어를 가르칠 수 있다는 자신감을 갖는 일입니다. '혹시 아이가 내 발음을 배우면 어떻게 하지?', '나도 영어를 잘 못하는 데 내가 어떻게 영어를 가르칠 수 있을까?' 등 대부분의 엄마들이 이런 걱정 때문에 아이에게 영어를 가르칠 엄두도 내지 못합니다. 이제 이런 두려움은 과감히 떨쳐버리고 자신감부터 가지세요.

물론, 발음은 중요합니다. 발음이 좋으면 일단 영어에 자신감이 생기는 법입니다. 하지만 발음만 좋다고 해서 영어를 잘한다고 말하지는 않습니다. 영어실력은 단어를 얼마나 많이 알고, 얼마만큼 상황과 문법에 맞게 영어를 구사할 수 있느냐에 따라 결정됩니다. 게다가 우리나라에서 영어를 배우는 아이는 아무리 잘하는 아이라 할지라도 아주 조금은 한국어 억양을 갖고 있습니다. 언어 사용의 첫째 목적이 의사소통이라는 점을 감안할 때 100% 순수 원어민 발음을 고집할 필요는 없습니다.

영어가 세계 공용어로 인정받는 만큼 나라마다 발음도 다양합니다. 영국식 발음, 미국식 발음, 호주식 발음, 캐나다식 발음 등 같은 영어를 쓰는 나라들도 고유의 독특한 억양이 있습니다. 미국 내에서도 지역마다 발음이 조금씩 다릅니다. 우리나라 사람들은 미국식 발음을 선호하는 경향이 있지만 영어를 배우는 목적이 국제사회에서 써먹기 위한 것임을 생각할 때 굳이 미국식 발음만 고집할 필요는 전혀 없습니다. 게다가 요즘은 영어인증시험에서도 미국, 영국, 호주 등의 영어 발음을 혼용하고 있기 때문에 미국식 발음만 고집하는 것은 시대착오적인 발상이라 할 수 있습니다.

아이에게 영어를 가르칠 때는 자신이 알고 있는 발음으로 또박또박 분명하게 가르쳐주고, 어떤 단어의 발음에 대해 확신이 서지 않을 때는 사전을 참고하세요. 시중에 나와 있는 동화는 대부분 오디오 CD 또는 MP3 CD가 함께 딸려있기 때문에 아이에게 녹음을 들려주면서 엄마의 발음과 원어민의 발음이 어떻게 다른지 아이에게 구별시켜주면 됩니다. 또한, 인터넷 사이트나 각종 온라인 커뮤니티를 활용해도 좋은 자료를 많이 얻을 수 있습니다. 그래도 확신이 서지 않는다면 아이에게 영어를 가르치기 전에 가르칠 내용을 먼저 확인하고 연습해보세요.

Q2 영어학원은 어떻게 고르나요?

우선, 아이에게 가장 필요한 부분이 무엇인지 생각해보세요.

나이가 어리고, 처음 영어를 배우는 아이라면 인위적으로 '배우는 학습'보다는 놀이나 활동을 통해 자연스럽게 영어에 노출되고 반복을 통해 '경험하는 학습'이 중요합니다. 따라서 이런 학습법을 실시하는 어린이 영어전문학원이 좋습니다. 전국적 프랜차이즈 유초등 영어전문학원으로는 ECC, SLP, 원더랜드가 가장 오래되었으며 청담어학원, 토피아, 이보영의 토킹클럽, 잉글리쉬무무, 토스잉글리쉬, 이 밖에 많은 학원들이 각자 나름의 교육프로그램을 운영하고 있습니다. 어느 학원이 좋은가 하는 질문에 대해서는 같은 프랜차이즈라 하더라도 지역마다, 또 소속된 교사들의 능력에 따라 다르다고밖에 대답할 수 없습니다. 따라서 학원을 직접 방문하여 교육과정을 꼼꼼히 비교해본 다음 아이의 특성을 고려하여 학원을 신중하게 선택해야 합니다.

시험이나 중학교 과정 준비를 위해 단어 암기와 전통적인 문법학습이 필요하다면 영어전문학원이 아닌 종합학원을 보내셔도 됩니다. 다만, 종합학원에서는 말하기 학습보다는 듣기, 읽기, 문법 위주로 수업이 이루어지기 때문에 대화나 영어토론 등의 말하기 학습은 소홀해질 수밖에 없다는 점은 염두에 두셔야 합니다.

Q3 원어민 선생님만 있는 학원은 어떤가요?

아이를 원어민 교사만 있는 학원에 보냈을 때 잘 적응하면 다행이지만 그렇지 않으면 의사소통 때문에 스트레스를 심하게 받을 수 있습니다. 또한, 문화적 차이로 인해 원어민 교사가 아이의 심리상태를 세심히 파악하지 못할 수도 있습니다. 바깥으로 드러나는 아이의 성격이나 행동만 탓하기도 쉽고요.

반면, 한국인 교사만 있는 학원은 원어민의 발음이나 생생한 영어표현을 접할 기회를 제공하지 못하기 때문에 아이가 자연스러운 영어에 노출될 가능성이 적습니다. 따라서 원어민과 한국인이 같이 있는 학원을 선택하는 것이 좋습니다.

Q4 영어만 사용하는 학원은 어떤가요?

아이들 대부분은 의사소통을 영어로밖에 할 수 없을 때 영어를 씁니다. 그렇지 않고 우리말이 통용되는 상황에서는 편한 우리말에 의존하게 됩니다. 미국인들이 우리나라에 와서 오랫동안 생활을 해도 한국말을 배울 기회가 적다고 합니다. 그 이유는 굳이 한국말을 몰라도 생활하는 데 아무런 불편이 없기 때문입니다. 영어를 모르면 불편하고 영어만 써야 하는 상황이 되면 아이들은 자신이 느끼는 필요성 때문에 영어를 배우고 사용할 수밖에 없습니다.

그런 점에서 영어로 말할 수밖에 없는 환경을 인위적으로 제공하는 학원을 선택하는 것이 아이의 듣기와 말하기 실력을 향상시키는 데 도움이 됩니다.

Q5 소문난 학원으로 아이를 옮길까요?

만약 아이가 한 달이 지났는데도 학원에 전혀 적응을 못하거나 영어를 배우기 싫어한다면 다른 학습방법이나 학원을 알아봐야 합니다. 하지만 아이가 잘 적응하고 있는데 주위의 말이나 엄마의 일방적인 판단으로 학원을 옮기면 머지않아 새로운 학원으로 또 다시 옮겨가게 될 가능성이 높습니다.

가끔 아이를 메뚜기처럼 이 학원에서 저 학원으로 옮겨 다니게 하는 엄마들이 있습니다. 교육효과를 보고 싶다면 이런 행동은 절대 금물입니다. 학원마다 교육과정이 다르기 때문에 아이의 특성에 맞춰 학원을 정했으면 적어도 2년 이상은 같은 학원으로 보내야 효과를 볼 수 있습니다.

다시 한 번 말씀 드리지만, 아이가 학원을 다닌 지 몇 달이 지났는데도 학원에 전혀 적응을 못하거나 영어를 배우기 싫어할 때 다른 학원을 알아봐도 늦지 않습니다.

Q6 학원에 보낼 때 부모는 무엇을 챙기면 되나요?

두 가지 극단적인 학부모 유형이 있습니다. 하나부터 열까지 학원의 경영이나 수업에 시시콜콜 관여하면서 그야말로 학원의 훈장노릇을 하는 분들이 있는가 하면 모든 것을 학원에 맡기고 본인은 아무것도 하지 않으면서 방관하는 분들도 있습니다.

학부모가 교사의 수업에 일일이 간섭하는 것은 수업의 질을 높이는 데 전혀 도움이 되지 않습니다. 게다가 교사도 인간인 이상 그런 부모를 둔 아이를 달가워할 리 없습니다. 만약 교사의 수업이나 학원의 경영방침이 도무지 마음에 들지 않는다면 아이와 부모님의 정신건강을 위해 그 학원을 그만 두는 게 차라리 낫습니다.

반대로 아이가 학원에서 어떻게 생활하는지, 숙제는 제대로 하는지, 전혀 관심을 두지 않고 모든 것을 학원에 맡기는 부모님도 있습니다.

교사가 아이의 가방을 들여다보면 엄마의 관심 정도를 파악할 수 있습니다. 어떤 아이는 수업시간에 나눠준 인쇄물을 파일에 차곡차곡 보관하는가 하면, 반대로 책조차 갖고 오지 않는 아이들도 있습니다. 후자의 아이들이 수업시간에 집중해서 열심히 공부하는 일은 거의 없습니다. 학원에 영어교육을 맡기셨다면 바로 이런 생활적인 부분들을 잘 챙겨주셔야 합니다. 아이가 학원에 늦지 않고 제시간에 가는지, 숙제는 꼬박꼬박 하는지, 그리고 필기구와 공책, 책 등 준비물은 잘 챙겨 가는지를 확인하고 챙겨주세요. 부득이하게 매일 준비물을 챙겨주지 못한다면 어려서부터 아이 스스로 하게끔 습관을 들이게 하세요.

Q7 외국에서 살다 왔는데 우리말도 영어도 못해요.

외국에서 초등학교를 다니다가 한국에 다시 돌아온 아이들은 영어를 쉽게 잊어버리지 않습니다. 그러나 우리말을 제대로 다 배우기도 전에 외국에 가서 살다가 학교를 들어가기 전에 다시 한국으로 돌아온 예닐곱 살의 아이들은 몇 개월 지나지 않아 영어를 많이 잊어버립니다. 물론, 그렇다고 우리말을 잘하는 것도 아니죠. 그러다가 시간이 지나면 우리말은 늘지만 영어는 거의 잊게 됩니다.

둘 다 잘하기를 기대하는 것 자체가 무리한 욕심일 수 있습니다. 하나를 터득하면서 하나를 잃어버리는 것은 어린아이에게는 자연스런 과정입니다. 하나가 다른 하나보다 우위에 서는 것을 인정해야 합니다.

다시 말해, 우리말을 우위에 두고 영어의 유창성을 제한적으로 유지할 목적으로 언어공부를 해야 한다는 것입니다. 그렇지 않고 두 가지 언어를 모두 모국어처럼 하기를 기대하면 아이에게 스트레스를 주게 되므로 결코 바람직하지 않습니다. 이미 아이는 환경과 언어가 바뀐 것에 큰 스트레스를 받고 있을 겁니다. 여기에 이중언어의 스트레스까지 추가하면 아이의 뇌에 과부하가 걸릴 수 있습니다. 우리말 습득을 중점적으로 도와주되 영어동화를 계속 읽게 하여 영어를 어느 정도 유지할 수 있게 도와주세요. (아이가 영어글자를 해독하기 시작하면 영어를 잊는 속도를 늦출 수 있습니다. 그러니 글자 읽는 법을 가르치는 것이 좋습니다.)

설령 아이가 영어를 많이 잊었다고 하더라도 외국에서 살다온 아이들은 한국에서 영어를 배운 아이들이 흉내 낼 수 없는 자연스러움이 발음과 표현의 근원에 깔려 있습니다. 과하게 욕심을 부리지 마시고 아이의 수준에 맞춰 이끌어주세요.

Q8 영어학습지는 어떻게 활용하나요?

영어학습지의 성과는 무엇보다 아이의 자습능력에 좌우되기 때문에 아이의 학습의지가 부족하거나 부모가 꼼꼼히 챙겨주지 않으면 별로 효과를 보지 못합니다. 따라서 부모가 얼마나 도와줄 수 있는지를 따져 학습지를 선택해야 합니다.

영어공부를 학습지 위주로 할 때의 가장 큰 문제는 영어에 노출되는 시간이 매우 짧다는 것입니다. 방문교사가 정기적으로 와서 지도를 하기는 하지만 시간상 한 아이를 꼼꼼하게 지도하기 힘든 것이 현실이죠.

어린아이들은 오랜 시간 지속적으로 영어에 노출되지 않으면 영어를 자연스럽게 습득할 수 없습니다. 그리고 매일 똑같은 책과 교구를 접하다 보면 아이들은 싫증을 내기 마련이고 결국 교재만 비싸게 구입한 꼴이 되기 쉽습니다.

또한, 학습지만으로 듣기, 말하기, 읽기, 쓰기 모두를 골고루 익히는 것은 불가능합니다. 특히, 말하기는 누군가와 대화하며 소통을 해야 실력이 느는 분야죠.

영어학습지는 파닉스와 단어 익히기 쪽으로는 어느 정도 도움이 되지만, 주 교재가 아니라 부족한 부분을 보충해주는 보조수단으로서 활용하는 게 좋습니다. 아이가 읽기를 잘 못하면 그 부분을 보충해줄 수 있는 학습지를 선택하세요. 고학년 아이라면 영어문법을 익힐 수 있는 학습지를 선택하면 됩니다. 그리고 방문교사에게 구체적으로 어느 부분에 집중해달라고 요청하는 것이 모든 분야의 실력 향상을 요구하는 것보다 더 효과적입니다. 단순하고 분명한 목표일수록 성취할 가능성이 높아지는 법이니까요.

Q9 미국영어교과서에 대해 알려주세요.

미국영어교과서에는 전문가들이 검증한 읽을거리가 다양하게 수록되어 있기 때문에 읽기 자료로서 매우 훌륭합니다. 하지만 가르치는 사람이 그것을 잘 활용해 가르칠 능력이 있는지, 아이가 교과서의 내용을 충분히 소화해낼 수 있는지가 미국영어교과서 활용의 관건입니다.

미국영어교과서는 영어가 모국어인 미국 아이들을 위해 개발된 것입니다. 내용은 같은 연령대의 우리나라 아이들이 소화할 수 있지만 사용된 언어의 수준은 우리 아이들에게는 어렵습니다. 또한, 주제 토론과 조사, 보고서 쓰기, 팀 프로젝트 등의 활동이 주를 이루기 때문에 이제 영어 걸음마를 뗀 아이들에게 적용하기에는 거의 불가능합니다. 따라서 굳이 값비싼 미국영어교과서를 구입하기보다는 아이의 수준에 맞는 영어동화책을 한 권 구입해 읽히는 것이 경제적으로나 교육적으로 이득입니다.

미국영어교과서로는 맥그로힐(McGrow-Hill) 출판사에서 나온 〈Treasures〉와 스컬래스틱(Scholastic) 출판사에서 나온 〈Literacy Place〉가 유명하고, 그밖에 휴튼 미플린(Houton Mifflin) 출판사나 하코트(Harcourt) 출판사 등에서 만든 여러 교과영역의 교과서가 있습니다.

Q10 단어는 어떻게 외우게 하나요?

단어를 외운다는 것은 철자(스펠링), 의미, 소리 이 세 가지를 모두 외운다는 것입니다. 아이들에게 철자를 외우게 할 때는 일단 영어공책에 써보게 하는 것이 가장 효과적입니다. 하지만 한 단어를 10번씩 쓰라고 하면 철자법의 규칙이나 의미는 생각하지 않고 기계적으로 횟수 채우기에만 급급할 수 있습니다. 그리고 단어를 쓸 때는 철자 하나하나를 읽으면서 쓰지 않게 해야 합니다. 무슨 단어를 쓰든 단어를 통으로 소리 내어 읽으면서 반복해서 쓰는 습관을 들이게 하세요. (예: cat을 쓴다면 '씨-에이-티'로 읽지 말고 '캣'으로 소리 내면서 쓰게 합니다.)

시중에 나와 있는 단어장을 사서 외우거나 하루에 무조건 단어 10개씩 외우는 방법은 효과적이지 않습니다. 그렇게 외운 단어는 금방 까먹기 마련입니다. 또한, 막상 글을 읽거나 쓰거나 말할 때 활용도도 떨어집니다.

단어를 외우는 가장 좋은 방법은 책에서 본 단어로 아이가 직접 단어장이나 My Dictionary를 만드는 것입니다. 단어장을 만들 때는 우리말 뜻을 적지 말고 동화책에 나온 예문을 적게 하세요. 그리고 아이가 단어를 오랫동안 기억하게 하려면 단어를 누적해서 반복적으로 외우게 해야 합니다.

Q11 동화를 읽을 때 우리말로 번역해줘야 하나요?

아이가 영어동화를 읽을 때 처음에는 영어의 리듬 자체에 집중하게 해야 합니다. 한 문장 한 문장 우리말로 번역하면서 읽으면 동화의 재미가 떨어질 뿐만 아니라 아이가 익숙한 우리말에 자꾸만 의존하려 들기 때문에 영어를 받아들이는 속도가 느려질 수 있습니다.

책을 읽다가 아이가 무슨 뜻인지 알고 싶어하면 주저 말고 그 뜻을 가르쳐줘야겠지만, 그렇지 않다면 영어의 흐름을 끊지 말고 처음부터 끝까지 읽게 하세요.

그리고 대부분의 그림동화는 굳이 우리말로 해석하지 않아도 그림을 보면서 내용을 추측할 수 있습니다. 따라서 우리말로 일일이 해석해주기보다는 그림에 대해 영어로 묻고 대답하는 방식으로 내용의 이해를 돕는 게 더 효과적입니다.

그림동화에서 한 단계 나아가 글 위주로 된 영어동화를 읽힌다면 아이에게 사전 찾는 법을 가르쳐준 다음 모르는 단어가 나올 때 그 뜻을 아이 스스로 파악하게 하면 됩니다.

아이가 내용을 이해하고 있는지 확인하고 싶으면 문장을 하나하나 해석시키기보다는 '그래서 주인공은 어디로 갔나요?'와 같은 질문을 하며 전반적인 내용을 묻는 것이 좋습니다.

Q12 네다섯 살 아이, 영어공부 어떻게 시켜야 하나요?

네다섯 살이면 표현과 어휘를 풍부하게 습득해가는 중요한 시기라고 볼 수 있습니다. 영어보다는 우리말 습득에 치중하면서 대화와 책 읽기를 통해 아이의 지적능력을 키우는 데 주력하세요. 영어실력이 좋은 아이라 한들 이제 네다섯 살인 아이가 영어를 잘하면 얼마나 잘하겠습니까? 하지만 사고력이 뛰어난 아이는 나중에 영어를 배울 때 누구보다 효율적으로 빨리 학습할 수 있으며, 영어뿐만 아니라 다른 영역에서도 우수한 능력을 발휘할 수 있습니다. 그러므로 어린아이에게 우선순위가 무엇인지 잘 생각해봐야 합니다.

그렇다고 영어를 가르치는 것이 무의미하다는 뜻은 아닙니다. 다만, 이 시기에는 무엇을 가르치려고 하기보다는 놀이 등을 통해 일상생활에서 영어에 대한 호기심이나 친근감을 느끼게 해주는 것이 좋습니다. 영어로 된 그림책이나 동요, 방송 등에 자연스럽게 노출시켜 우리가 쓰는 말과 글 말고도 다른 말이 있다는 것을 아이 스스로 발견하게 하세요. 아이가 내용을 이해하지 못해도 상관없습니다. 아이들은 그냥 반복해서 읽는 과정에서 저절로 그 의미를 깨닫기도 한답니다.

또한, 아이의 관심도에 따라 차근차근 영어동요도 들려주고 어린이용 영어방송을 보여주세요. 하지만 영어에 노출시키는 시간을 확 늘리거나 본격적으로 영어공부를 시키겠다는 욕심은 내지 말아야 합니다. 그것보다는 건강과 정서적인 면을 채워주는 것이 나중에 영어를 비롯해 다른 공부를 하는 데 밑거름이 된다는 점을 잊지 마세요.

Q13 영어 듣기가 좀처럼 안 돼요.

영어를 제대로 알아듣지 못하는 이유는 영어에 충분히 노출되지 않았기 때문입니다. 어린이영어회화전문학원에서 외국인과 영어대화를 정기적으로 주고받은 아이들을 보면 말을 알아듣지 못하는 경우가 드뭅니다. 그러나 집에서 혼자 학습지나 교재로 영어를 배운 아이들은 간단한 질문조차 알아듣지 못하는 때가 많습니다.

가능하면 부모와 영어로 대화를 많이 나누는 것이 가장 좋겠지만 그것이 어렵다면 오디오자료와 영어방송을 통해서라도 영어를 자주 듣게 해주세요.

Q14 발음이 나쁜 것은 어떻게 고칠까요?

아이의 발음이 나쁜 데에는 여러 가지 이유가 있습니다. 영어를 배우는 과정에서 주변 사람들로부터 잘못된 발음을 배웠거나 듣기를 잘못해서 그럴 수도 있습니다. 어린아이가 특정 발음을 부정확하게 한다면 아이의 구강구조가 덜 발달되었기 때문일 수도 있습니다. 또는 원어민 발음을 들어본 적이 없어서 발음이 좋지 않을 수도 있습니다.

그래도 아이들은 들리는 대로 발음을 쉽게 따라할 수 있기 때문에 오디오자료만 잘 활용해도 발음 문제는 쉽게 고칠 수 있습니다.

발음이 좋았던 아이가 학년이 올라가면서 발음이 나빠졌다면 또래의 영향일 수도 있는데요, 원래 발음이 좋았던 아이라면 일시적인 현상이므로 크게 걱정하지 않아도 됩니다. 지적을 받거나 좋은 발음의 필요성을 인식하게 되면 조금만 노력해도 고칠 수 있기 때문입니다.

문제는 고학년이 되어 처음 영어를 배우는 아이가 발음을 잘하려고 노력하지 않는 경우입니다. 영어를 늦게 시작했더라도 본인이 조금만 노력하면 좋은 발음을 가질 수 있는데도, 자의식이 강하거나 튀는 게 싫어서 혀를 굴리는 것을 꺼려 발음이 나쁠 수 있습니다. 처음부터 나쁜 발음으로 연습을 하면 습관이 되기 때문에 고치기도 매우 어려워집니다.

한편, 오디오자료 듣기를 소홀히 해서 발음이 부정확해지기도 합니다. 고학년 아이는 파닉스를 쉽게 터득하기 때문에 파닉스 규칙을 적용해 단어나 문장을 읽을 수 있습니다. 듣기자료를 충분히 듣지 않고 파닉스 규칙에만 의존해 발음하면 영어의 원래 발음을 학습하지 못할 수도 있고 부정확하거나 틀린 발음을 갖게 될 수도 있습니다. 즉, 나쁜 발음이 습관화되는 것입니다. 이렇게 나쁜 발음이 습관화되면 고치기가 매우 어렵습니다. 따라서 늦게 영어를 시작한 아이는 반드시 발음 연습에 주의를 기울여야 합니다.

오디오자료를 반복해서 듣고 꾸준히 따라 하는 것이 손쉽게 발음을 연습하거나 교정하는 방법입니다. 아이가 오디오자료를 듣고 그대로 따라 말하는 습관이 들도록 조금 번거롭더라도 부모님이 옆에서 함께 지켜봐주는 것이 도움이 됩니다.

Q15 '파닉스'라는 게 도대체 뭐죠?

파닉스(Phonics)란 하나하나의 알파벳이 어떤 소리를 내는지를 알고 그 소리를 조합해서 단어 읽는 법을 익히는 학습법입니다. 한마디로 영어 소리의 규칙을 배우는 것입니다. 예를 들어 b는 [브], a는 [아]나 [애], g는 [그]로 소리를 내며, 이 세 개의 소리를 조합해서 bag을 [백]으로 발음한다는 것을 이해하는 것입니다. 일반적으로 파닉스 학습은 자음(b,c,d…) → 단모음(a,e,i,o,u) → 이중모음(ae,ee,ie,oo,ue) → 이중자음(cr,br,bl…) 순으로 진행됩니다.

Q16 파닉스 학습과 관련해서 주의할 점은 무엇인가요?

파닉스는 글자 하나하나의 소리에 초점을 맞춰 조음 규칙을 가르치는 학습법입니다. 이것은 아이가 처음 보는 단어라도 조음 규칙을 적용하여 읽을 수 있도록 하는 데 그 목적이 있습니다. 예를 들어 bat, cat, fat, hat… 이런 식으로 첫소리만 다른 여러 단어를 주고 아이가 소리를 제대로 구별하도록 가르칩니다. 그러다보니 아이가 단어의 의미를 아는지 여부는 그다지 중요하지 않게 됩니다. 그저 아이가 읽을 수만 있으면 됩니다.

그러나 어린아이에게 단어의 의미를 가르치지 않고 단순히 발음규칙만을 연습시키는 것은 바람직하지 않습니다. 파닉스를 학습할 때는 아이가 단어를 의미와 함께 익히도록 도와주세요.

Q17 파닉스를 공부했는데도 아이가 단어를 읽지 못해요.

한글의 언어 체계를 이해하는 초등학교 고학년 아이들은 파닉스를 빨리 이해하고 받아들입니다. 중학생들은 단 며칠 만에 파닉스 체계를 다 터득합니다.

하지만 아이가 어릴수록 파닉스 학습의 효과는 금방 나타나지 않습니다. 우리말과 비교해서 가르친다 해도 아이가 우리말의 글자와 소리규칙을 분석적으로 이해하지 못하면 큰 효과를 볼 수 없습니다. 특히, 미취학 아동의 경우 파닉스 교재를 다 끝냈는데도 아이가 단어를 읽지 못하는 것을 흔히 볼 수 있습니다.

영어의 글자와 소리규칙은 간단히 터득할 수 있는 것이 아닙니다. 우리말은 글자 하나에 소리가 하나로 고정되어 있지만 영어는 글자와 소리가 고정되어 있지 않기 때문입니다. 예를 들어 g는 gum에서 쓰일 때와 danger에서 쓰일 때 나는 소리가 다릅니다. 당연히 일련의 규칙을 찾아내는 것이 그리 쉬운 일은 아닙니다. 하물며 언어를 분석이 아닌 반복을 통해 습득한 아이들이 언어의 규칙을 분석적으로 이해하는 것은 버거운 일입니다.

어떤 아이는 파닉스 체계를 금방 받아들이기도 하지만 유난히 받아들이는 것이 느린 아이도 있습니다. 그렇다고 해서 그 아이가 학습능력이 남보다 뒤떨어진다고 말할 수는 없습니다. 글자를 시각적으로 빨리 받아들이는 능력과 말을 잘하는 것은 다른 문제입니다. 말은 시각보다는 청각과 더 관련이 깊다고 볼 수 있습니다. 예를 들어 한글을 늦게 깨우쳐도 우리말을 훌륭하게 구사하는 아이는 참 많죠. 따라서 파닉스를 했는데도 아이가 단어를 읽지 못한다고 해서 너무 조급해할 필요는 없습니다. 꾸준히 노력하다보면 시간이 흐르면서 자연스럽게 해결될 문제입니다.

Q18 소리의 규칙을 익히려면 어떻게 해야 하나요?

아이가 글자와 소리의 체계를 금방 인식하지 못한다면 '통문자 학습법'을 하는 것이 좋습니다. 통문자 학습법은 파닉스 학습과는 대비되는 개념으로, 먼저 단어를 눈에 익히고 소리를 내보다가 다른 단어들과의 공통점을 발견하는 과정에서 결국 글자 하나하나의 소리를 인식하게 만드는 방법입니다. 즉, 파닉스는 알파벳 한 자 한 자로부터 시작하는 것이고, 통문자 학습법은 단어로부터 시작하는 것입니다.

통문자 학습법으로 가장 적절한 방법은 단어 카드를 이용하는 것입니다. 단어 카드를 만들어 아이에게 보고 읽게 합니다. 이때 중요한 것은 그 단어의 의미를 이미지로 아이에게 인식시키는 것입니다.

예를 들어 아이가 bag이라는 단어를 익힐 때 '가방'이라고 해석해주지 말고 가방 그림을 보여주며 bag의 뜻을 머릿속에서 바로 이미지를 떠올려 단어를 외우게 하는 것입니다. 즉, 단어의 철자와 그 의미를 모두 이미지로 외우게 하는 거죠. 이런 식으로 인지할 수 있는 단어가 늘어나면 어느 순간 그 글자들의 공통점을 인식하게 되고 결국 새로운 단어를 읽을 수 있게 됩니다. 그림영어사전을 이용하거나 아이가 직접 그림을 그려 단어장을 만드는 것이 도움이 됩니다.

마지막으로 '시간'과 '노력'이 모든 것의 열쇠라는 것을 기억해야 합니다. 시간과 노력을 들인 만큼 성공합니다. 충분한 시간을 투자하지 않고 노력 없이 열매를 거두려고 하면 실패합니다.

Q19 아이와 함께 공부할 코스북을 추천해주세요.

코스북(Course Book)이란 회화학습을 위해 개발된 교재를 말합니다. 주로 단계별로 Student Book(학생용 교재)과 Workbook(연습문제집), 또는 Activity Book(활동책)으로 구성되어 있습니다. 그밖에 교사용 매뉴얼이 있지만 교실 상황에 맞춰져 있기 때문에 엄마들에게 활용도가 낮습니다.

적절한 코스북을 추천하는 것은 쉽지 않은 일입니다. 사람에 따라 책의 취향도 다르고 활용법도 달라서 나는 좋아하지만 남들에게는 탐탁지 않을 수도 있기 때문입니다. 예를 들어 어떤 사람은 〈New Parade〉나 〈New Smile〉과 같은 코스북을 좋아합니다. 이런 책은 주제별로 구성되어 있기 때문에 가르치는 사람의 재량에 따라 하나의 주제로부터 시작해 다양한 단어와 표현으로 살을 붙일 수 있는 여지를 주죠.

하지만 어떤 사람들은 그림마다 구체적인 대사나 지시문이 주어져 있지 않으면 어떻게 시작해야 할지 모르기 때문에 주제만 주고 가르치라고 하면 부담스러워합니다. 이런 경우에는 〈Let's Go〉 시리즈나 〈Up and Away in English〉와 같은 문장표현 위주의 교재가 적당합니다. 이런 교재들은 그림마다 구체적인 질문과 대답이 주어져 있으므로 그대로 연습하면 됩니다.

다만, 코스북으로만 연습한 아이들은 고정된 질문과 대답 이외에 의견이나 생각을 묻는 질문에 대한 응용력이 떨어질 수 있다는 것이 단점으로 지적될 수 있습니다. 그리고 코스북은 학원이나 학교에서 활동하는 영어교육 전문가를 위해 개발된 교재기 때문에 전문적인 지식이 없으면 학습효과를 크게 기대할 수 없습니다.

만약 코스북으로 아이와 영어공부를 하고 있다면 동화책을 함께 읽으면서 다양한 어휘와 표현을 가르쳐줄 필요가 있습니다. 유치원에 다니는 아동이라면 코스북보다는 〈Learn to Read 런투리드〉 시리즈 같은 동화를 활용하는 것이 훨씬 효과적입니다.

Q20 6학년 아이, 중학교 영어 어떻게 준비해야 하나요?

6학년 아이를 가진 부모들이 한결같이 궁금해하는 질문입니다. 이제 영어회화를 시작하려니 너무 늦은 것 같고, 문법공부를 시키자니 듣기나 말하기를 등한시하게 될까 봐 걱정이고, 그렇다고 문법을 무시하자니 중학교에 가서 공부를 따라갈 수 있을까 걱정이 된다는 부모님들이 많습니다.

학교에서 하는 영어수업 외에 따로 영어를 공부한 적이 없는 아이라면 일단 오디오자료 듣기와 책 읽기를 권합니다. 예를 들어 〈Start with English Readers〉 시리즈 중 수준에 맞는 책을 선택해 외울 정도로 여러 번 반복해서 테이프를 듣고, 책을 읽게 하세요. 이렇게 하면 자연스러운 발음과 기본적인 영어표현을 어느 정도 익힐 수 있습니다. 또한, 이런 기초공사를 한 후에 문법공부를 시작해야 효과가 있습니다. 만약 다급한 마음에 문법과 독해 중심의 중학예비학원을 보내면 좋은 발음과 말하기 능력을 습득할 기회를 놓칠 수 있습니다.

Q21 6학년 아이, 중학교 영어문법과 단어 공부는 어떻게 하나요?

먼저 쉬운 문법책과 그림영어사전을 활용해 기본 문장구조와 단어를 익히게 하세요. 원서가 부담스럽다면 중학교 영어교과서를 미리 구해 교과서 내용대로 단어와 문법, 읽기와 말하기를 공부하는 것도 좋습니다. 사실, 영어의 기본은 중학교 교과서에 다 있다고 해도 과언이 아닙니다. 초등학교 6학년 정도면 중학교 1학년 교과서에 나오는 표현을 다 외우는 것도 가능합니다. 중학교 교과서 단어를 공부할 때 서점에서 판매하는 단어장을 별도로 구입하지 말고 교과서 본문에 나온 단어를 바로바로 외우게 하세요. 자신의 단어장을 만드는 것도 좋은 방법이지만, 자칫 단어장을 예쁘게 꾸미는 데 초점이 맞춰질 수도 있으니 본질을 잊지 않게 해야 합니다. 그리고 단어를 외울 때는 앞서 외운 것을 잊지 않도록 반복해서 암기하게 하세요.

영어의 기본이 갖춰진 아이라면 〈Essential Grammar in Use〉로 문법을 공부시키면 좋습니다. 이와 병행해서 아이에게 좀 더 도전이 될 만한 읽기 교재를 선택해 읽게 하는 것도 좋은 방법입니다.

Q22 아이가 영어에 흥미가 없는데, 어떻게 해야 하나요?

영어 때문에 스트레스를 지나치게 받으면 아이는 영어에 흥미를 잃을 수 있습니다. 아이의 특성에 잘 맞지 않는 잘못된 학습방법을 적용했을 때 아이는 스트레스를 받게 되죠. 특히, 고학년이나 성인에게 적합한 학습방법을 유치원생이나 저학년 아이에게 무작정 적용했다가 부작용이 일어난 사례는 정말 많습니다. 어린아이에게 무작정 '귀가 뚫릴 때까지' 억지로 영어를 듣게 한다든지 하루에 수십 개의 단어를 기계적으로 외우게 하면 효과도 없고 영어에 대한 부담감만 심어주게 됩니다. 아이의 성격과 나이에 적합한 학습방법을 찾아 영어에 재미를 붙여주는 것이 무엇보다 중요합니다.

또, 다른 흥밋거리 때문에 영어 자체에 관심이 없는 아이들도 있습니다. 컴퓨터 게임처럼 중독성이 강한 것에 빠질수록 낯설고 노력이 필요한 영어 같은 과목에 빨리 흥미를 잃어버리게 되죠. 이런 경우 영어에 대한 흥미를 심어주기가 쉽지 않습니다. 학원에 보내도 수업에 잘 집중하지 않고 별로 노력을 기울이지 않기 때문입니다. 가능하면 초등학교 저학년까지는 컴퓨터 게임에 노출되지 않게 하는 것이 좋습니다. 그리고 아이가 학습 부담을 느끼지 않으면서 영어가 재미있는 과목이라는 생각을 가질 수 있게 도와주세요. 만약 아이가 공룡을 좋아한다면 공룡이 등장하는 쉬운 영어 애니메이션이나 영어책을 보여주는 것도 하나의 방법이 될 수 있습니다. 또한, 영어를 배워야겠다는 강한 동기를 심어줄 수 있는 기회를 제공해주세요. 예를 들면 외국으로 여행을 가거나 외국인과 만나게 하는 등 부모의 적극적인 노력이 필요합니다.

Q23 우리 아이는 영어에 자신감이 없어요.

아이들은 자신이 잘 하는 일을 하는 것을 좋아합니다. 예를 들어 자신이 잘 읽을 수 있는 동화는 책이 닳도록 읽지만 새로운 동화책은 거부하는 아이들이 많습니다. 지적을 받았거나 영어를 못한다고 혼난 경험이 있는 아이는 영어에 자신감을 잃고, 심하게는 거부반응을 보이기도 합니다. 자신감을 갖기 위해서는 성공의 경험이 필요합니다. 즉, 아이 혼자서 무엇인가를 시도하여 좋은 결과를 얻었거나 성공적으로 해내게 된다면 아이는 자신감을 가질 수 있습니다. 이를 위해 가장 좋은 것은 아이의 수준에 맞는 동화책을 골라 반복해서 읽게 하는 것입니다. CD가 있는 책이면 더욱 좋습니다. CD를 여러 번 들려주어 아이의 귀에 소리가 익숙해지게 만듭니다. 그러고 나서 아이에게 매일 한 페이지씩 소리 내어 읽게 하고(매일 한 페이지씩 늘려가며 오버랩해 읽히세요) 책을 읽을 때 칭찬을 많이 해주세요. 아이가 혼자서 읽을 수 있는 영어책이 늘어나면 영어에 대한 자신감도 커지게 될 것입니다.

Q24 아이의 영어실력이 도통 늘지 않아요.

'아이의 영어실력이 늘지 않는다'는 결과가 어떤 근거에서 나온 것인지 먼저 생각해보면 어떨까요? '다른 아이들에 비해서' 또는 '더 잘할 수 있는데'라는 단서가 붙지는 않나 말이죠. 그리고 아이의 나이나 학습능력에 비해 부모님의 기대치가 너무 높지 않은가도 생각해봐야 합니다. 오늘 배웠다고 내일 바로 아이들의 실력이 느는 것이 아닙니다. 아이들의 영어실력은 계단식으로 발전합니다. **빠른 속도로 발전하는 듯하다가 한동안 멈춰서 있다가 다시 어느 순간 실력이 급상승하기도 합니다.** 그러니 아이의 실력에 대해서는 조급한 마음을 버리고 인내심을 갖고 지켜봐야 합니다.

하지만 아이의 영어가 발전하는 속도가 객관적 기준으로 봤을 때도 너무 느리거나 오랫동안 전혀 나아지고 있지 않다면 아이의 마음 상태나 학습법 등을 점검해봐야 합니다.

먼저 아이가 영어에 아예 흥미가 없으면 영어실력이 전혀 늘지 않을 수도 있습니다. 학원에서는 시간만 때우고, 집에서는 엄마에게 보이기 위해 건성으로 영어공부를 하고 있지 않은지 살펴보세요. 이런 아이는 적절하게 동기를 부여해 공부할 의지를 북돋아줘야 합니다.

또한, 아이의 성격이나 특성에 맞는 학습법을 선택하는 것도 중요합니다. 아이의 실력을 늘리겠다며 이것저것 학습법을 자주 바꾸는 것은 곤란합니다. 그리고 아이가 영어를 쓸 때 우리말에 심하게 의존하고 있지 않은지, 단어로만 말하는 습관이 들어 있지는 않은지도 살펴봐야 합니다. 아무래도 우리말이 영어보다 편하기 때문에 영어를 공부할 때나 책을 읽을 때 영어로 의미를 파악하기보다는 머릿속에서 우리말로 해석을 하는 습관이 들었을 수 있습니다. 이런 경우, 영어로 말하고 쓰는 연습을 꾸준히 시켜야 합니다.

Q25 LAD(언어습득장치)가 무엇인가요?

LAD(Language Acquisition Device)를 우리말로 옮기면 '언어습득장치'입니다. 언어학자 촘스키(Chomsky) 박사가 제안한 가설이죠.

인간은 LAD 덕분에 모국어를 습득할 때 특별한 어려움 없이 자연스럽게 배울 수 있고, 남이 쓰는 말을 그대로 복사해서 사용하는 것이 아니라 창의적으로 새로운 문장을 만들어 낼 수 있다는 주장입니다. 촘스키는 인간이 태어날 때부터 LAD를 가지고 태어나기 때문에 언어를 습득할 수 있다고 보았습니다. 또한, 이 LAD는 '설명할 수 없는 블랙박스'로서 인간이 연구의 대상으로 삼을 수 없는 것이라고 했죠.

문제는 조기영어교육을 찬성하는 사람들이 무턱대고 LAD 가설을 인용하면서 LAD가 완성되기 전인 4~5세 이전에 영어를 배워야 효과적으로 습득할 수 있다고 주장하는 것입니다. 원래 LAD는 모국어 습득에 관한 이론이며 외국어 습득과 관련해서는 지금까지 과학적으로 검증된 바가 없습니다. 그런데도 LAD가 몇 세 때 완성되고 몇 세 때 쇠퇴한다는 식의 주장이 우리나라에서 무분별하게 받아들여져 마치 정설처럼 신봉되고 있습니다.

하지만 모국어가 아닌 외국어를 습득하는 과정은 하나의 가설로서 설명할 수 없습니다. 예를 들어 사춘기가 되어 LAD가 쇠퇴하는 것이라면 그 이후에 새로운 언어를 배우는 것은 불가능하다는 뜻이 됩니다. 그러나 성인이 돼서 영어를 배워도 영어를 훌륭하게 구사하는 사람들이 적지 않습니다. 필자 또한 중학교 때부터 영어를 배웠고 제대로 영어를 학습하기 시작한 것은 대학 이후부터입니다. 그럼에도 불구하고 외국인과 의사소통하는 데 크게 불편하지 않을 만큼 영어를 구사합니다.

새로운 언어를 얼마나 잘 습득하느냐는 그 언어에 노출되는 시간과 본인의 노력, 그리고 올바른 학습을 이끌어 낼 수 있는 환경에 의해 결정된다고 봅니다.

언어학을 제대로 공부한 사람이라면 우리나라 상황에 LAD 가설을 무턱대고 적용시키는 것이 얼마나 터무니없는 일인가를 알고 있습니다. LAD라는 전문용어를 들먹이며 영어공부의 시작은 빠를수록 좋다는 결론으로 몰고 가는 사람들을 보면 LAD가 무엇인지 제대로 모르는 경우가 많습니다. 그저 외국이론을 갖다 붙이면 사람들이 좀 더 믿을 거라고 생각하는 것 같습니다. 너무 일찍 시작해 부작용만 얻는 것보다는 아이의 나이와 수준에 맞춰 적당한 학습법으로 이끌어주는 것이 바람직합니다.

Q26 CLT(의사소통 중심 교수법)가 뭐죠?

1990년대 말부터 우리나라 영어공교육에 CLT(Communicative Language Teaching 의사소통 중심 교수법)라는 교수법을 적극적으로 적용하려는 노력이 본격적으로 이루어지면서 영어수업의 모습이 많이 바뀌고 있습니다. CLT라는 것은 아이들이 교사의 가르침에 의해 언어를 배우기보다는 또래 친구들과 교류하면서 자연스러운 의사소통 과정을 통해 점차적으로 말하고, 쓰고, 읽는 것을 배운다는 가설에 근거한 교수법입니다.

따라서 이 교수법에서는 교사보다는 아이 중심으로 커리큘럼을 운영하고, '가르치는' 교사의 역할보다 '아이들의 활동을 돕는' 교사의 역할이 더 강조됩니다. 또한, 언어 사용의 정확성보다는 유창성에 중점을 둡니다.

과거에는 문법 설명과 우리말 해석 중심으로 영어수업이 이루어졌다면 요즘 들어 그런 수업 방법은 구시대의 유물로 내몰리고 있습니다. 문법 자체에 대한 장황한 설명보다는 문법 지식을 말하기와 쓰기에 직접 적용시키는 데 초점을 맞추어 수업이 진행되고 있죠.

물론, 모든 영어수업이 CLT 방식으로 이루어지는 것은 아니지만 확실히 예전에 비해 새로운 수업방식이 도입되고 있는 것은 사실입니다. 게다가 이런 새 경향에 맞춰 영어시험 형태도 많이 바뀌고 있습니다. 예전에는 문법 지식을 묻는 문제가 시험에 많이 나왔지만 이제는 전체 단락을 이해하고 요지와 주제를 묻는 문제가 주를 이루죠.

Q27 외국어를 배우는 결정적 시기라는 게 있나요?

'결정적 시기'란 언어를 쉽게 습득할 수 있는 생물학적 시기로, 그 시기가 지나면 언어 습득이 어렵거나 불가능해지는 시기를 말합니다. 결정적 시기가 있다는 주장은 원래 모국어 습득과 관련해서 제기된 가설이었습니다. 그러다가 외국어 습득과 관련해서도 결정적 시기가 있는지를 놓고 많은 논의와 연구가 진행됐습니다. 고전적 학자들은 외국어 습득의 결정적 시기가 사춘기 즈음이며 이 시기 이후에는 외국어 습득이 어렵다고 주장합니다. 어떤 사람들은 그것보다 좀 더 빠른 7세 전후를 결정적 시기로 보는 사람도 있습니다. 많은 연구가 지속적으로 이루어졌지만, 사실 뚜렷하게 어느 시기를 결정적 시기로 봐야 하는지 밝혀진 바는 없습니다.

다만, 현재까지의 연구결과에 따르면 발음 면에서는 확실히 어린아이들이 유리하다는 점을 부인할 수 없습니다. 하지만 발음을 제외하고는 결정적 시기는 없다고 봐야 한다는 것이 많은 학자들의 결론입니다. 또한, 학자들은 발음이 언어 습득의 완성도를 결정하는 절대적인 기준이 될 수 없다고 강조합니다. 발음이 원어민 수준일 필요도 없으며, 발음보다는 어휘력과 표현력, 배경지식 등이 대화를 지속시키는 데 있어 더 중요한 요소로 간주되고 있습니다. 따라서 아직도 결정적 시기라는 말에 휘둘려 우리말도 제대로 못하는 아이에게 영어를 가르치겠다고 엄마와 아이 모두 스트레스를 받을 필요는 없습니다. 시기에 너무 집착하지 말고 언제 시작하든 아이가 즐거운 마음으로 영어를 배울 수 있는 환경을 만들어주는 것이 더 중요합니다.

부록 ❷

아이들 교육자료 추천 목록

- 많은 전문가와 엄마들이 인정한 좋은 책을 단계별, 수준별로 분류해 제시했습니다.
- 아이들에게 권할 내용을 담은 비디오 & DVD를 제시했습니다. 전문가들이 추천하고 수많은 엄마들의 검증이 끝난 비디오 & DVD 목록입니다.

- 단계별 & 수준별 추천 교재 목록
- 추천 비디오 & DVD 목록

단계별 & 수준별 추천 교재 목록

■ 6세~초등 1학년 추천 교재

Wee Sing 시리즈 위 씽 시리즈
- 출판사: Price Stern Sloan
- 내용소개: 영미권에서 많이 불리는 전래동요를 다양한 주제로 묶어 활용하기 쉽게 만든 노래책이다.
- 구성: 각 권 64쪽 내외 / 오디오 CD 포함 / DVD 구매 가능
- 대표작: 〈Wee Sing Children's Songs and Fingerplays〉〈Wee Sing Nursery Rhymes and Lullabies〉〈Wee Sing Mother Goose〉 등 10여 종

Go Away, Big Green Monster (Ed Emberley) 고 어웨이, 빅 그린 몬스터
- 출판사: Little, Brown and Company / 국내에서 〈노부영〉 시리즈로 판매되고 있다.
- 내용소개: 괴물의 얼굴 부분이 하나씩 사라지는 과정에서 eyes, nose, ears 등 신체 부위를 나타내는 단어를 익힐 수 있다.
- 구성: 32쪽 / 오디오 CD 포함

Eric Carle 그림동화 에릭 칼 그림동화
- 출판사: 여러 출판사에서 나와 있는데, 일부는 국내에서 〈노부영〉시리즈로 판매되고 있다.
- 내용소개: 콜라주 기법을 활용해 동물 등의 소재를 아름답게 그린, 쉽고 재미있는 동화책이다.
- 구성: 각 권 32쪽 내외 / 오디오 CD 포함
- 대표작: 〈Brown Bear, Brown Bear, What Do You See?〉〈Polar Bear, Polar Bear, What Do You Hear?〉〈The Very Hungry Caterpillar〉〈The Very Busy Spider〉 등

Winnie the Witch (Korky Paul, Valerie Thomas) 위니 더 위치
- 출판사: Oxford
- 내용소개: 마녀 Winnie의 재미있는 마법이야기를 아름다운 그림과 함께 다루고 있다.
- 구성: 32쪽 / 오디오 CD 포함

Five Little Monkeys 시리즈 (Eileen Christelow) 파이브 리틀 몽키스 시리즈
- 출판사: Sandpiper / 국내에서 〈노부영〉 시리즈로 판매되고 있다.
- 내용소개: "다섯 마리의 원숭이 Five Little Monkeys"라는 유명한 라임(rhyme)을 이야기로 각색했다.
- 구성: 각 권 32쪽 내외 / 오디오 CD 포함

We're Going on a Bear Hunt (Michael Rosen, Helen Oxenbury)
위어 고잉 온 어 베어 헌트

- ▶ 출판사: Margaret K. McElderry Books / 문진영어동화 〈My Little Library〉
- ▶ 내용소개: 주인공 가족이 곰 사냥을 떠나는 흥미진진한 과정을 다루고 있다. 의성어와 전치사 등을 익힐 수 있다.
- ▶ 구성: 40쪽

Seven Blind Mice (Ed Young) 세븐 블라인드 마이스

- ▶ 출판사: Philomel Books / 국내에서 〈노부영〉 시리즈로 판매되고 있다.
- ▶ 내용소개: 일곱 마리 눈먼 생쥐들이 코끼리를 만지면서 각자 다른 모습으로 코끼리를 묘사한다.
- ▶ 구성: 40쪽 / 오디오 CD

Chicka Chicka Boom Boom (Bill Martin Jr.) 치카 치카 붐 붐

- ▶ 출판사: Beach Lane Books / 국내에서 〈노부영〉 시리즈로 판매되고 있다.
- ▶ 내용소개: 알파벳 글자들이 코코넛 나무에 먼저 올라가려고 경쟁한다. 알파벳을 익히는 데 도움이 된다.
- ▶ 구성: 40쪽 / 오디오 CD

The Little Mouse, the Red Ripe Strawberry, and the Big Hungry Bear
(Don Wood, Audrey Wood) 더 리틀 마우스, 더 레드 라이프 스트로베리 앤 더 빅 헝그리 베어

- ▶ 출판사: Child's Play International / 문진영어동화 〈My Little Library〉
- ▶ 내용소개: 작은 생쥐가 맛있는 딸기를 배고픈 곰으로부터 숨기기 위해 온갖 노력을 다한다.
- ▶ 구성: 32쪽

Learn to Read 시리즈 런투리드 시리즈

- ▶ 출판사: CTP
- ▶ 내용소개: 수, 색깔, 모양, 동물, 가족 등 다양한 주제별로 기본 단어를 익힐 수 있을 뿐만 아니라 영어의 문자해독 능력을 길러 읽기와 쓰기의 기초를 다질 수 있는 읽기 교재다.
- ▶ 구성: 난이도에 따라 1단계(8쪽), 2단계(16쪽), 3단계(런투리드 플러스)로 나눌 수 있고, 교과 영역별로는 언어, 사회, 수리, 과학탐구영역으로 나눌 수 있다.
- ▶ 대표작: 〈How Many?〉 〈What's in My Pocket?〉 〈Cinderella Dressed in Yellow〉 〈Where's Your Tooth?〉 〈All Through the Week with Cat and Dog〉 〈Down on the Farm〉 〈Round and Round the Seasons Go〉 〈We Can Eat the Plants〉 〈Mr. Noisy's Helpers〉

Hello Reader Science 시리즈 헬로 리더 사이언스 시리즈

- ▶ 출판사: Scholastic
- ▶ 내용소개: 이야기를 통해 과학탐구영역의 여러 개념과 지식을 익힐 수 있다.
- ▶ 구성: 각 권 32쪽 내외 / 오디오 테이프 포함
- ▶ 대표작: 〈I'm a Caterpillar〉 〈I Am Snow〉 〈I'm a Seed〉 〈I Am Water〉

World Window 시리즈 월드 윈도우 시리즈

- ▶ 출판사: National Geographic
- ▶ 내용: 과학과 사회교과과정의 기본적인 내용을 다룬 논픽션(실화) 시리즈로 과학과 사회분야의 기초 필수 어휘를 익힐 수 있다.
- ▶ 구성: 난이도에 따라 1단계, 2단계, 3단계로 나뉘며 각 단계는 책 5권과 오디오 CD로 구성되어 있다.
- ▶ 대표작: 〈Weather〉 〈Senses〉 〈Seasons〉 〈Solids, Liquids, and Gases〉

〈키드명작동화〉 시리즈

- ▶ 출판사: Addison-Wesley / 문진미디어에서 수입, 재구성하여 〈키드명작동화〉라는 이름으로 판매하고 있다.
- ▶ 내용소개: 〈아기돼지 삼형제〉, 〈토끼와 거북이〉같은 친숙한 전래동화를 소개하고 있다.
- ▶ 구성: 총 8권 / 각 권 16쪽 내외 / 연극대본과 오디오 테이프 포함
- ▶ 대표작: 〈Goldilocks and the Three Bears〉 〈The Gingerbread Man〉 〈The Three Little Pigs〉 〈The Farmer and the Beet〉 〈The Rabbit and the Turnip〉

Scholastic First Picture Dictionary 스컬래스틱 퍼스트 픽쳐 딕셔너리

- ▶ 출판사: Cartwheel Books
- ▶ 내용소개: 아이들 눈에 보이는 사물들의 이름을 생생한 그림과 함께 소개하고 있다. 페이지 구성이 흥미롭고, 유치원생부터 초등학생용으로 적합하다.
- ▶ 구성: 92쪽

Hello Reader: Level 1 ~ Level 3 헬로 리더: 레벨 1~3

- ▶ 출판사: Scholastic
- ▶ 내용소개: 언어, 과학, 사회, 수학 등 주요 교과영역의 다양한 내용을 소재로 만들어진 창작동화로 아이들이 책을 읽으면서 많은 어휘와 표현을 익힐 수 있다.
- ▶ 구성: 단계별로 30~40여 권으로 구성. 각 권 32쪽 내외 / 오디오 CD 포함
- ▶ 대표작: 〈Hiccups for Elephant〉 〈We Eat Dinner in the Bathtub〉 〈I Lost My Tooth〉 〈Recess Mess〉 〈My Messy Room〉

The True Story of the 3 Little Pigs (Jon Scieszka)
더 트루 스토리 오브 더 쓰리 리틀 피그스

- ▶ 출판사: Puffin Books
- ▶ 내용소개: 유명한 〈아기돼지 삼형제〉 이야기를 늑대의 관점에서 재미있게 각색한 창작동화로 아이의 창작력을 키우는 데 도움이 된다.
- ▶ 구성: 32쪽

Alexander and the Terrible, Horrible, No Good, Very Bad Day
(Judith Viorst) 앨렉샌더 앤 더 테러블, 호러블, 노우 굿, 베리 배드 데이

- ▶ 출판사: Atheneum Books for Young Readers
- ▶ 내용소개: 온종일 되는 일이 없다며 투덜대는 알렉산더라는 어린 소년의 일상을 그린 창작동화로 유머가 넘친다.
- ▶ 구성: 32쪽

The Rainbow Fish (Marcus Pfister) 더 레인보우 피시

- ▶ 출판사: NorthSouth / 문진영어동화 〈My Little Library〉
- ▶ 내용소개: 자신의 아름다운 비늘을 나눠주는 무지개 물고기의 이야기를 아름다운 그림과 함께 다룬 창작동화다.
- ▶ 구성: 24쪽

The Giving Tree (Shel Silverstein) 더 기빙 트리

- ▶ 출판사: HarperCollins Publishers
- ▶ 내용소개: 자신을 아낌없이 내준 나무와 한 소년과의 우정을 그린 동화로 유치원생뿐만 아니라 초·중고생, 성인까지 많은 연령대로부터 꾸준히 사랑받고 있다.
- ▶ 구성: 64쪽 / 오디오 CD

■ 초등 2학년 이상 추천 교재

Up and Away in Phonics: Level 1 & Level 2 (Terence G. Crowther)
업 앤 어웨이 인 파닉스: 레벨 1 & 2

- ▶ 출판사: Oxford University Press
- ▶ 내용소개: 흑백 그림으로 되어 있고, 체계적으로 파닉스를 익힐 수 있게 구성된 책이다. 〈Up and Away in English〉의 부교재지만 독립적으로 사용하기에도 적합하다.
- ▶ 구성: 각 권 44쪽 내외 / 오디오 테이프 포함

Scholastic Phonics A & B 스컬래스틱 파닉스 A & B

- 출판사: Scholastic
- 내용소개: 화려한 그림과 함께 체계적으로 파닉스를 익힐 수 있게 구성된 책이다.
- 구성: 각 권 270쪽 내외

Mr. Bug's Phonics 1 & 2 (Catherine Yang Eisele, Diana Sun, Richmond Hsieh)

미스터 벅스 파닉스 1 & 2

- 출판사: Oxford University Press
- 내용소개: 체계적으로 파닉스를 익힐 수 있게 구성된 책이다.
- 구성: 각 권 84쪽 내외 / 오디오 테이프 포함

Phonics Chapter Book 시리즈 파닉스 챕터북 시리즈

- 출판사: Scholastic
- 내용소개: 간단한 이야기로 파닉스를 익힐 수 있도록 구성된 챕터북 시리즈다.
- 구성: 총 6권. 각 권 32쪽 내외 / 오디오 CD 포함
- 대표작: 〈I Am Sam〉〈Fun with Zip and Zap〉〈A Lot of Hats〉

Start with English Readers: Level 1~Level 3

스타트 위드 잉글리시 리더스: 레벨 1~3

- 출판사: Oxford University Press
- 내용소개: 단계별로 단어 수를 제한한 읽기 교재다. 총 6단계로 구성되어 있으나 3단계까지만 읽어도 충분하다. 〈American Start with English〉의 부교재지만 독립적으로 사용하기에도 적합하다.
- 구성: 각 권 18쪽 내외 / 총 6단계, 20여 권 / 오디오 테이프 포함
- 대표작: 〈Mary and Her Basket〉〈The Bird and the Bread〉〈John and Paul Go to School〉〈The Big Race〉

Let's Go Picture Dictionary 렛츠 고 픽쳐 딕셔너리

- 출판사: Oxford University Press
- 내용소개: 일상생활에서 흔히 사용하는 975개의 어휘를 그림을 통해 배울 수 있게 만든 그림사전이다.
- 구성: 128쪽 / 오디오 테이프 포함

Classic Tales 시리즈 클래식 테일즈 시리즈

- 출판사: Oxford University Press
- 내용소개: 유명한 전래동화를 문법과 단어 수준에 따라 단계별로 재구성한 시리즈다.
- 구성: 각 권 23쪽 내외 / Beginner 두 단계, Elementary 세 단계. 총 20여 권 / 액티비티북과 오디오 테이프 포함

- 대표작: ⟨The Town Mouse and the Country Mouse⟩ ⟨The Fisherman and His Wife⟩

Jazz Chant Fairy Tales 재즈 챈트 페어리 테일즈
- 출판사: Oxford University Press
- 내용소개: ⟨Little Red Riding Hood⟩, ⟨Chicken Little⟩ 등 유명한 전래동화 8개를 재즈 리듬에 맞추어 재구성한 챈트 모음집이다.
- 구성: 120쪽 / 오디오 테이프 포함

Grammar Time: Level 1 & Level 2 그래머 타임: 레벨 1 & 2
- 출판사: Longman
- 내용소개: 초등학생들이 쉽고 재미있게 문법 개념을 익힐 수 있도록 구성한 문법입문서다.
- 구성: 각 권 80쪽 내외 / 총 4단계

Grammar Starter~Grammar Three 그래머 스타터~그래머 쓰리
- 출판사: Oxford University Press
- 내용소개: 초등학생들이 다양한 활동을 통해 문법 개념을 익힐 수 있도록 구성한 문법교재다.
- 구성: 각 권 80쪽 내외 / 총 4단계

Essential Grammar in Use 이센셜 그래머 인 유즈
- 출판사: Cambridge University Press
- 내용소개: 예문을 통해 문법 개념을 설명하고, 많은 연습문제를 풀면서 문법 개념을 익히게 구성한 교재. 초등학생부터 성인까지 다 볼 수 있으며, 가장 인기 있는 문법서 중 하나다.
- 구성: 320쪽 내외

I Can Read Book 시리즈 아이 캔 리드 북 시리즈
- 출판사: HarperCollins Children's Books
- 내용소개: Arnold Lobel 등 유명한 동화작가들의 작품을 모은 창작동화 시리즈로, 풍부한 어휘 습득과 독해력 향상에 도움이 된다.
- 구성: 각 권 60쪽 내외 / 총 4단계
- 대표작: ⟨Frog and Toad Are Friends⟩ ⟨Frog and Toad Together⟩ ⟨Owl at Home⟩ ⟨Mouse Soup⟩ ⟨Harry and the Lady Next Door⟩ ⟨Amelia Bedelia⟩

Magic Tree House 시리즈 매직 트리 하우스 시리즈
- 출판사: Random House Children's Books
- 내용소개: 마법의 나무 위에 지어진 오두막집에서 다른 시대와 지역을 직접 가보면서 역사적 사실을 체험하는 아이들의 모험을 그린 동화책이다.
- 구성: 각 권 80쪽 내외 / 이야기책 약 30권, 리서치 가이드 9권

Oxford Bookworms Library 시리즈 옥스포드 북웜즈 라이브러리 시리즈

- 출판사: Oxford University Press
- 내용소개: 유명한 고전을 단어와 문장 수를 제한하여 읽기 쉽게 각색한 동화책 시리즈로, 풍부한 어휘 습득과 독해력 향상에 도움이 된다.
- 구성: Level 1(400단어) ~ Level 6(2,500단어) / 오디오 CD 포함
- 대표작: 〈The Adventures of Tom Sawyer〉〈Alice's Adventures in Wonderland〉〈Huckleberry Finn〉

Happy Readers 시리즈 해피 리더스 시리즈

- 출판사: Happy House
- 내용소개: 유명한 고전과 명작동화를 쉬운 단어와 문장구조로 재구성하여 아이들이 흥미를 갖고 읽을 수 있게 했다. 같은 내용으로 한글 설명이 있는 〈행복한 명작 읽기〉 시리즈도 있다.
- 구성: Basic(250단어) ~ Level 5(1,000단어) / 오디오 CD 포함

National Geographic Theme Sets 내셔널 지오그래픽 씸 세트

- 출판사: National Geographic
- 내용소개: 태양계, 동물의 생활사, 날씨와 기후 등의 주제를 풍부한 사진 자료와 함께 상세하게 다룬다.
- 구성: 각 권 32쪽 내외 / 총 4단계 / 워크북과 오디오 CD 포함

TCM Science Readers: Level 1~Level 2 티씨엠 사이언스 리더스: 레벨 1~2

- 출판사: Teacher Created Materials
- 내용소개: 물리, 지구과학, 생명과학 등 초등학교 과학교과과정에서 취급하는 필수 주제들을 다루고 있다. 어려운 편이므로 1단계와 2단계만 읽어도 충분하다.
- 구성: 총 6단계 / 각 단계는 책 9권과 CD로 구성되어 있다.
- 대표작: 〈Sun〉〈Senses〉〈Planets〉〈Earth〉〈Liquids〉〈Solids〉〈Gases〉

The Magic School Bus 시리즈 (Joanna Cole) 더 매직 스쿨 버스 시리즈

- 출판사: Scholastic
- 내용소개: Ms. Frizzle 선생님과 마법의 스쿨버스를 타고 바닷속, 사람의 몸속, 우주, 땅속 등 여러 곳을 여행하며 과학지식을 배운다는 이야기다. 다양한 과학지식과 어휘를 넓히는 데 도움이 된다. 국내에 챕터북(Chapter Book)이 많이 나와 있지만, 그것보다는 그림이 많은 페이퍼백(Paperback 보급판)이 좋다.
- 구성: 각 권 90쪽 내외 / 오디오 CD, DVD
- 대표작: 〈Inside the Earth〉〈Inside the Human Body〉〈Lost in the Solar System〉

Focus on Science 시리즈 포커스 온 사이언스 시리즈
▶ 출판사: Steck-Vaughn
▶ 내용소개: 다양한 과학지식을 연습문제와 함께 소개하고 있다. 독해력과 어휘실력 향상에 도움이 된다.
▶ 구성: 각 권 100쪽 내외 / 총 6권

Picture Stories (Fred Ligon, Elizabeth Tannenbaum) 픽쳐 스토리즈
▶ 출판사: Longman
▶ 내용소개: 만화로 사건을 구성해놓고 그 사건을 영어로 묘사하도록 연습문제를 제공한다. 글쓰기 연습에 많은 도움이 된다. 이 책 외에도 〈More Picture Stories〉가 있다.
▶ 구성: 121쪽

Very Easy True Stories (Sandra Heyer) 베리 이지 트루 스토리즈
▶ 출판사: Addison-Wesley
▶ 내용소개: 신문이나 잡지에서 재미있는 여러 이야기를 모아 쉬운 문장구조와 단어를 사용하여 그림과 함께 소개하였다. 독해력 향상과 글쓰기 연습에 도움이 된다.
▶ 구성: 90쪽

추천 비디오 & DVD 목록

다음에 소개하는 시청각 자료는 모두 교육적 효과를 인정받은 작품들이다. 주로 애니메이션으로, 국내에서 이미 방영된 바 있으며 전 세계 어린이들에게 사랑을 받고 있다. 같은 캐릭터가 나오는 비디오와 DVD가 많이 출시되어 있으며 TV를 통해서도 볼 수 있다. 영어공부를 시키겠다는 목적으로 아이에게 억지로 보라고 하지 말고, 아이가 좋아하는 만화 영화를 즐기게 하는 것이 좋다. 좋아하면 반복해서 보게 되고, 반복해서 보다 보면 저절로 영어를 익히게 될 것이다.

Blue's Clues 블루스 클루스
- 대상: 유치원생
- 내용: 귀여운 강아지 블루와 주인 스티브를 주인공으로 하는 유치원 교육 프로그램이다. 수, 과학, 문자, 미술, 음악 등 유치원에서 배우는 다양한 학습주제를 다룬다. 주어진 문제를 블루와 함께 실마리를 따라가면서 답을 찾는 방식으로 이야기가 진행된다. 듣기 및 어휘와 다양한 개념 학습에 도움이 된다.

Little Princess 리틀 프린세스
- 대상: 유치원생
- 내용: Tony Ross의 그림책을 기반으로 만든 애니메이션으로 Little Princess의 일상을 다루고 있다. 국내에 시리즈가 동화책으로도 출시되어 있다. 책과 DVD를 함께 활용하면 듣기와 읽기를 둘 다 익히는 데 도움이 된다.

Miss Spiders 미스 스파이더스
- 대상: 유치원생
- 내용: 미스 스파이더스가 주인공으로, 다양한 곤충의 이야기를 재미있게 다루고 있다. 미국 교과서에 실린 수상작으로 곤충과 식물 등 자연환경에 대해 배울 수 있는 좋은 과학교재다. 듣기 및 어휘와 과학원리 학습에 도움이 된다.

Loopdidoo 룹디두
- 대상: 유치원생
- 내용: 프랑스의 인기 만화책 〈Grabouillon〉을 원작으로 한 애니메이션으로 룹디두라는 강아지와 다섯 살 소녀 페투니아의 이야기를 다루고 있다. 듣기능력 향상에 도움이 된다.

The Baby Triplets 더 베이비 트리플렛츠
- 대상: 유치원생
- 내용: 세쌍둥이의 일상생활을 다룬 애니메이션으로 단어의 반복을 통해 아이들이 언어를 습득할 수 있게 구성되어 있다. 색깔, 동물, 수 등 유치원에서 배우는 기본 개념을 영어로 익히는 데 도움이 된다.

Caillou 까이유
- 대상: 유치원생
- 내용: 미국 PBS가 제작한 애니메이션으로 EBS에서 〈호야네집〉이라는 제목으로 방영되었다. 귀여운 네 살짜리 까이유가 겪는 일상의 경험을 다루고 있다. 듣기와 일상회화표현 학습에 도움이 된다.

Babar 바바
- 대상: 유치원~초등 저학년
- 내용: 귀여운 아기 코끼리 왕 바바의 모험을 다루고 있다. Jean de Brunholff와 Laurent de Brunhoff의 유명한 그림책을 기초로 만든 작품이며, 작가가 아이들에게 이야기를 해주는 방식으로 내용이 전개된다. 듣기능력 향상에 도움이 된다.

Berenstain Bears 베런스테인 베어즈
- 대상: 유치원~초등 저학년
- 내용: EBS에서 〈우리는 곰돌이가족〉이라는 제목으로 방영되었으며 Papa Bear, Mama Bear, Brother Bear, Sister Bear의 일상생활을 따뜻한 시선으로 다루고 있다. 동일한 내용의 〈The Berenstain Bears〉 시리즈가 동화책으로도 출시되어 있다. 책과 DVD를 함께 활용하면 듣기와 읽기를 익히는 데 도움이 되며 미국의 가족생활, 학교생활, 사회생활 등 미국 문화를 배울 수 있다.

Between the Lion 비트윈 더 라이온
- 대상: 유치원~초등 저학년
- 내용: 미국 PBS가 제작한 교육프로그램으로 귀여운 사자 가족 테오(아빠), 클레오(엄마), 라이노넬(아들), 레오나(딸)의 모험을 다루고 있다. 챈트, 음악, 율동, 그리고 동화책 속의 내용을 중심으로 아이들이 영어를 재미있게 배울 수 있도록 구성되어 있다. 듣기, 어휘, 파닉스 학습에 효과적이다.

Charlie and Lola 찰리 앤 롤라
- 대상: 유치원~초등 저학년
- 내용: 사이좋은 남매 찰리와 롤라의 일상생활을 다루고 있다. 영어그림동화를 보는 것 같은 독특한 이미지가 따뜻함과 친숙한 느낌을 준다. 듣기와 일상회화표현 학습에 도움이 된다.

Little Bear 리틀 베어
- ▶ 대상: 유치원~초등 저학년
- ▶ 내용: 유명한 동화작가 Mourice Sendak의 원작을 바탕으로 만든 애니메이션으로 귀여운 곰돌이의 모험을 다루고 있다. 세계적으로 호평을 받고 있는 작품으로 EBS에서도 방영되었다. 〈I Can Read〉 시리즈 중에 있는 〈Little Bear〉 원작을 함께 읽으면 듣기와 읽기 학습을 효과적으로 할 수 있다.

Clifford The Big Red Dog 클리포드 더 빅 레드 도그
- ▶ 대상: 유치원~초등 저학년
- ▶ 내용: 미국 PBS에서 방영된 애니메이션 시리즈로 미국 내에서 많은 상을 받았으며 EBS에서도 방영되었다. 클리포드라는 거대한 강아지와 에밀리의 모험을 다루고 있다. 재미있는 이야기 구성 덕에 아이들은 반복해서 시청하게 되고, 그 결과 듣기능력이 향상된다.

Sponge Bob 스폰지밥
- ▶ 대상: 유치원~초등 저학년
- ▶ 내용: Nickelodeon에서 제작한 애니메이션으로 전 세계에서 많은 인기를 얻고 있으며 EBS에서도 방영되었다. 노란 해면동물 스폰지밥과 친구들의 모험을 다루고 있다. 듣기와 일상회화표현 학습에 도움이 된다.

Arthur 아서
- ▶ 대상: 초등 전 학년
- ▶ 내용: Mark Brown의 원작동화를 기초로 만든 애니메이션으로 아서가 일상생활에서 겪는 다양한 경험을 다루고 있다. 세계적으로 호평을 받았고, 에미상을 비롯하여 화려한 수상경력을 가진 작품이다. 원작을 함께 읽으면 듣기와 읽기 학습을 효과적으로 할 수 있다.

Garfield 가필드
- ▶ 대상: 초등 전 학년
- ▶ 내용: 먹고 자는 것만 좋아하는 뚱뚱보 고양이 가필드와 주인 존의 일상생활을 다루고 있다. 듣기와 일상회화표현 학습에 도움이 된다.

Madeline 매들린
- ▶ 대상: 초등 전 학년
- ▶ 내용: Ludwig Bemelmans의 칼데콧 수상작 〈Madeline〉을 원작으로 한 애니메이션이다. 프랑스 파리를 배경으로 매들린과 친구들이 겪는 모험을 다루고 있다. 원작을 함께 읽으면 듣기와 읽기 학습을 효과적으로 할 수 있다.

Milly, Molly 밀리, 몰리
▶ 대상: 초등 전 학년
▶ 내용: 외모는 다르지만 둘도 없이 친한 두 소녀 밀리와 몰리가 모험을 통해 서로를 존중하고 다양성을 인정하게 되는 교훈적인 이야기가 전개된다. 듣기와 일상회화표현 학습에 도움이 된다.

Mr. Men and Little Miss 미스터 맨 앤 리틀 미스
▶ 대상: 초등 전 학년
▶ 내용: Roger Hargreves의 원작을 기초로 만든 애니메이션으로 독특한 캐릭터 Mr. Men과 Little Miss가 겪는 다양한 경험을 다루고 있다. 원작을 함께 읽으면 듣기와 읽기 학습을 효과적으로 할 수 있다.

The Smurfs 더 스머프스
▶ 대상: 초등 전 학년
▶ 내용: 에미상을 비롯해 화려한 수상경력을 가진, 세계적으로 유명한 〈개구쟁이 스머프〉 애니메이션이다. 스머프 마을에서 스머프 친구들이 겪는 여러 모험을 다루고 있다. 듣기와 일상회화표현 학습에 도움이 된다.

Pippi Longstocking 삐삐 롱스타킹
▶ 대상: 초등 전 학년
▶ 내용: 동화작가 Astird Lindgren의 유명한 동화 〈내 이름은 삐삐 롱스타킹〉을 원작으로 한 애니메이션으로 삐삐 롱스타킹의 모험을 다루고 있다. 원어민의 평균 말하기 속도로 대사를 말하기 때문에 듣기 학습에 도움이 되고 일상회화표현을 익히는 데 유용하다.

Eloise 엘로이즈
▶ 대상: 초등 전 학년
▶ 내용: Kay Thompson과 Hilary Knight의 동화책을 원작으로 한 애니메이션으로 뉴욕 호텔에 사는 여섯 살 소녀 엘로이즈의 모험을 다루고 있다. 원어민의 평균 말하기 속도보다 조금 빠른 속도로 대사를 말하기 때문에 듣기 학습과 일상회화표현을 익히는 데 유용하다.

Horrid Henry 호리드 헨리
▶ 대상: 초등 2학년 이상
▶ 내용: Francesca Simon의 동화 시리즈 〈Horrid Henry〉를 원작으로 한 애니메이션으로 개구쟁이 헨리의 일상생활을 다루고 있다. 원작을 함께 읽으면 듣기와 읽기 학습을 효과적으로 할 수 있다.

Anne of Green Gables 앤 오브 그린 게이블즈

- 대상: 초등 3학년 이상
- 내용: 유명한 소설 〈빨강머리 앤〉을 원작으로 한 애니메이션으로 앤의 성장과정을 다루고 있다. 원어민의 평균 말하기 속도보다 조금 빠른 속도로 대사를 말하기 때문에 듣기 학습에 도움이 되고 일상회화표현을 익히는 데 유용하다. 또한, 유명한 고전을 애니메이션으로 보는 즐거움을 준다.

부록 ❸

영어 가르치는
엄마들의 영어표현

- 본문에 소개한 영어표현과 함께 엄마가 영어로 활동을 이끌고 싶을 때 활용할 수 있는 기초적이고 유용한 표현들을 정리했습니다.
- 무료 MP3 파일을 다운 받아(www.darakwon.co.kr) 원어민의 발음을 따라 연습한 후 자신 있게 아이에게 말해보세요.

영어 가르치는 엄마들의 영어표현

2장

〈STEP 1〉
하루 1분 생활표현이 영어를 살찌운다

- **영어로 인사하기**

  Good morning! 안녕하세요! (아침 인사)
  Good afternoon! 안녕하세요! (오후 인사)
  Good evening! 안녕하세요! (저녁 인사)
  Good night! 잘 자요!
  Sleep tight! 잘 자요!
  Sweet dreams! 좋은 꿈 꿔요!

- **안부 묻고 답하기**

  Hi! 안녕하세요!
  Hello! 안녕하세요!
  How are you? 안녕하세요? / 기분이 어때요?
  (I'm) Fine. 좋아요.
  (I'm) Good. 좋아요.
  (I'm) Okay. 괜찮아요.
  (I feel) Wonderful. 아주 좋아요.
  (I feel) Great. 아주 좋아요.
  I don't feel very good. (컨디션·기분이) 썩 좋진 않아요.
  I feel sick. 아파요.

- **상황에 맞는 인사 나누기**

  Bye! 잘 가요! / 안녕!
  Good bye! 잘 가요! / 안녕!
  See you! 다음에 봐요! / 또 봐요!
  See you later! 또 봐요!
  See you soon! 또 봐요!
  Take care! 잘 지내요!
  Have a nice day. 좋은 하루 보내요.
  Have a great day. 좋은 하루 보내요.
  Have fun! 재미있게 지내요!
  Did you have fun today? 오늘 재미있었나요?

- **날씨에 관한 표현 익히기**

  What's the weather like today? 오늘 날씨가 어때요?
  How is the weather today? 오늘 날씨가 어때요?
  It's sunny. 화창해요.
  It's warm. 따뜻해요.
  It's windy. 바람이 불어요.
  It's cold. 추워요.
  It's hot. 더워요.
  It's cloudy. 흐려요.
  It's raining[rainy]. 비가 와요.
  It's snowing[snowy]. 눈이 와요.
  It's cool. 시원해요.
  It's freezing. 얼듯이[정말] 추워요.
  It's foggy. 안개가 꼈어요.
  How is the weather going to be tomorrow? 내일 날씨가 어떨까요?
  It's going to be cold tomorrow. 내일은 추울 거예요.
  It looks like it's going to snow. 눈이 올 것 같아요.
  The monsoons have started. 장마가 시작됐어요.
  The rainy season has started. 장마가 시작됐어요.
  Take your umbrella. 우산을 챙기세요.

Put on your raincoat. 비옷을 입으세요.

The rain is coming in through the window. 비가 창문으로 들이쳐요.

Let's make a snowman. 눈사람을 만듭시다.

Let's have a snowball fight. 눈싸움을 합시다.

Be careful when you walk. The road is very slippery. 걸을 때 조심해요. 길이 아주 미끄러워요.

• 날짜와 요일 익히기

Sunday 일요일, Monday 월요일, Tuesday 화요일, Wednesday 수요일, Thursday 목요일, Friday 금요일, Saturday 토요일

January 1월, February 2월, March 3월, April 4월, May 5월, June 6월, July 7월, August 8월, September 9월, October 10월, November 11월, December 12월

What day is it today? 오늘은 무슨 요일인가요?

Today is Wednesday. 오늘은 수요일이에요.

What's the date today? 오늘은 며칠인가요?

Today is March 7. 오늘은 3월 7일이에요.

• 부탁 · 감사 & 감사에 대한 응답 · 사과 & 사과에 대한 응답 표현

May I get some water? 물 좀 마셔도 돼요?

Can I have some candy? 사탕 좀 먹어도 돼요?

Can I use the crayons? 크레파스 써도 돼요?

Can I borrow your pencil? 연필 좀 빌려 줄래요?

Can I use your eraser? 당신의 지우개를 써도 돼요?

Can I use this colored paper? 이 색종이 써도 되나요?

Scissors, please. 가위 주세요.

Glue, please. 풀 주세요.

May I play computer games? 컴퓨터 게임을 해도 돼요?

May I watch TV? TV 봐도 돼요?

Thank you. 고맙습니다.

Thanks a lot. 매우 감사합니다.

Thank you very much. 정말 고맙습니다.

You're welcome. 천만에요.

Excuse me. 저기, 잠깐만요. / 실례합니다.

I'm sorry. 죄송합니다.

That's okay. 괜찮아요.

• 공공예절 가르치기

Be good! 착하게 행동해야죠!

Be nice. 얌전히 행동해야죠.

Don't make any noise. 떠들지 말아요.

Be quiet. 조용히 하세요.

Keep quiet. 조용히 하세요.

Don't shout. 소리 지르지 마세요.

Don't yell. 소리 지르지 마세요.

Don't run. 뛰지 마세요.

Wait your turn. 차례를 기다리세요.

Line up. 줄 서세요.

Don't cut in line. 새치기 하지 말아요.

Don't push. 밀지 말아요.

Behave yourself. 점잖게 행동하세요.

• 주의 주기

Slow down! 천천히 다녀요!

Be careful. 조심해요.

Watch out! 조심해요!

Don't tease your sister. 여동생을 괴롭히지 말아요.

Don't fight. 싸우지 말아요.

Don't do that. 그러지 말아요.

Don't bother me. 귀찮게 하지 말아요. / 나 좀 내버려 둬요.

Don't lie. 거짓말하지 말아요.

Be honest. 솔직하게 말하세요.

Don't make me angry. 날 화나게 하지 마세요.

▪ 생활습관 지도하기

Wake up! 일어나요!

Get up! 일어나요!

Wash your face. 세수하세요.

Brush your teeth. 이를 닦으세요.

Go to the bathroom. 화장실로 가세요.

Brush your hair. 머리를 빗으세요.

Comb your hair. 머리를 빗으세요.

Clean your room. 방을 청소하세요.

Tidy up your room. 방을 치우세요.

Pick up your toys. 장난감을 주우세요.

Put your toys away. 장난감을 치우세요.

Close the door. 문을 닫으세요.

Open the window. 창문을 여세요.

Go to bed. 잠자리에 드세요.

Sit down. 앉으세요.

Have a seat. 앉으세요.

Take a seat. 앉으세요.

Stand up. 서세요.

Look at me. 나를 봐요.

Listen to me. 내 말을 들어요.

Hurry up! 서둘러요!

Sit properly. 똑바로 앉으세요.

Open your book. 책을 펴세요.

Turn off the computer. 컴퓨터를 끄세요.

Turn on the computer. 컴퓨터를 켜세요.

Don't talk with your mouth full. 입에 음식을 가득 물고 말하지 말아요.

Clean your hands and mouth. 손과 입을 닦으세요.

Go to your room and do your homework. 방에 가서 숙제를 하세요.

Go stand in the corner and put your hands up. 구석에 가서 손들고 서 있으세요.

Turn on the light. 불을 켜세요.

Bring me your bag. 가방을 내게 가져오세요.

▪ 칭찬하기

Good job. 잘했어요.

Well done. 잘했어요.

Very good. 잘했어요.

Excellent! 아주 잘했어요!

Great! 참 잘했어요!

Keep up the good work! 계속 열심히 잘 하세요!

I'm proud of you. 당신이 자랑스러워요.

〈STEP 2〉
알파벳과 단어 익히기부터 시작한다

▪ 알파벳 찾아내기

Find the big letter A's. 대문자 A를 찾아보세요.

Circle the letter A's. A에 동그라미 치세요.

How many A's are there? A가 모두 몇 개죠?

One, two, three, four, five. There are five A's. 하나, 둘, 셋, 넷, 다섯. A가 다섯 개 있어요.

▪ 알파벳 카드 활용하기

Can you read this letter? 이 글자를 읽을 수 있어요?

What letter is this? 이건 무슨 글자죠?

Where's the letter A? A가 어디에 있죠?

Where's the picture? 그림은 어디에 있죠?

Find the picture that begins with A. A로 시작하는 그림을 찾아보세요.

What letter does *banana* begin with? banana는 어떤 글자로 시작하죠?

Match the letter with the picture. 글자와 그림의 짝을 맞춰보세요.

• 알파벳 워크시트 활용하기

What letter comes after D? D 다음에 무슨 글자가 오죠?

E comes after D. D 다음에 E가 와요.

Write a big A. 대문자 A를 쓰세요.

Write a small a. 소문자 a를 써보세요.

Put the letters in order. 글자를 순서대로 나열하세요.

Draw a line. 선을 그으세요.

Fill in the blanks. 빈칸을 채우세요.

〈STEP 3〉 동요로 영어표현을 익힌다

Do you want to listen to some songs? 노래를 듣고 싶어요?

Which song do you want to sing? 어떤 노래를 부르고 싶어요?

I want to sing "Six Little Ducks". 〈여섯 마리 오리〉를 부르고 싶어요.

What's your favorite song? 어떤 노래를 제일 좋아해요?

My favorite song is "Teddy Bear". 전 〈테디베어〉라는 노래를 제일 좋아해요.

Let's sing together. 같이 노래합시다.

The music is too loud. 음악 소리가 너무 커요.

Please turn on the audio player. 오디오 플레이어를 켜주세요.

Please turn off the audio player. 오디오 플레이어를 꺼주세요.

Could you please turn it down? 소리 좀 줄여 주시겠어요?

Could you please turn it up? 소리 좀 높여 주시겠어요?

〈STEP 4〉
그림동화책으로 영어동화의 세계를 열어라

What is it? 그게 뭐죠?

It's a cat. 고양이예요.

What color is it? 무슨 색깔이죠?

It is black. 검정색이에요.

Do you want to read a storybook? 동화책을 읽고 싶어요?

Please read me a storybook. 동화책을 읽어주세요.

What book do you want to read? 어떤 책을 읽고 싶어요?

I want to read "The Hungry Caterpillar". 〈배고픈 애벌레〉를 읽고 싶어요.

Let me read. 제가 읽을게요.

Let me see. 어디 봐요.

Bring me the book. 책을 제게 가져오세요.

Open the book. 책을 펴세요.

Close the book. 책을 덮으세요.

Turn to page 3. 3쪽을 펴세요.

What do you see? 무엇이 보이죠?

I see a bird. 새가 보여요.

How many birds are there? 새가 몇 마리 있죠?

There's only one bird. 딱 한 마리 있어요.

Can you read this word? 이 단어를 읽을 수 있나요?

Where is the duck? 오리는 어디에 있죠?

Where is the word *bird*? bird라는 단어는 어디에 있죠?

Where is the word *duck*? duck이라는 단어는 어디에 있죠?

Find the word *yellow*. yellow라는 단어를 찾아보세요.

〈STEP 5〉
1등 읽기 책 〈런투리드〉 시리즈 100배 활용하기

- **〈런투리드〉 시리즈를 읽을 때 필요한 표현**

  What shape is this? 이건 무슨 모양이죠?

  Find squares. 사각형을 찾아보세요.

  What number is this? 이건 무슨 숫자죠?

  Let's count! 세어봅시다!

  How many seasons are there in one year? 일 년에 계절이 몇 개 있죠?

  There are four seasons in a year. 일 년에는 사계절이 있어요.

  What's your favorite season? 어느 계절을 제일 좋아해요?

  I like winter. 겨울을 좋아해요.

  What's your favorite color? 제일 좋아하는 색깔은 뭐가요?

- **책에 나오는 표현에 단어 대치하기**

  Bag, bag, what's in my bag? 가방, 가방, 내 가방 안에 무엇이 있을까요?

  Something that's soft. A feather? 뭔가 부드러운 건데요. 깃털인가요?

  Let's see. Yes, it's a feather. 어디 봐요. 그래요, 깃털이네요.

- **그림 보며 가족 명칭 익히기**

  Who is he? 이 사람은 누구죠?

  He's Dad. 아빠예요.

  Who is she? 이 사람은 누구죠?

  She's grandma. 할머니예요.

  What is he wearing? 그는 무엇을 입고 있어요?

  He's wearing a shirt and blue pants. 그는 셔츠와 파란 바지를 입고 있어요.

  How many people are there in your family? 가족이 몇 명인가요?

  There are four people in my family. 우리 가족은 네 명이에요.

- **물건 이름 알아맞히기**

  It's on the table. What is it? 그것은 탁자 위에 있어요. 뭘까요?

  It's a cup. 컵이요.

  It's on the bed. What is it? 그것은 침대 위에 있어요. 뭘까요?

  It's a pillow. 베개요.

  It's under the table. What is it? 그것은 탁자 아래에 있어요. 뭘까요?

  It's a bag. 가방이요.

- **그림 속에서 물건 찾기**

  Where is the lamp? 램프[스탠드]가 어디에 있죠?

  It's on the chest. 서랍장 위에 있어요.

  Where is the teddy bear? 테디베어는 어디에 있죠?

  It's in the bed. 침대 속에 있어요.

〈STEP 6〉
미니북 만들기로 글쓰기의 맛을 들여라

- **My Shape Book 만들기**

  Fold the paper in half. 종이를 반으로 접으세요.

  Draw a circle. 동그라미를 그리세요.

  Draw a triangle. 삼각형을 그리세요.

  Draw a rectangle. 직사각형을 그리세요.

  Draw a square. 정사각형을 그리세요.

  Write *I see a circle*. I see a circle.이라고 쓰세요.

  Copy this. 이것을 베껴 쓰세요.

  Draw a circular object. 동그라미 모양의 물건을 그리세요.

  Draw a triangular object. 삼각형 모양의 물건을 그리세요.

  Draw a rectangular object. 직사각형 모양의 물건을 그리세요.

Draw a square object. 정사각형 모양의 물건을 그리세요.

Draw a ball. 공을 그리세요.

Sharpen your pencil. 연필을 깎으세요.

Write your name. 이름을 쓰세요.

Write the page number. 페이지 번호를 쓰세요.

Cut the paper. 종이를 자르세요.

Glue it here. 여기에 풀로 붙이세요.

- My Color Book 만들기

Think of the yellow objects. 노란색 물건을 생각해보세요.

Think of something red. 빨간색인 물건을 생각해보세요.

Bananas are yellow. 바나나는 노란색이죠.

Write *yellow*. yellow라고 쓰세요.

Draw an apple. 사과를 그리세요.

Color the tree green. 나무를 초록색으로 칠하세요.

- My Job Book 만들기

Who helps you when you are sick? 아플 때 누가 도와주나요?

The doctor helps me. 의사가 도와줘요.

Who helps you when you are hungry? 배가 고플 때 누가 도와주나요?

The cook helps me. 요리사가 도와줘요.

Who helps you when your cat is sick? 고양이가 아플 때 누가 도와주나요?

The vet helps me. 수의사가 도와줘요.

Who helps you when you are lost? 길을 잃으면 누가 도와주나요?

The police officer helps me. 경찰관이 도와줘요.

〈STEP 7〉
과학 리더스 시리즈로 영어와 과학을 배운다

Let's watch it grow. 자라는 것을 지켜봅시다.

What is it? 그게 뭐죠?

What do you see? 뭐가 보여요?

It's a seed. 씨앗이에요.

It's a root. 뿌리예요.

It's a stem. 줄기예요.

It's a flower. 꽃이에요.

What does it need? 그것에 무엇이 필요할까요?

It needs sunshine and water. 햇빛과 물이 필요해요.

Let's water it. 물을 줍시다.

〈STEP 8〉
전래동화는 읽기와 말하기의 부스터

What is your favorite story? 가장 좋아하는 이야기가 뭐예요?

Have you read this story? 이 이야기 읽어본 적 있어요?

Have you heard this story? 이 이야기 들어본 적 있어요?

Do you know this story? 이 이야기 알아요?

Can you tell me what this story is about? 이 이야기의 내용을 얘기해줄 수 있어요?

What's the title of this story? 이 이야기의 제목이 뭐죠?

Who are the characters? 등장인물이 누구인가요?

Who is in the story? 이야기에 누가 나오나요?

What do you see in the picture? 그림에 무엇이 보이나요?

How many pigs are there? 돼지가 몇 마리 있죠?

What happened in the beginning? 처음에 무슨 일이 일어났나요?

What did the wolf say? 늑대가 뭐라고 했나요?

What happened next? 그다음엔 어떻게 됐죠?

And then? 그런 다음에는요?

What happened to the wolf? 늑대는 어떻게 되었죠?

How does this story end? 이 이야기는 어떻게 끝나죠?

Read it aloud. 큰 소리로 읽으세요.

Read this story twice. 이 이야기를 두 번 읽으세요.

Read this story three times. 이 이야기를 세 번 읽으세요.

What do you think? 어떻게 생각해요?

Which character do you want to be? 어떤 등장인물이 되고 싶어요?

Which character do you like most? 가장 마음에 드는 등장인물이 누구예요?

Who is your favorite character? 가장 좋아하는 등장인물은 누구예요?

Let's listen to the story. 이야기를 들어봅시다.

Repeat after the narrator. 이야기하는 사람을 따라 말해보세요.

〈STEP 9〉
그림영어사전으로 단어 메모리를 늘려라

- 빙고 게임 하기

Let's play bingo. 빙고 게임을 합시다.

Bring your pencil and eraser. 연필과 지우개를 가져오세요.

Write these words on your bingo paper. 이 단어들을 빙고 종이에 쓰세요.

Choose a word and read it. 단어를 하나 골라서 읽으세요.

I'll go first. 제가 먼저 시작할게요.

Say "Bingo". '빙고'라고 말하세요.

It's your turn. 당신 차례예요.

It's my turn. 제 차례예요.

- 단어 학습 관련 표현

Write this word on your notebook. 이 단어를 공책에 쓰세요.

Write this sentence on your notebook. 이 문장을 공책에 쓰세요.

Put these words in right order. 이 단어들을 올바른 순서대로 나열하세요.

Make a complete sentence. 완전한 문장을 만드세요.

〈STEP 10〉
다른 리더스 시리즈에 도전해 읽기 능력을 높여라

Choose a book you would like to read. 읽고 싶은 책을 고르세요.

Let's read this book. 이 책을 읽어봅시다.

Read the title. 제목을 읽으세요.

Read the story aloud. 이야기를 큰 소리로 읽으세요.

What is the story about? 무엇에 관한 이야기인가요?

Copy the word three times. 그 단어를 세 번 베껴 쓰세요.

〈STEP 11〉 나만의 영어사전 만들기

Make your own picture dictionary. 자신의 그림사전을 만들어보세요.

Write the word on the front side. 앞면에 단어를 쓰세요.

Draw a picture on the backside. 뒷면에 그림을 그리세요.

How do you spell *school*? school의 철자가 뭐예요?

Spell this word. 이 단어의 철자를 적으세요 [말하세요].

Erase it. 그것을 지우세요.

What does that mean? 그게 무슨 뜻이죠?

I don't know. 잘 모르겠어요.

I'm not sure. 잘 모르겠어요.

I have no idea. 잘 모르겠어요.

Write the definition of the word. 단어의 뜻을 쓰세요.

Memorize the words. 단어들을 외우세요.

Look up the word in the dictionary. 그 단어를 사전에서 찾아보세요.

〈STEP 12〉
모방을 통해 새로운 창작을 시작하라

Have you read "Three Little Pigs"? 〈아기돼지 삼형제〉를 읽어봤어요?

Can you tell me the story? 내게 이야기를 들려줄래요?

Why don't you write a new story? 새 이야기를 써보는 것이 어때요?

Let's start with *once upon a time*. '옛날 옛적에'로 시작해봅시다.

Read your story to your dad. 아빠에게 이야기를 읽어주세요.

3장

〈STEP 1〉
알파벳과 파닉스부터 시작한다

Can you read this word? 이 단어를 읽을 수 있어요?

Find the word *bag*. bag이란 단어를 찾아보세요.

Write the word. 그 단어를 쓰세요.

Finish this page. 이 페이지를 끝내세요.

Are you done? 다 끝냈어요? / 다 끝났나요?

I'm done. 끝냈어요. / 끝났어요.

I'm finished. 끝냈어요. / 끝났어요.

Let's check the answer. 답을 확인해보도록 해요.

〈STEP 2〉
have, want, need 동사로 기본회화를 연습하라

• have 활용하기

I have a pencil. 저에게는 연필이 있어요.

I don't have any pencils. 저는 연필이 없어요.

Can I have some paper? 종이 좀 주실래요?

May I have some glue? 풀 좀 주실래요?

Do you have a blue pen? 파란색 펜을 갖고 있나요?

What do you have? 무엇을 갖고 있나요?

• need 활용하기

I need some paper. 저는 종이가 몇 장 필요해요.

I don't need any crayons. 저는 크레파스가 필요 없어요.

Do you need any colored paper? 색종이가 필요한가요?

What do you need? 무엇이 필요한가요?

• want 활용하기

I want to watch TV. 저는 TV를 보고 싶어요.

I don't want to read it. 저는 그것을 읽고 싶지 않아요.

Do you want to see a movie? 영화 보고 싶어요?

What do you want? 원하는 게 뭐죠?

〈STEP 4〉 그림영어사전 100배 활용하기

What does he look like? 그 남자는 어떻게 생겼나요?
He has red hair. He's cute. 그는 빨간 머리예요. 그는 귀여워요.
What does she look like? 그 여자는 어떻게 생겼나요?
She has brown hair. She's cute. 그녀는 갈색 머리예요. 그녀는 깜찍해요.
Let me ask you first. 제가 먼저 물어볼게요.
Listen carefully. 잘 들어보세요.
Do you understand what I'm saying? 내가 하는 말 이해하겠어요?
Excuse me? 뭐라고요? / 다시 말해주세요.
Pardon me? 뭐라고요? / 다시 말해줄래요?
Can you say that again, please? 다시 말씀해 주시겠어요?
Come again? 뭐라고요?
What did you say? 뭐라고 했죠?

〈STEP 5〉 영어방송 최대한 활용하기

Let's watch TV. TV를 봅시다.
Please turn on the TV. TV를 켜주세요.
Please turn off the TV. TV를 꺼주세요.
Don't look at the subtitles. 자막을 보지 말아요.
Try to understand what they are saying. 그들이 뭐라고 말하는지 이해하려 노력해 보세요.
What's your favorite movie? 가장 좋아하는 영화가 뭐예요?
My favorite movie is "Harry Potter". 전 〈해리포터〉를 제일 좋아해요.
It starts at 7:00. 그건 7시에 시작해요.
It's on EBS. 그건 EBS에서 해요.

〈STEP 7〉
말하기와 쓰기를 위한 문법 가르치기

▪ 단어 카드로 can / can't 질문과 대답 만들기

fish → Can fish run? 물고기는 뛸 수 있나요?
　　　　No, they can't. 아니요.
car → Can you drive a car? 운전할 줄 아세요?
　　　　Yes, I can. 네.
play → Can you play baseball? 야구를 할 줄 아세요?
　　　　No, I can't. 아니요.
grapes → Can you eat grapes? 포도를 먹을 수 있어요?
　　　　Yes, I can. 네.
dog → Can dogs swim? 개는 헤엄칠 수 있나요?
　　　　Yes, they can. 네.

▪ 단어 카드로 현재진행형 문장 만들기

orange juice → I'm drinking orange juice. 저는 오렌지주스를 마시고 있습니다.
balloon → I'm playing with a balloon. 저는 풍선을 갖고 놀고 있습니다.
kite → He is flying a kite. 그는 연을 날리고 있습니다.
shell → They are collecting shells. 그들은 조가비를 모으고 있습니다.
driver → The driver is driving a bus. 운전사는 버스를 운전하고 있습니다.

〈STEP 8〉
질문 카드를 활용해 말하기 연습하기

▪ 질문 카드 활용하기

Choose one. 하나를 고르세요.
Pick one. 하나를 고르세요.

What does it say? 뭐라고 쓰여 있어요?

Can you make a sentence? 문장을 만들 수 있어요?

It's not correct. 틀렸어요.

You made a mistake. 실수를 했네요.

It doesn't make any sense. 그건 말이 안 돼요.

▪ 질문 카드

What's your favorite food? 어떤 음식을 제일 좋아해요?

Where do you live? 어디에 살아요?

Where do your grandparents live? 할머니와 할아버지는 어디에 사시나요?

Does your mom like coffee? 엄마가 커피를 좋아하세요?

What does your father do? 아빠 직업이 뭐예요?

Where does your father work? 아빠는 어디에서 일하시나요?

What time do you get up? 몇 시에 일어나요?

What time does your mom go to bed? 엄마는 몇 시에 주무세요?

What are you going to do tomorrow? 내일 무엇을 할 건가요?

What do you want to be? 무엇이 되고 싶은가요?

What does your brother look like? 남동생[형]은 어떻게 생겼나요?

How many people are there in your family? 가족은 몇 명인가요?

Did you do your homework? 숙제 다 했어요?

Do you have homework? 숙제가 있나요?

Where is he going? 그는 어디를 가나요?

Do you have a red pen? 빨간 펜을 가지고 있나요?

What school does he go to? 그는 어느 학교에 다니나요?

What grade is he in? 그는 몇 학년인가요?

What did you do yesterday? 어제 무엇을 했나요?

Do you have to go now? 지금 가야 하나요?

Where are you from? 어디에서 왔어요?

What is she wearing? 그녀는 뭘 입고 있죠?

What's your favorite subject? 제일 좋아하는 과목은 무엇인가요?

Did you eat breakfast? 아침밥을 먹었나요?

What time does your school start? 학교가 몇 시에 시작하나요?

Have you ever been to the United States? 미국에 가본 적 있어요?

Can you swim? 수영할 줄 알아요?

Does your dad read the newspaper every day? 아빠가 매일 신문을 읽으시나요?

What is your mom doing now? 엄마는 지금 뭐하고 계시죠?

Where are your shoes? 신발은 어디 있나요?

4장

〈1〉 영어로 자기 소개하기

My name is Nara Kim. 제 이름은 김나라예요.

I am 11 years old. 전 열한 살이에요.

I go to Hanbit Elementary School. 저는 한빛초등학교에 다니고 있어요.

I am in the 4th grade. 저는 4학년이에요.

I live in Seoul. 저는 서울에 살아요.

My phone number is 010-1111-2222. 제 전화번호는 010-1111-2222예요.

My email address is narakim@kokoma.com. 제 이메일주소는 narakim@kokoma.com이에요.

⟨2⟩ 좋아하는 것 묘사하기

What's your favorite color? 가장 좋아하는 색은 무엇입니까?
What's your favorite food? 가장 좋아하는 음식은 무엇입니까?
What's your favorite song? 가장 좋아하는 노래는 무엇입니까?
What's your favorite movie? 가장 좋아하는 영화는 무엇입니까?
Who's your favorite person? 가장 좋아하는 사람은 누구입니까?
What's your favorite season? 가장 좋아하는 계절은 언제입니까?
What's your favorite book? 가장 좋아하는 책은 무엇입니까?
What's your favorite subject? 가장 좋아하는 과목은 무엇입니까?
What's your favorite sport? 가장 좋아하는 운동은 무엇입니까?
Which country do you want to visit? 어느 나라를 가보고 싶습니까?
I want to visit England. 저는 영국을 가보고 싶어요.
What do you want to be? 무엇이 되고 싶습니까?
I want to be a scientist. 저는 과학자가 되고 싶어요.
What's your hobby? 취미가 뭔가요?
My hobby is drawing pictures. 제 취미는 그림 그리기입니다.

⟨3⟩ 사물 묘사하기

There is a desk. 책상이 있어요.
There are three books on the desk. 책상 위에 책이 세 권 있어요.
I see a lamp on the desk. 책상 위에 스탠드가 보여요.
It looks like a ball. 그것은 공 같이 생겼어요.

⟨4⟩ 그림 묘사하기

What do you see? 뭐가 보이나요?
Where are they? 그들은 어디에 있나요?
How many people are there? 몇 사람이 있나요?
What are they doing? 그들은 무엇을 하고 있나요?
What are the children holding? 아이들은 무엇을 들고 있나요?

⟨5⟩ 비교하기

Compare the train with the bus. 기차와 버스를 비교해보세요.
The train is faster than the bus. 기차는 버스보다 빨라요.
The pencil is longer than the crayon. 연필은 크레파스보다 길어요.
The strawberry is smaller than the apple. 딸기는 사과보다 작아요.
Coffee is hotter than ice cream. 커피는 아이스크림보다 뜨거워요.

⟨6⟩ 영어일기 쓰기

Keep a diary every day. 매일 일기를 쓰세요.
I played soccer with my friends. 저는 친구들과 축구를 했어요.
I watched a movie. It was very scary. 전 영화를 봤어요. 그 영화는 아주 무서웠어요.
I went shopping with my mom and bought a bag. 전 엄마랑 쇼핑을 가서 가방을 샀어요.
I went to a library. I read a book about insects. 전 도서관에 갔어요. 곤충에 관한 책을 읽었어요.
I went to Sujin's birthday party. I gave her a book. 전 수진이의 생일 파티에 갔어요. 수진이에게 책을 줬어요.

5장

〈1〉 There is와 There are 익히기

- **집에 있는 물건 세어보며 말하기**

    There is a table in the room. 방에 탁자가 하나 있어요.

    There are two chairs in the room. 방에 의자가 두 개 있어요.

    There is a picture in the room. 방에 그림이 한 점 있어요.

    There are two people in the room. 방에 두 사람이 있어요.

- **그림 받아쓰기 놀이하기**

    There is a vase on the table. 탁자 위에 꽃병이 있어요.

    The vase is yellow. 꽃병은 노란색이에요.

    There are two chests in the room. 방에 서랍장이 두 개 있어요.

    There is a clock on the wall. 벽에 시계가 걸려 있어요.

〈2〉 have / has 익히기

- **고 피시 게임 하기**

    Do you have any pencils? 연필 갖고 있어요?

    No, I don't have any pencils. Go fish! 아뇨, 연필은 없어요. 고 피시!

    Do you have any books? 책이 있어요?

    Yes, I have two books. 예, 책이 두 권 있어요.

    Can I have them? 그걸 저에게 주실래요?

    Okay, here you are. 예, 여기 있어요.

- **누구의 물건인지 말하기**

    I have a bicycle. 저는 자전거를 갖고 있어요.

    I have a piano. 저에겐 피아노가 있어요.

    Mom doesn't have a bicycle. 엄마는 자전거가 없어요.

    Dad doesn't have a piano. 아빠는 피아노가 없어요.

    I don't have a car. 저는 차가 없어요.

- **물건 이름으로 빙고 게임 하기**

    I have a pencil. 전 연필을 갖고 있어요.

    I have a book. 전 책을 갖고 있어요.

    I have a hat. 전 모자를 갖고 있어요.

    I have a pair of shoes. 제겐 신발 한 켤레가 있어요.

    I have a car. 전 차를 갖고 있어요.

    I have a doll. 제겐 인형이 있어요.

    I have a bag. 전 가방을 갖고 있어요.

    I have a ball. 제겐 공이 있어요.

    I have some crayons. 전 크레파스를 갖고 있어요.

    I have a computer. 전 컴퓨터를 갖고 있어요.

〈3〉 현재진행형 익히기

- **동작 알아맞히기 놀이하기**

    You are sitting on a sofa. 당신은 소파에 앉아 있어요.

    You are throwing a ball. 당신은 공을 던지고 있어요.

    You are walking. 당신은 걷고 있어요.

    You are opening the window. 당신은 창문을 열고 있어요.

    You are drinking some orange juice. 당신은 오렌지주스를 마시고 있어요.

    You are catching a fly. 당신은 파리를 잡고 있어요.

    You are sleeping on the bed. 당신은 침대에서 자고 있어요.

    You are reading a book. 당신은 책을 읽고 있어요.

- 누구인지 알아맞히기 놀이하기

    He is jogging. 그는 조깅을 하고 있어요.

    She is talking on the phone. 그녀는 통화하고 있어요.

    She is wearing a red shirt. 그녀는 빨간 셔츠를 입고 있어요.

    He is rollerblading. 그는 인라인스케이트를 타고 있어요.

    They are stretching. 그들은 스트레칭을 하고 있어요.

    She is looking at a tree. 그녀는 나무를 보고 있어요.

〈4〉 현재시제 익히기

- 동물 이름 카드와 서식지 카드 매치시키기

    The lion and the giraffe live on the grassland. 사자와 기린은 초원에 살아요.

    The dolphin lives in the sea. 돌고래는 바다에 살아요.

    The dolphin and the whale live in the sea. 돌고래와 고래는 바다에 살아요.

    The crocodile lives in the river. 악어는 강에 살아요.

- 동물의 특징 말하기

    The lion lives on the grassland. 사자는 초원에 살아요.

    It eats meat. 그것은 고기를 먹어요.

    It runs very fast. 그것은 아주 빨리 달려요.

- 일과 말하기

    I get up at 7 o'clock. 전 7시에 일어나요.

    My mom gets up at 6 o'clock. 엄마는 6시에 일어나세요.

    My dad goes to work at 8 o'clock. 아빠는 8시에 일하러 가세요.

    My mom and I eat lunch at 1 o'clock. 엄마와 저는 1시에 점심을 먹어요.

    My dad comes home at 9 o'clock. 아빠는 9시에 집에 오세요.

    I go to bed at 10 o'clock. 저는 10시에 잠자리에 들어요.

〈5〉 의문문 익히기

- 스무고개 게임 하기

    Let's play Twenty Questions. 스무고개 놀이를 합시다.

    Who am I? 나는 누구일까요?

    What is it? 그것은 뭘까요?

    Do you live in the sea? 당신은 바다에 사나요?

    Does it live in the sea? 그것은 바다에 사나요?

    No, I don't. 아니요.

    Do you live on the grassland? 당신은 초원에 사나요?

    Yes, I do. 예.

    Do you eat meat? 당신은 고기를 먹나요?

    No, I don't. 아니요.

    What's 풀 in English? '풀'이 영어로 뭐예요?

    It's grass. 그래스(grass)입니다.

    Do you eat grass? 당신은 풀을 먹나요?

    Yes, I do. 예.

    I got it. 알았어요.

    You are a giraffe. 당신은 기린이군요.

    Yes, I am. 네, 맞아요.

〈6〉 부정문 익히기

- No라고 말하지 않기 게임 하기

    Do frogs have two legs? 개구리는 다리가 두 개인가요?

Frogs don't have two legs. 개구리의 다리는 두 개가 아니에요.
Do you live in Seoul? 당신은 서울에 사나요?
I don't live in Seoul. 전 서울에 살지 않아요.
Are you seven years old? 당신은 일곱 살인가요?
Yes, I'm seven years old. 네, 전 일곱 살이에요.
Are you a boy? 당신은 남자아이인가요?
No, I'm a girl. 아뇨, 전 여자아이예요.
Oh, you said "No". You lost. 아, No라고 말했으니 당신이 졌어요.

• 그림 그리고 지우기 놀이하기

Mary is wearing a hat. 메리는 모자를 쓰고 있어요.
Mary has a bag. 메리는 가방을 갖고 있어요.
A cat is standing next to her. 고양이가 그녀 옆에 서 있어요.
Mary is not wearing a hat. 메리는 모자를 쓰고 있지 않아요.
Mary doesn't have a bag. 메리는 가방을 갖고 있지 않아요.

〈7〉 대명사 익히기

• 누구의 물건인지 말하기

Are they your socks? 당신의 양말인가요?
Yes, they are mine. 네, 제 거예요.
Is it my watch? 그건 제 시계인가요?
Yes, it's yours. 네, 그건 당신 거예요.
Is it your scarf? 그게 당신의 스카프인가요?
Yes, it's mine. 네, 제 거예요.
Is it daddy's notebook? 그건 아빠의 수첩인가요?
Yes, it's his. 네, 그건 아빠 거예요.
Is it grandma's phone? 그건 할머니의 전화기인가요?
Yes, it's hers. 네, 그건 할머니 거예요.

〈9〉 미래시제 익히기

• 무엇을 할지 알아맞히기 놀이하기

You are going to play computer games. 당신은 컴퓨터 게임을 할 거예요.
You are going to listen to music. 당신은 음악을 들을 거예요.
You are going to drive a car. 당신은 차를 운전할 거예요.
You are going to drink water. 당신은 물을 마실 거예요.
You are going to play the piano. 당신은 피아노를 칠 거예요.
You are going to wash your face. 당신은 얼굴을 씻을 거예요.
You are going to brush your teeth. 당신은 이를 닦을 거예요.
You are going to sleep. 당신은 잠을 잘 거예요.
You are going to clean the room. 당신은 방을 청소할 거예요.
You are going to draw a picture. 당신은 그림을 그릴 거예요.

• 물건 이름 알아맞히기 놀이하기

I'm going to cut a piece of paper with them. 전 그걸로 종이 한 장을 자를 거예요.
I'm going to write a letter with it. 전 그걸로 편지를 쓸 거예요.
I'm going to draw a picture with it. 전 그걸로 그림을 그릴 거예요.
I'm going to eat it. 전 그걸 먹을 거예요.
I'm going to make a boat with it. 전 그걸로 배를 만들 거예요.
I'm going to wear them. 전 그걸 입을[쓸/신을] 거예요.

I'm going to wash it. 전 그걸 씻을 거예요.
I'm going to eat soup with it. 전 그걸로 국을 먹을 거예요.
I'm going to fry it. 전 그걸 튀길 거예요.
I'm going to drink some water from it. 전 거기에 든 물을 마실 거예요.

기타 표현

〈놀이에 관한 표현〉

Let's go to the playground. 놀이터에 갑시다.
Do you want to ride a bicycle? 자전거 타고 싶어요?
I want to seesaw. 시소 타고 싶어요.
Let's play hide and seek. 숨바꼭질을 합시다.
Rock, scissors, paper. 가위, 바위, 보.
You lost. 당신이 졌어요.
You are it. 당신이 술래예요.
Are you ready? 준비됐어요?
I got you. 찾았다.
Whose turn is it? 누구 차례죠?
It's my turn. 제 차례예요.
You are next. 당신은 다음이에요.
Wait your turn. 차례를 기다리세요.

• 놀이/활동 유형

to rollerblade 인라인스케이트 타다	to swing 그네 타다
to skate 스케이트 타다	to play marbles 구슬치기를 하다
to play soccer 축구를 하다	to play on the jungle gym 정글짐을 타다
to play baseball 야구를 하다	to play hide and seek 숨바꼭질하다
to play basketball 농구를 하다	to jump rope 줄넘기하다
to play badminton 배드민턴을 하다	to fly a kite 연을 날리다
to play in the sand 모래밭에서 놀다	to swim 수영하다
to play house 소꿉장난하다	to play with building blocks 빌딩 블록을 가지고 놀다
to play computer games 컴퓨터 게임을 하다	to play choochoo 기차놀이 하다
to do origami 종이접기를 하다	to do a puzzle 퍼즐 게임을 하다

〈음식에 관한 표현〉

Will you help me cook? 요리하는 것 좀 도와줄래요?
Can you wash the carrots? 당근을 씻어줄래요?
Can you get me the cup? 컵을 갖다 줄래요?
Can you set the table? 상을 차려줄래요?
Can I have some candy, please? 사탕 좀 먹어도 돼요?
Please pass me salt and pepper. 내게 소금과 후추를 건네주세요.
Here it is. 여기 있어요.
Do you want to drink some milk? 우유 좀 마실래요?
Would you like some orange juice? 오렌지주스 좀 마시겠어요?
No, thanks. 아뇨, 됐어요.

Yes, please. 네, 주세요.
I'm full. 배불러요.
Don't talk with your mouth full. 입안에 음식을 가득 물고 말하지 말아요.
Don't be picky. 편식하지 마세요.
Don't play with your food. 음식 가지고 장난치지 마세요.
Use your chopsticks. 젓가락을 쓰세요.
Put your bowls in the sink. 접시를 싱크대에 넣으세요.

〈공부에 관한 표현〉
What's your favorite subject? 가장 좋아하는 과목은 무엇인가요?

I like art class. 전 미술 수업이 좋아요.
Are you good at math? 수학 잘해요?
I'm not good at English. 전 영어를 잘 못해요.
I hate music. 전 음악이 정말 싫어요.
How many classes do you have tomorrow? 내일 수업이 몇 개죠?
I have a math exam tomorrow. 내일 수학 시험이 있어요.
Did you pack your bag? 가방을 쌌나요?
Take out your pencil. 연필을 꺼내세요.
Sharpen your pencil. 연필을 깎으세요.
Put it in your bag. 그것을 가방에 넣으세요.

■ 교과과목

Korean 국어
math 수학
social studies 사회
history 역사
science 과학
English 영어

music 음악
art 미술
gym / PE(physical education) 체육
home ec(home economics) 가정
extracurricular activity 과외[특별]활동

■ 학용품

book 책
notebook 공책, 수첩
dictionary 사전
storybook 동화책
pencil 연필
colored pencil 색연필
crayons 크레파스
watercolor 그림물감
colored paper 색종이
paint brush 붓
tape 테이프
eraser 지우개

pencil sharpener 연필깎이
globe 지구본
map 지도
ruler 자
scissors 가위
glue 풀 (glue stick 딱풀)
magnet 자석
clay 점토
pen (볼)펜
stamp 도장
stapler 스테이플러
punch 펀치

〈쇼핑에 관한 표현〉

Let's go shopping. 쇼핑하러 가요.

I want to buy a new bag. 새 가방을 사고 싶어요.

I'll buy a new hat for you. 내가 새 모자를 사줄게요.

I want to buy a present for my dad. 아빠에게 드릴 선물을 사고 싶어요.

Could you please help me? 날 좀 도와 주시겠어요?

Do you have any stamps? 우표 있어요?

Where can I buy watercolors? 그림물감을 어디서 살 수 있죠?

Can I have strawberry ice cream? 딸기 아이스크림 먹어도 돼요?

I want to have one cheese burger. 치즈버거 한 개를 먹고 싶어요.

How much is it? 얼마예요?

Here it is. 여기 있어요.

It's too expensive. 너무 비싸네요.

It's very cheap. 아주 싸네요.

Can I try it on? 그거 입어봐도 돼요?

• 쇼핑장소

stationery store 문구점
department store 백화점
clothing store 옷 가게
music store[shop] 음반 가게, 악기점
toy store 장난감 가게
video shop 비디오가게
ice cream store 아이스크림 가게
shoe store 신발가게
bookstore 서점
grocery store 식료품점, 식료잡화점
supermarket 슈퍼마켓
electronics store 전자제품 가게